밥 한 그릇으로 드리는 기도

성공회 최상석 사제 생명 묵상집

밥 한 그릇으로
드리는 기도

동연

책머리에

사람마다 마음이 따듯해지고 맑아지며 거룩해지는 곳이 있습니다. 누구에게는 그곳이 예배당이거나 성당이거나 법당일 수 있습니다. 누구에게는 망망대해가 펼쳐진 바닷가이거나 갈매기와 함께 어선 한두 척 호젓한 포구일 수 있고, 누구에게는 산세 웅장한 산 정상일 수 있고, 장엄한 일출이거나 낙조 물든 일몰일 수 있고, 어머니 품에서 젖 먹다 이내 잠든 어린아이 얼굴일 수 있습니다.

제게는 반찬 서너 가지에 밥 한 그릇 올려 있는 밥상이 그런 곳입니다. 밥 한 그릇 앞에 앉으면 포근합니다. 모락모락 김과 함께 퍼지는 구수한 밥 냄새가 있고, 가족의 웃음이 있고, 고마움이 있고, 행복이 있습니다. 어렸을 적 밥을 남기거나 욕심내서 먹으면 하늘이 복을 주지 않는다고 늘 이야기하시던 돌아가신 할머님의 말씀이 있고, 때로 엄하게 꾸짖으시던 돌아가신 아버님의 훈화가 있고, 식구들이 다 먹은 다음에 '나는 이런 것들이 더 맛있다' 하시며 늘 남은 반찬에 손을 대시던 어머니의 물기 묻은 손길이 있고, 좋은 반찬 더 먹으려 아옹다옹하던 어릴 적 형제들의 반찬다툼이 있고, 때로 먹을 것이 없어 밥 때 맞추어 찾아 온 길손 맞아 함께 나누던 시골 인심의 넉넉함이 한 그릇 밥 위에 있습니다.

올해로 예수님을 따라 살겠다고 마음을 먹고, 성공회 사제생활을 한 지 스무 해가 되었습니다. 그 20년을 돌아보고 싶었습니다. 그것은 또 다른 10년을 새로운 마음과 각오로 시작하려는 마음에서입니다. 새로운 시작은 낯설고 먼 이국에서 해보고 싶습니다. 미국에 있는 한인 교포들과 함께 신앙생활을 해보고 싶어 기도하는 가운데 준비를 하고 있습니다.

20년간 제단에서 증언한 하느님의 말씀과 이웃과 세상 속에서 나눈 예수 그리스도를 증거하는 삶을 돌이켜 보았습니다. 그동안 나누고 살았던 내용들을 모아 보니 단순하고 빈약하다는 생각이 들었습니다. 나름대로 주님의 말씀을 증언하고, 무언가 하느님 나라를 위하여 실천하기는 했는데, 위대한 성인들이나 결출한 신학자들 혹은 사목의 선후배들로부터 듣고 배운 것을 소화하여 제가 낸 '제 소리'를 찾아보니 덩그러니 '밥 한 그릇' 남습니다. 그저 '밥 한 그릇' 바로 먹고, '밥값'이나 제대로 하며 살자고 이야기하며 살아 온 듯합니다.

I / 밥 한 그릇의 고마움

어찌 보면 신앙생활은 '밥 한 그릇' 바르게 먹는 일이요. 그동안 나에게 밥이 되어 준 수많은 고마운 존재를 생각하며 나 역시 다른 사람에게 '밥값' 하며 사는 삶이라고 말하고 싶습니다. 밥이란 우리의 생명을 위하여 '먹이' 곧 '양식'이 되어 준 모든 것을 말합니다. 그러기에 공기空氣도 밥이요, 물도 밥이요, 채소도 밥이요, 오곡도 밥이요, 어머니의 사랑도 밥이요, 아버지의 엄한 사랑도 밥이요, 살아가는 데 도움을 준 따듯한 말도 밥입니다. 영의 양식인 하느님의 말씀은 밥 중의 밥입니다. 세상에 생명의 양식으로 오신 예수님은 영원한 생명의 밥입니다. 그런가 하면 진리를 실천하고 사랑을 나누며 하느님 나라의 정의와 평화를 세우기 위하여 행한 선하고 의미 있는 모든 일들 역시 우리가 먹어야 할 밥입니다.(요한 4:34)

밥값을 하며 살자는 것은 나도 다른 사람에게 따듯한 밥 한 그릇 되어 주자는 너무도 평범한 권유입니다. 그러나 밥값을 제대로 하며 살려면, 다른 이에게 밥 한 그릇 되어 주는 사람이 되려면 한 세상을 다 마쳐도 쉽지 않은 일인지도 모르겠습니다. 진솔하고 풋풋한 사람 냄새 가득한 시어와 시심으로 우리에게 정서적 밥을 곱게 먹여주는 정호승 시인의 〈밥값〉이라는 시에 그러한 마음이 실려 있어 소개합니다.

"어머니
아무래도 제가 지옥에 한번 다녀오겠습니다
아무리 멀어도 아침에 출근하듯이 갔다가

저녁에 퇴근하듯이 다녀오겠습니다.
식사 거르지 마시고 꼭꼭 씹어서 잡수시고
외출하실 때는 가스불 꼭 잠그시고
……
지금이라도 밥값을 하러 지옥에 가면
비로소 제가 인간이 될 수 있을 겁니다."

사제 생활 스무 해 동안 고마움의 빚만 가득 쌓인 듯합니다.
경험 없는 사제를 너그럽게 이끌어 주셨던 김성수 주교님, 정철범 주교님, 박경조 주교님, 그리고 지금도 이끌어 주시는 김근상 주교님께 감사드립니다. 부족한 사제에게 사목적 지도를 마다하지 않으신 차인환 신부님과 김재열 신부님께도 깊이 감사드립니다.
부족한 책이 나올 수 있도록 따듯하게 격려해 주시고 아낌없는 지원을 베풀어주신 최기준(맛디아) 전 성공회 평신도원 의장님과 정진현(클라라) 서울 주교좌성당 사제 회장님께 진심으로 깊은 감사의 마음을 드립니다. 아울러 성공회 정체성에 대한 이해의 지평을 넓혀주신 이국홍(가브리엘, 서울 주교좌성당) 교구 성소위원님과 신효순(스테반, 약수동교회) 교우님께 감사하고 고맙습니다.
신앙의 길을 함께 걸어 주신 동대문교회, 인천 간석교회, 광명교회, 서울 주교좌성당, 안양교회, 약수동교회의 교우님들께 감사드립니다. 그 밖에 저를 이모저모로 도와주신 여러 교우님들과 생명운동과 생태신학으로 이끌어 준 기독교환경운동연대에 감사드립니다.

또한 지금의 '내'가 될 수 있도록 저에게 밥이 되어 준 우주의 모든 고귀한 존재들과 아름다운 인연들 그리고 무엇보다 생명의 밥이 되어 준 예수 그리스도 주님께 감사드립니다.

끝으로 아들이 바르게 사제직을 가도록 기도로 아침을 여시는 어머니와 사목자의 아내라는 쉽지 않은 길을 기쁨으로 동행해 주는 아내와 가족 모두에게 감사의 마음을 드립니다.

> 2011년 4월 사순절四旬節 성주간에
> 최상석(아타나시오)

차례

책머리에 · 5

1부 밥 한 그릇의 고마움

'먹음', 모든 생명의 시작 · 17
'먹음'은 쌀 한 톨의 무게를 아는 것 · 25
'먹음'은 곧 감사이며 기도 · 32
'먹음'은 일치와 나눔 · 38
하루에 몇 번 먹을까? · 44
하루에 얼마나 먹을까? · 51
거칠고 소박한 밥상 · 57
밥을 먹는 예절 · 63
신앙인의 삶과 밥상 · 70
단식은 곧 자신과 이웃과 하느님과 함께 먹는 밥상 · 76
식사기도 하세요? · 83

2부 생명의 양식(밥) 한 그릇에 대한 묵상

믿음은 곧 변화입니다 · 101
겸손은 윤리가 아니라 신앙의 본질 · 111
이웃은 되어 주는 것입니다 · 120
화와 분노의 감정 다스리기 · 132
어떤 행복을 원하세요? · 145
참 행복을 누리며 사는 길 · 158
행복한 가정은 가족 모두의 사명 · 168
부활 신앙은 사랑의 삶을 사는 것 · 180
진정한 리더십은 '다름'에서 옵니다 · 191
신앙은 지금 여기서 하느님 나라의 삶을 사는 것 · 202

3부 따듯한 밥 한 그릇 되어 주는 삶

말, 사람을 살리는 마음의 '밥' · 225
마음과 세상을 살리는 바른말 · 233
생명을 살리는 긍정肯定의 말 · 241
생명을 부요케 하는 감사의 말 · 249
생명을 이어주는 고백의 말 · 259
마음을 다시 이어주는 용서의 말 · 266
교회는 올곧은 세상을 이야기해야 · 273
구제역으로 수많은 동물을 떠나보내며 · 286
'한 사람'의 옳은 행동이 세상을 바꾼다 · 291
따듯한 밥 한 그릇 되어 주는 삶 · 297

1부
밥 한 그릇의 고마움

모든 생명은 밥을 '먹음'으로 시작합니다.
밥을 먹는 '먹음'(食)은 모든 생명 활동의 시작입니다.
하늘 아래 '먹는 것'은 참으로 소중합니다.
우주는 모든 존재의 밥입니다.
공기도, 물도, 흙도, 풀도, 물고기도, 오곡백과도, 나이도, 사랑도,
진리의 말씀도 밥입니다.
세상의 모든 것들은 모든 것을 살리기 위한 밥이요 양식입니다.

모든 먹음은 소중합니다.
먹음은 존재의 시작입니다.
그러므로 무엇을 먹느냐보다,
어떤 마음으로 먹느냐가 무엇보다 중요합니다.
모든 먹음 안에는 감사가 있어야 합니다.
즐거움과 행복이 있어야 합니다. 겸손함과 고마움이 있어야 합니다.
오순도순 한 식구 됨과 사랑의 일치가 있어야 합니다.
절제와 나눔 그리고 내어버림이 없는 알뜰함이 있어야 합니다.
내게 밥이 되어 준 음식을 먹고
그 힘으로 세상의 진선미를 위하여 살겠다는
맑은 기원이 있어야 합니다.

창세기 1:29-30

하느님께서 다시, "이제 내가 너희에게 온 땅 위에서 낟알을 내는 풀과 씨가 든 과일 나무를 준다. 너희는 이것을 양식으로 삼아라. 모든 들짐승과 공중의 모든 새와 땅 위를 기어 다니는 모든 생물에게도 온갖 푸른 풀을 먹이로 준다." 하시자 그대로 되었다.

창세기 9:3

살아 움직이는 모든 짐승이 너희의 양식이 되리라. 내가 전에 풀과 곡식을 양식으로 주었듯이 이제 이 모든 것을 너희에게 준다.

무위당 장일순

일완지식 함천지인(一碗之食 含天地人, 한 그릇 밥 속에 하늘과 땅과 사람이 들어 있다.)

'먹음'
모든 생명의 시작

하늘 아래 '먹는 것'은 참으로 소중합니다. 무엇을 먹는 '먹음'(食) 혹은 식사食事는 모든 생명 활동의 시작입니다. 아기는 태어나자마자 먹습니다. 하늘의 기운인 공기를 먹고(마시고), 이어 어머니의 젖을 먹습니다. 먹음으로 시작한 모든 존재는 먹음을 다 할 때 곧 더 이상 무엇을 먹지 못할 때 생명 활동이 끝이 납니다. 곡기穀氣를 끊음으로, 일생 호흡을 통하여 먹었던(마셨던) 숨의 마지막을 내어 놓음으로 우리는 이 땅의 생명을 마감합니다. '먹음'은 곧 모든 생명 활동의 시작(始)이고, 모든 생명 활동의 마지막(終)입니다. 우리가 '먹음' 앞에서 진지할 수밖에 없는 이유입니다. 이 글에서 '먹음'은 양식을 먹고(食) 물이나 공기를 마시며(飮) 진리의 말씀을 마음에 담아 모시는 것(侍)을 두루 포함하는 말로 사용하고자 합니다.

식욕食慾이 너무 지나쳐 식탐食貪으로 이어지지만 않는다면 세상에서 '먹음'(食) 혹은 '먹는 일'(食事)보다 더 중요한 것들이 그리 많지 않을 듯합니다. '먹음'이 없으면 생명을 유지할 수 없기 때문입니다. 유치하게 들릴지 모르겠으나 '먹음'에서 오는 행복보다 큰 것도 그리 많지 않은 것 같습니다. 쌀이며 보리며 온갖 곡식들을 꼭꼭 씹을 때 나오는 은은하고 고소한 맛이나, 상큼하고 향긋한 채소의 맛이나, 달콤새콤한 온갖 과일들의 맛은 땅과 하늘이 우리에게 주는 행복한 선물 가운데 하나입니다.

한 상에 둘러앉아 온 가족이 도란도란 이야기를 나누며 먹는 자리보다 더 즐거우며 정겨운 자리도 없습니다. 먹음을 통하여 우리는 예禮를 알고, 음식의 소중함을 알고, 감사를 알고, 서로 한 식구食口임을 알고, 사랑을 알고, 진리를 알고, 평화를 알며, 세상의 모순도 알게 됩니다.

그런데 정작 이처럼 중요한 '먹음'에 대하여 일상의 삶 속에서 진지한 자세와 깊은 성찰은 충분하게 이루어지지 않을 때가 많습니다. '먹음'에 관심을 두기보다는 세상의 크고 원대한 다른 일에 매우 많은 관심을 쏟고 그곳에서 행복과 진리를 찾고자 합니다. 무원홀근務遠忽近입니다. 이 말은 다산茶山 정약용 선생님이 쓰시던 말인데, 가까운 일을 소홀히 하고 먼 데 일에만 치우쳐 살아가는 병폐를 지적하신 말씀입니다. 먼 데에 힘을 기울이는 것도 필요하지만, 가장 가까운 '지금 여기'를 소홀히 해서는 안 될 것입니다. 공기를 호흡하고 물을 마시고 밥을 먹는 '먹음'보다 더 가까운 일은 없습니다. 가까운

데를 소홀히 하고 먼 데서 진리와 행복을 찾으려는 일은 지혜롭지 않습니다.

진리는 일상의 가장 가까운 곳에 있습니다.(신명기 30:14) 일상에서 매일 먹고 마시는 '먹음' 역시 하나님(하느님; 이 글에서는 공동번역 성서에 따라 이하 '하느님'으로 표기합니다)의 진리와 행복을 맛볼 수 있는 거룩한 자리입니다. 이처럼 하늘 아래 사는 모든 생명들은 늘 하느님께서 마련해 주신 양식을 '먹음'으로 살고 있지만, 때로 그 고마움을 잊으며 살 때가 많습니다. 양식을 먹는다는 것은 단순히 몸의 허기를 면하기 위하여 배를 채운다거나 건강을 유지한다는 것 이상의 의미가 있습니다.

어떤 이는 너무 많이 먹어서 탈입니다. 세상의 어떤 지역은 양식이 없어 기아로 죽어 갑니다. 오늘 우리 사회는 소중한 음식을 알뜰히 먹지 않고 버리는 일이 너무 많습니다. 우리나라에서 지난 한 해 동안 버리는 음식물 쓰레기를 돈으로 환산할 때 15조 원이 넘습니다. 이해하기 쉽게 수치로 환산하면 우리 국민 1인당 하루에 1천 원을 음식 쓰레기로 버리는 것입니다. 1천 원이라면 북한의 굶주리는 어린이들이 1주일을 먹을 수 있고, 에티오피아의 어린이들은 약 2주일을 먹을 수 있습니다. 무언가 크게 잘못된 것이지요. 많은 이들이 음식을 먹으면서도 음식에 대한 소중함이나 감사가 적습니다. 엄청난 양의 음식을 쓰레기로 버리면서도, 음식이 모자라서 굶는 사람들에 대한 배려가 적습니다. 자신의 배고픔에는 민감하지만, 기아 문제로 굶주리는 사람들의 배고픔인 '사회적 굶주림'에 대하여는 둔감하거나 외면합니다.

신앙인으로서 '먹음'에 대한 성찰은 개인적으로나 사회적으로 매우 중요합니다.

식食은 곧 명命이라는 말이 이를 뒷받침합니다. 무엇을 먹느냐, 어떻게 먹느냐, 어떤 마음으로 먹느냐가 곧 그 사람의 건강健康과 인성人性과 인생의 명命에 영향을 줍니다. 음식이 보약補藥이라는 말이 있듯이 식생활은 곧 마음과 몸의 건강입니다. 오늘날 갈수록 심각해지는 흉포凶暴한 사회적 현상 역시 '먹는 것'과 결코 무관할 수 없습니다. 식생활에 따라 개인의 수명과 사회 혹은 민족의 흥망성쇠興亡盛衰 심지어 생물종의 생존 여부가 판가름 날 수 있습니다. 예전 어른들이 들려주던 이야기가 생각납니다. 아무리 타고난 관상觀相이나 운運이 좋아도 지나친 과식, 폭식, 육식을 하면 오래 못 산다는 이야기입니다. 그 반대로 오래 못 살 단명지상短命之相을 타고 태어났을지라도 소식, 절식, 채식에 힘쓰면 오래 산다는 말이 있습니다.

먹음은 단순히 배를 채움만도 아니고, 먹음의 문제는 그저 나 혼자만의 밥상 문제에 국한되지도 않습니다. '먹음'의 문제는 육체의 양식을 공급하는 영양학적 문제이며, 또한 양식을 나눔으로 배고픈 이들과 한 식구가 되게 하는 사회적 문제이며, 또한 양식에 대한 감사와 먹음을 통하여 하느님의 선한 일에 동참함으로 하늘과 이어지는 영적인 문제입니다. 잠깐 먹음의 의미를 찾아보고자 합니다.

먼저 먹음은 자기 자신을 만들어 가는 일입니다.

체질과 음식은 떼어놓을 수 없습니다. 무엇을 먹느냐가 우리의 몸에 영향을 줍니다. 최근 보고된 후성유전학적 사실에 따르면 우리의 식생활이 몸에 있는 에피게놈epigenome이라는 후성유전형질에 영향을 준다고 합니다.(2010. 7. 7. 〈한겨레신문〉) 우리 몸 안에 있는 유전자 정보가 정상이어도 무엇을 먹느냐에 따라 암이 생길 수도 있고 암이 치유될 수도 있다고 합니다. 심지어 같은 유전자와 동일한 체질을 타고난 쌍둥이 형제나 자매일지라도 출생 후 먹는 음식에 따라 후성유전물질이 달라진다는 것입니다. 이는 단순화하여 말하면 먹는 음식이 곧 나를—나의 후성유전물질, 체질, 인성 등—만든다는 의미입니다. 후성유전물질은 나의 후손에게도 유전된다고 합니다. 먹는 것은 나를 만드는 것이고, 나의 후손을 만들어 내는 것입니다.

그러므로 무엇을 먹느냐, 어떻게 먹느냐, 왜 먹느냐, 어떤 마음가짐으로 먹느냐 하는 '먹음'의 문제는 매우 중요합니다. '먹음'은 나의 몸을 지어 가는 것이요, 사람됨의 첫 시작입니다. 성경에도 '먹음'의 문제가 처음으로 나옵니다. 구약성경 창세기 1장의 말씀입니다. 하느님께서는 하느님의 모습대로 사람을 지어 내시고, 땅 위에 낟알을 내는 풀과 씨가 든 과일 나무를 양식으로 주시고(창세 1:29), 살아 움직이는 모든 짐승을 양식으로(창세 9:3) 주십니다. 사람은 물론 들짐승과 공중의 모든 새와 땅 위를 기어 다니는 모든 생물들에게도 먹이를 주셨습니다. 이처럼 사람과 동물의 생명 활동은 '먹음'에서 시작됩니다.

조금 다른 이야기이지만 성경은 인류의 타락도 따먹어서는 안 될 것을 따먹어서, 곧 '먹음'의 문제에서 시작되었다고 말씀합니다. 물론 배가 고파서 따먹은 것이 아니지만 에덴동산에서 첫 사람 아담과 하와는 '따먹지 말라'는 선과 악을 알게 하는 나무 열매를(창세 2:17) 따먹었고 여기서 인류는 타락하게 됩니다. '잘못된 먹음'에서 인간의 타락과 죄가 나왔습니다.

먹음의 문제는 육체를 위한 양식만을 의미하지 않습니다. 예수님께서 광야에서 악마의 유혹을 받으실 때에도 먹음의 문제는 다시 나타납니다. 예수님께서 성령의 인도로 광야에 가시어 40일 동안 주야로 단식하느라고 몹시 시장하셨을 때에, 악마가 제일 먼저 유혹한 것 역시 '먹음'에 관한 것입니다. "당신이 하느님의 아들이거든 이 돌더러 빵이 되라고 해 보시오."(마태 4:3) 예수께서는 단순히 허기를 면하는 육체적 의미의 양식이 아니라 영적 양식인 하느님의 말씀을 제시하심으로 '먹음'의 문제에 담긴 본질적 의미를 드러내셨습니다.

또한 마지막 만찬에서 우리가 믿음으로 먹어야 할 새로운 '영의 양식'인 주님의 몸과 피를 우리에게 내어 주심으로(마태 26:26-30), 영원한 생명을 위하여 무엇을 먹어야 할지 '먹음'의 본질을 보여 주셨습니다.

보통 인간의 3대 욕구로 식욕食慾, 성욕性慾, 수면욕睡眠慾을 듭니다. 모두가 사람이 살아가는 데 없어서는 안 될 것들입니다. 이런 욕구는 육적인 욕구로 치부하여 무시하거나 외면할 수도 없으며, 그렇다고 지레 본능적 욕구라고 합리화하여 탐욕에 빠져들 수도 없습니다. 인간의 3대 욕구가 우리를 실족하게 하는 욕망의 덩어리가 되지 않도록 하는 길은 일상의 삶 속에서 깨어 있는 마음과 꾸준한 기도 그리고 철저한 수행에 있습니다.

특별히 신앙인이라면 일상의 삶 속에서 식욕과 관계되는 '먹음'의 문제에 대하여 조금 더 예민할 필요가 있습니다. 먹음은 모든 존재의 시작입니다. 인간은 태어나자마자 '먹음'이 있습니다. 호흡을 통하여 공기를 먹고, 젖을 먹고, 물을 먹고, 음식을 먹습니다. 나이를 먹는다는 표현 역시 '먹음'이 곧 사회적 혹은 정신적 존재의 시작임을 말해 줍니다.

그러므로 '먹음' 앞에서 진지해야 합니다. '먹음'은 단순히 육체만을 위한 식사가 아닙니다. 먹음은 그저 흥겨운 잔칫집 피로연이나 거래처와의 관계 도모를 위한 비즈니스 차원의 식사 자리가 아닙니다. 모든 먹음은 소중합니다. 먹음은 존재의 시작입니다. 그러므로 무엇을 먹느냐보다, 어떤 마음으로 먹느냐가 중요합니다. 모든 먹음 안에는 감사가 있어야 합니다. 즐거움과 행복이 있어야 합니다. 겸손함과 고마움이 있어야 합니다. 오순도순 한 식구 됨과 사랑의 일치가 있어야 합니다. 절제와 나눔 그리고 버림이 없는 알뜰함이 있어야 합니다. 내게 밥이 되어 준 음식을 먹고 그 힘으로 세상의 진선미를 위하여 살겠다는 맑은 기원이 있어야 합니다.

'먹음'의 문제는 모든 것의 시작입니다.

먹음은 자기 자신을 만들어 가는 일입니다. 우리가 먹는 음식이 우리의 몸과 마음을 만듭니다. 후성유전학에 따르면 무엇을 먹느냐가 자신의 유전형질(에피게놈)과 체질, 나아가 후손의 유전형질에 영향을 줍니다. 먹는 것과 나는 둘이 아니라, 먹는 것이 곧 자기입니다. 그러기에 밥을 먹는 것은 곧 자기 자신과 후손을 만들어 가는 것입니다.

모든 먹음은 육체적이며 영적이고, 개인적이며 사회적입니다. 모든 먹음은 곧 나를—유전형질, 유전자의 특성(유전자의 사주팔자), 체질, 인성, 삶—만들어 감이요, 후손을 만드는 일입니다. 먹음은 또한 하늘과 땅의 이어짐입니다. 모든 먹음은 이곳과 저곳의 이어짐입니다. 모든 먹음은 일상의 행위요 동시에 거룩한 몸짓입니다.

모든 '먹음'은 곧 삶이요 신앙이요 종교입니다. 그러므로 밥상에는 예의뿐 아니라 도道가 있어야 하는 이유입니다. 밥상은 도道입니다. 모든 것이 여기에서 시작됩니다. 우리의 말도, 생각도, 건강도, 인생의 삶도, 심지어 종교적 성찰과 실천도 '먹음'(食)에서 시작됩니다. 먹음은 모든 것의 시작입니다.

그러므로 밥을 먹는다는 것은 매우 중요합니다. 먹음을 우리말로 '진지眞知를 들다' 혹은 '밥 모심'이나 한자어로 식사食事라고 합니다. 밥을 먹는 일은 거룩한 일입니다. 먹음은 자기를 만들어 가는 일입니다. 먹음은 식구를 만들어 가는 일입니다. 먹음은 나눔을 통하여 굶주린 이웃과 하나 되는 일입니다. 먹음은 자연과 하나를 이루는 길입니다. 하여 먹음은 '밥 한 그릇' 앞에서 나와 이웃과 세상 만물과 하느님을 만나는 일입니다. '밥 한 그릇' 먹는 일이야말로 일상 중에 참으로 소중하고 거룩한 일(聖事)입니다.

'먹음'은
쌀 한 톨의 무게를 아는 것

매년 6월 5일은 UN에서 정한 환경의 날입니다. 한국교회는 이 날을 기념하여 6월 첫 주일을 환경주일로 지켜 오고 있습니다. 우주와 온갖 피조물 그리고 소중한 생명生命 주심을 감사하는 날입니다. 생명만큼 소중한 것이 없습니다. 생명의 근원에 대한 물음은 과학이나 철학으로도 쉽게 말하기가 어렵습니다. 생명의 탄생은 언설言說 이전의 문제이고, 이성만으로 다가갈 수 없는 신앙의 영역이고, 그래서 신비神秘입니다. 그리고 영원히 신비이고 싶습니다.

생명에 대하여 생각하는 환경주일에 자연의 뭇 생명들과 살아온 우리의 삶의 방식을 성찰해 봅니다. 가장 먼저 자연이나 환경을 '우리'가 아닌 '그것(it)' 혹은 나를 위한 물질物質이나 이용의 대상으로만 여기며 살아온 지극히 이기적이며 이분법적인 자세와 물질주의적 생활 태도가 눈에 들어옵니다.

　물 한 방울, 들풀 한 포기, 나비 한 마리, 꽃 한 송이, 쌀 한 톨에 담긴 소중한 의미와 생명의 향기를 잊은 채 그 안에 담긴 우주의 무게를 미처 깨닫지 못하고 분주하고 거칠게 살아왔음을 보게 됩니다. 자연의 모든 생명체는 나름대로 우주의 가치를 그 안에 담고 있는 생명의 무게가 있습니다. 기독교환경운동연대 행사에 나갔다가 홍순관 님이 신명을 담아 열창한 '쌀 한 톨의 무게'라는 노래를 듣고 그동안 가볍게 보던 쌀 한 톨의 무게를 깊이 깨달은 적이 있습니다. 노랫말은 이렇습니다.

쌀 한 톨의 무게

쌀 한 톨의 무게는 얼마나 될까
내 손바닥에 올려놓고 무게를 잰다
바람과 천둥과 비와 햇살과
외로운 별 빛도 그 안에 스몄네
농부의 새벽도 그 안에 숨었네
나락 한 알 속에 우주가 들었네
버려진 쌀 한 톨 우주의 무게를
쌀 한 톨의 무게를 캐어본다
세상의 노래가 그 안에 울리네

쌀 한 톨의 무게는 생명의 무게
쌀 한 톨의 무게는 평화의 무게
쌀 한 톨의 무게는 농부의 무게
쌀 한 톨의 무게는 세월의 무게
쌀 한 톨의 무게는 세월의 무게
우주의 무게

참으로 쌀 한 톨의 무게는 생명의 무게이며 우주의 무게라는 깨달음이 마음에 새겨집니다. 옛말에 일미칠근一米七斤이라는 말이 있습니다. 쌀 한 톨의 무게는 농부의 땀 일곱 근과 맞먹는다는 말이지요. 어렸을 적에 어른들은 밥을 버리면 천벌을 받는다는 말씀을 하셨습니다. 단순히 쌀이 아까워서 어린이들에게 겁을 주려고 하신 말은 아닐 것입니다. 실제로 농사를 지은 농부의 입장에서 볼 때 그들에게 쌀 한 톨은 땀방울 일곱 근을 넘어 하늘만큼의 무게였을 것입니다.
 쌀 한 톨의 생산 과정을 돌이켜 보면 쌀 한 톨에는 숫자로 표현할 수 없는 무게가 담겨 있습니다. 지금은 대부분 기계로 모를 내지만, 기계가 없던 시절 마을 사람들의 구수한 이야기와 모줄에 따라 움직이는 가지런한 손길이 들어가 있습니다. 쌀 한 톨에는 하늘의 기운과 사시사철 부는 바람과 뜨거운 햇볕과 밤의 별빛과 달빛 그리고 풀벌레 울음소리와 농부의 발자국과 비록 못이 박인 투박한 손이지만 정성 어린 농부의 손길이 담겨 있습니다. 한자로 쌀을 미(米) 자로 씁니다. 여덟팔(八) 자가 맞붙여져 쌀미(米) 자가 된 이 한자는 물과 농부의 손길을 여든여덟 번 받아야 한다는 이치를 담고 있다고 합니다. 이처럼 쌀 한 톨에 담긴 정성과 무게를 생각한다면 우리는 쌀 한 톨도 가벼이 혹은 업수이여겨서는 안 될 것입니다.

어떤 스님의 누이동생 이야기입니다. 그분의 막내 누이는 평생 자식들에게 자애롭던 어머니가 단 한 번 노하셨던 기억을 지금도 안고 산다고 합니다. 간단한 자초지종은 이랬습니다.

도시에서 자취하던 여중생 시절, 한 달에 한 번 시골집에 갔다가 올 때면 어머니는 쌀과 잡곡, 감자, 고구마를 챙겨 머리에 이고 간이역까지 딸을 배웅하셨습니다. 한 달 치 식량이었습니다. 그러나 세련된 여학생복을 빼입은 사춘기 소녀로서는 촌스러운 보따리를 들고 대도시를 걸어갈 일이 생각만 해도 창피했습니다. 그래서 딴에는 에둘러 말했다고 합니다. "엄마, 무겁게 들고 갈 것 없이 팔아서 돈으로 주세요. 제가 도시에서 곡식으로 바꾸면 편하고 좋지 않겠어요?" 그 말에 어머니는 가타부타 대답이 없으셨다고 합니다. 한참을 가만히 계시다가 드디어 입을 열어 하시는 말씀이 "애야, 이것들은 그냥 쌀이 아니라 엄마의 마음이란다."

그분의 누이는 잘못을 깨닫고 손이 발이 되도록 빌었다고 합니다. 다른 때 같았으면 금방 용서하셨을 어머니가 그때만큼은 끝까지 마음을 푸시지 않으셨다는 것이지요. 자식의 입으로 들어갈 것이라는 생각에 등이 휘는 노동을 달게 여기며 더없이 즐거운 마음으로 머리

I / 밥 한 그릇의 고마움

에 이고 나온 쌀 보따리를 창피를 면해 보려고 혹은 '편리'라는 명목 하에 돈으로 바꾸려 했습니다. 이런 죄스러움에 그분의 누이는 지금도 어머니를 생각하면 목이 잠긴다고 합니다.

쌀은 이처럼 단순히 쌀 한 톨이 아닙니다. 강화도에 사는 함민복 시인은 〈긍정적인 밥〉이라는 시에서 쌀 한 톨, 밥 한 그릇의 무게를 이렇게 담아내고 있습니다.

시집 한 권에 삼천 원이면
든 공에 비해 헐하다 싶다가도
국밥이 한 그릇이네
내 시집이 국밥 한 그릇 만큼
사람들 가슴을 덥혀줄 수 있을까
생각하면 아직 멀기만 하네 ……

일미칠근이라는 말이 있지만 사실, 쌀의 무게는 담아낼 수 없습니다. 돈이나 기타 재화로 환산할 수 없습니다. 왜냐하면 쌀에는 온 우주의 하늘과 땅의 기운이 담겨 있고, 사시사철 풀벌레와 비바람과 천둥소리와 온갖 생명의 움직임이 다 들어 있고, 농부의 땀방울과 정성이 배어 있기 때문입니다. 쌀 한 톨에는 사람의 생명을 살리는 생명의 기운이 들어 있으며 사랑의 마음이 스며 있습니다. 그렇기에 쌀 한 톨의 무게는 곧 우주의 무게요 생명의 무게입니다. 그러므로 우리는 쌀 한 톨 앞에 진지해지고 겸손해지고 경건해지며, 동시에 고마움이 사무치고 부요해집니다.

지금은 돌아가셨지만 그분의 가르침을 마음에 새기며 사는, 제가 참 좋아하는 선생님이 있습니다. 원주에서 생명운동을 몸으로 하며 사신 무위당無爲堂 장일순 선생님이신데, 그분이 화선지에 난을 치며 사람들에게 자주 써 주셨던 글귀가 생각납니다.

일초지중 성부재의 一草之中 聖父在矣
한 포기 풀 속에 하느님이 계시다.
일완지식 함천지인 一碗之食 含天地人
한 그릇 밥 속에 하늘과 땅과 사람이 들어 있다.

쌀 한 톨, 밥 한 그릇의 무게가 이럴진대 밥을 먹는 일 또한 가볍게 해서는 안 될 것입니다. 쌀 한 톨이 우리에게 이처럼 고맙고 중요한 것은 이것이 밥이 되어 우리의 생명을 유지시켜 주기 때문입니다. 밥은 곧 생명을 살리는 힘이요 에너지입니다. 그러므로 우리는 쌀 한 톨, 밥 한 그릇을 대할 때마다 생명의 소중함을 생각해야 합니다.

쌀은 우리에게 밥이 되어 주었습니다. 그것은 더 큰 가치를 추구하는 생명을 살라고 즉 '밥값을 하라고' 우리에게 밥이 되어 준 것입니다. 그러므로 밥을 먹는다는 것은 식탁에서 우리의 몸이 우주의 무게요 생명의 무게인 쌀을 받아들이는 거룩한 예식입니다. 밥을 먹는다는 것은 곧 하루 세 번 맞이하는 일상의 즐겁고도 거룩한 성사聖事입니다.

우리말에 밥을 가리키는 높임말로 '진지'라는 말이 있습니다. 뜻이 깊은 말입니다. 우주의 무게 곧 생명의 무게를 담고 있는 소중한 쌀로 이루어진 밥을 먹을 때 함부로 먹을 수 없습니다. 바르고, 알맞게 그리고 거룩하게 먹어야 합니다. 우리가 먹는 밥은 나의 몸을 살리는 에너지원일 뿐 아니라, 하느님을 알게 하고 천지의 이치理致와 이웃을 알게 하며, 참나(眞我)를 알게 하는 진지眞知가 되어야 합니다. '먹음'을 통하여 천하의 도리와 이치에 대한 진지眞知를 깨닫고, 진지에 합당한 삶을 사는 것 그것이 곧 먹음입니다. 밥상 위의 모든 음식은 그러한 먹음을 위하여 우리에게 '자신의 생명을 내어 준 기꺼운 희생'입니다. 그러므로 밥 한 그릇 앞에서, 기독교의 종교적 성만찬에 버금가는 거룩한 마음과 감사의 마음이 있어야 합니다.

'먹음'은 곧 감사이며 기도

세상에는 참으로 감사할 일이 많이 있습니다. 부모님의 가없는 은혜가 감사하고, 선생님의 가르침이 감사하고, 농사를 지어 세상 사람을 먹이는 농부의 땀 흘림이 감사하고, 물건을 만들어 뭇사람의 필요를 채워 주는 산업현장의 모든 사람들이 감사합니다. 사시사철 꽃으로, 열매로 우리를 즐겁게 해주는 풀과 온갖 나무들에게도 감사의 마음이 듭니다. 바울로 사도의 말처럼 때로 고난과 시련도 감사할 때가 있습니다. 그래서 성경은 우리에게 모든 일에, 어떤 처지에서든지, 범사에 감사하라고(1데살 5:18) 말씀하십니다. 그러고 보면 우리가 깊은 믿음의 눈으로, 마음을 비우고, 호흡을 가다듬고 세상을 바라보면 세상에 감사 못 할 일이 하나도 없는 듯합니다.

사실 감사는 외적 조건에 있지 않습니다. 그것은 동일한 상황에서 누구는 감사하고, 누구는 불평하는 것만 보아도 쉽게 알 수 있습니다. 행복과 마음의 평화는 이미 우리 안에 있듯이, 감사 또한 이미 우리 마음 안에 있습니다. 그럼에도 많은 사람들이 감사의 조건을 자꾸만 외부에서 찾고자 합니다. 그러기에 어떤 처지에서든지 감사하라는 바울로 사도의 말씀은 감사에 무딘 우리의 마음을 일깨우는 죽비竹篦이며, 우리 모두가 도달해야 할 믿음과 수행의 경지입니다.

모든 일에는 감사가 있습니다. 깊이 보면 전혀 감사가 없는 일은 없습니다. 우리는 어떤 일에서든지 감사의 조건을 찾을 수 있습니다. 큰 것에도 혹은 아무리 하찮아 보이는 것에도 감사가 들어 있습니다. 즐거운 일에도 혹은 참기 어려울 정도로 심히 고통스러운 일에도 감사가 있습니다. 감사보다 원망이나 불평이 먼저 보이는 것은 아직 우리의 믿음과 수행이 거기까지 이르지 못했기 때문입니다. 믿음의 깊은 지경에 도달하지 못할 때 우리는 들어도 듣지 못할 때가 많고, 보아도 보지 못할 때가 많으며, 있어도 알아차리지 못할 때가 많습니다.

특별히 일상의 평범한 삶에서 감사를 발견하는 것이나, 그리 크지 않은 작은 일에서도 감사의 보물을 찾아내는 일은 매우 중요합니다. 많은 이들이 특별한 일 앞에서는 쉽게 감사하지만, 평범한 일에는 감동이나 감사가 적습니다. 크고 엄청난 일에는 감사하지만, 작고 보잘것없는 일에서는 감사를 별로 느끼지 못합니다. 예수께서는 솔로몬 왕의 화려한 옷과 웅장한 왕궁에서만 감동을 받는 세상 사람들에게, 하늘 나는 새와 들꽃 속에도 그 이상의 화려함과 아름다움과

선함과 영광이 있음을 알려 주셨습니다.(마태 6:29)

매우 일상적이고, 그래서 대수롭지 않은 것처럼 보이지만 우리가 살아가면서 진정 감사해야 할 일 가운데 하나가 '식사'요 우리말로 '밥 모심' 혹은 높여서 '진지'입니다. 우리는 쌀 한 톨, 밥 한 그릇 앞에서도 참으로 어린아이처럼 감사할 수 있어야 합니다. 왜냐하면 밥 한 그릇 안에는 이루 헤아릴 수 없는 '감사'의 의미와 '감사'의 손길들이 들어 있기 때문입니다.

'먹음'은 우리 생명을 유지해 가는 시작입니다.

먹음은 곧 생명이요 살아 있음을 의미합니다. 스스로 먹지 못하고 움직이지 못하는 사람을 보통 식물인간이라고 합니다. 식물인간이 된다는 것은 본인에게나 가족에게 매우 안타깝고 받아들이기 힘든 일입니다. 스스로 먹을 수 있다는 그 자체가 얼마나 감사한 일인지요. 나에게 음식을 먹을 수 있는 최소한의 건강이 없으면, 식욕이 없으면, 소화력이 없으면 아무리 좋은 음식이 있어도 소용이 없습니다. 그러므로 우리는 '먹음' 앞에서 식욕과 소화력과 건강이 있어 '내가 스스로 생명을 유지하는 일'에 참여할 수 있다면 그것으로 감사해야 합니다. 모든 '먹음' 앞에서는 감사가 있어야 합니다.

'먹음'에는 양식糧食 곧 일용할 양식을 주시는 하느님의 자비와 은총에 대한 감사가 있습니다.

아무리 건강해도 '먹을 것' 즉 양식이 없으면 '먹음'이 있을 수 없습니다. 그러므로 우리는 먹음에 앞서 우리가 먹을 양식이 있음에 감사해야 합니다. 더 근원적으로 이야기한다면 일용할 양식을 주시는 하느님께 감사해야 합니다. 왜냐하면 곡식이 자라는 데에는 적당한 햇빛, 비와 바람, 물과 거름, 사람의 노동이 있어야 합니다. 일용할 양식을 생산하게 하는 하늘과 땅의 조화와 이 안에서 이루어지는 모든 유기적 생산 활동은 생명의 근원인 하느님으로부터 오기 때문입니다.

이는 예수 그리스도께서 가르쳐 주신 주님의 기도에서 '일용할 양식'을 하느님께 간구하신 것을 통하여 알 수 있습니다. 우리가 하루 세끼 먹을 수 있는 것은, 날마다 우리에게 일용할 양식을 내려 주심이요, 이는 날마다 베풀어 주시는 하느님의 자비와 은총 때문입니다. 그러므로 우리는 먹음 앞에서 하느님께 감사해야 합니다. 하루 세끼 먹음 앞에 있다는 것은 적어도 하루 세 번 '오늘 우리에게 필요한 양식을 주시는' 하느님의 자비와 은총 안에서 먹고 마시는 것입니다. 먹음은 곧 밥상에서 마주하는 하느님의 자비와 은총입니다.

'먹음'은 또한 모두가 서로 이어져 있음에 대한 확인이요 고마움을 나누는 자리입니다.

'먹음'은 홀로 이루어지지 않습니다. 쌀이나 농산물을 상점에서 팔지 않으면 누구도 먹을 수 없습니다. 유통업에 종사하는 분들이 옮겨 주지 않으면 상점에서 팔 수 없습니다. 농부가 농사 짓지 않으면 상점으로 옮겨 농산물을 팔 수 없습니다. 농기구나 농사에 필요한 자재를 산업현장에서 만들지 않으면 농사를 지을 수 없습니다. 옷이나 생활용품 등을 입거나 사용하지 않으면 농부가 농사를 짓지 못합니다. 이렇게 보면 쌀 한 가마니가 우리 집에 오는 데에 수십만 명의 고마운 손길이 필요합니다. 그뿐이 아니라 흙과 물과 햇볕과 셀 수 없이 많은 미생물과 벌레와 곤충들과 달빛이 서로 작용하여 농작물을 길러 냅니다. 수시로 바람이 흔들어 줌으로 벼의 뿌리를 튼실하게 해주고, 부지런한 농부의 발자국 소리와 두런두런 이야기 소리와 때로 남몰래 내쉬는 한숨 소리 가운데 벼의 줄기가 굵어지고 낟알이 익어갑니다.

이처럼 쌀 한 톨이 우리에게 오는 것은 그리 단순하지 않습니다. 하늘과 땅, 사람과 미생물, 세상의 모든 사람들이 서로 도움을 주고받으며 하나로 이어져 있어야 우리 식탁에 밥 한 그릇이 올라옵니다. 먹음 앞에서 우리는 우주 안에서 모두가 이어져 있음을 보며, 서로의 생명을 위하여 자기를 내어 준 모든 존재에 고마움을 갖게 됩니다. 먹음은 곧 우리 모두가 서로 하나임에 대한 확인이요, 모든 존재에 대한 고마움의 자리입니다.

'먹음'은 혼자의 일이 아닙니다.
자연 안에서 서로 생명을 주고받는 이어짐 없이는, 서로에 대한 섬김 없이는, 서로를 위한 역할 분담과 따듯한 배려 없이는 농산물을 생산할 수 없습니다. 온 우주가 함께해야 우리 식탁 위에 밥 한 그릇 올라오는 것입니다.

밥 한 그릇 안에는 고마움이 담겨 있습니다. 자연의 고마움, 농부의 고마움, 유통에 관계한 사람들의 고마움, 밥 지은 사람의 고마움, 일용할 양식을 주신 하느님에 대한 고마움이 있습니다. 밥은 고마움이며, 고마움이 밥입니다.

그러므로 하루를 살며 끼니를 '먹음'은 우주를 주관하시는 하느님의 자비와 은총입니다. 그러니 밥 한 그릇 앞에서 먹을 수 있는 식욕과 소화력과 건강 주심에, 서로 섬기며 밥 한 그릇 지어낸 자연 안의 모든 존재에 대한 고마움에, 우주를 주관하시며 날마다 일용할 양식을 길러 내시고 내려 주시는 하느님에 대한 감사에 절로 머리가 숙여집니다. 먹음은 고마움이요 감사요 기도입니다.

'먹음'은 일치와 나눔

할머니와 할아버지 그리고 어머니와 아버지를 모시고 대가족으로 시골에서 살았던 어린 시절을 되돌아봅니다. 여러 가지 모습이 눈에 어립니다. 그 가운데 지금도 자주 떠오르는 정겨운 기억이 있습니다. 온 가족이 둘러앉아 오순도순 밥을 먹던 모습입니다. 반찬이 지금보다 더 좋은 것도 아니었고, 밥상이 지금보다 더 고급이 아니었건만 때로 이 빠진 투박한 그릇으로 먹었을지라도 그때 추억이 더할 나위 없이 따뜻하고 정겹게 여겨집니다.

구약성경 시편 128편은 한 가족이 한 상에 둘러앉아 정겹게 먹는 모습이 일상의 진정한 행복이라고 말씀하고 있습니다.

"복되어라, 야훼를 경외하며 그의 길을 걷는 자.
네 손으로 일하여 그것을 먹으니, 그것이 네 복이며 너의 행복이다.

너의 집 안방의 네 아내는 포도알 푸짐한 포도나무 같고 밥상에 둘러앉은 네 자식들은 올리브 나무의 햇순과 같구나. 보아라, 야훼를 경외하는 자는 이렇게 복을 받으리라." (공동번역, 시편 128:1-4)

이처럼 먹음은 단순히 '먹음' 그 이상입니다.

먹음은 곧 서로 하나 됨을 확인하는 자리요 일치와 행복의 자리였습니다. 밥상의 음식을 함께 먹는다는 것은 서로 하나요 일체적 관계임을 의미합니다. 함께 밥을 먹을 때 그 밥은 먹는 사람을 하나로 만들어 줍니다. 서로 하나요 매우 가까운 사이임을 우리는 밥을 먹는 관계로 나타내곤 합니다. 그러므로 모든 것을 함께 나누는 한 가족임을 말할 때 보통 '식구食口'라는 말을 사용합니다. 더할 나이 없이 가까운 사이임을 말할 때에 '한솥밥'을 먹는 사이라고 이야기합니다. 중요한 상거래를 하는 사람들도 상담商談을 나눈 뒤 서로 뜻이 맞을 때 비로소 함께 밥을 먹습니다. 얼마 전만 하더라도 맞선을 본 후 양가 집안이 서로 마음에 들지 않으면 비록 때가 되어도 함께 식사를 하지 않곤 하였습니다. 음식을 함께 나눈다는 것은 '먹음' 그 이상의 뜻이 있습니다.

함께 밥을 먹는다는 것은, 함께 가족으로서 따뜻한 사랑과 인정을 나누는 것이요, 서로 하나요 일체적 관계임을 받아들이는 것입니다. 농경 시절 하루의 일을 마치고 온 식구들이 마루나 안방에 둘러앉아 두런두런 이야기를 나누며 먹는 모습은 그 자체가 한 폭의 그림이요, 따뜻하고 정겨운 가정의 행복입니다. 밥상에 둘러앉아 함께 음식을 나누는 가운데 서로 이해하고 격려하고 용기를 나누었고, 때로 자연스럽게 밥상머리 가정교육도 있었고, 동네의 이웃집에 대한 진정 어린 걱정과 염려도 있었습니다. 밥상은 한 가족의 일치의 중심이었고, 일상의 행복을 확인하는 자리였습니다. 먹음은 곧 서로 동고동락同苦同樂하며 살아가는 한 식구食口가 되는 자리입니다.

먹음은 또한 나눔을 통하여 서로 하나임을 이어 가는 자리입니다. 우리 민족은 밥을 먹을 때 혼자 먹지 않았습니다. 농경 시절 들판에서 일을 할 때에 곁두리나 '참' 혹은 점심을 먹을 때에도 혼자 먹지 않았습니다. 건너편에서 혼자 일하는 동네 분이나 길 가는 사람을 불러 같이 먹었습니다. 혹은 약간의 음식을 집어 '고수레' 하면서 들판에 슬쩍 던져 놓습니다. 어렸을 때에는 잘 몰랐으나 지금 생각해 보니, 무속적인 의미도 있었을지 모르겠으나 아마도 들판에 사는 개미나 작은 벌레나 곤충들과 음식을 함께 나누려는 따뜻한 배려가 아닌가 하는 생각을 해봅니다. 그런가 하면 마을 잔칫집에서는 아무 연고가 없을지라도 지나가는 길손이나 구걸하는 사람들이나 사당패들에게 요즘 시쳇말로 '묻지도 따지지도 않고' 밥 한 상 후하게 차려 주곤 하였습니다. 요즘 결혼식이나 각종 수연壽宴을 마치고 피로연장에서 혹시라도 관계없는 사람이 들어올까 봐 예리한 눈으로 살피는 모습과 너무나 대조적입니다.

이처럼 우리 민족은 먹을 때 늘 이웃을 생각하며 먹었습니다. 이러한 먹음은 곧 나눔입니다. 우리의 식탁은 나눔을 통하여 이웃과 이어질 수 있습니다. 굶주린 이웃을 위한 기도를 통하여, 혹은 우리의 음식을 절약하여 음식이 부족한 우리의 이웃이나 기아로 고통당하는 가난한 국가에 나누어 보냄으로 이웃과 이어질 수 있습니다.

세계의 절반은 먹을 것이 없어 굶주리고 있습니다. 유엔식량농업기구 FAO는 2005년을 기준으로 세계 인구의 7분의 1인 8억 5천 만 명이 심각한 만성 영양실조 상태에 있다고 합니다. 기아 국가에서 10세 미만의 아동이 5초에 1명꼴로 굶어 죽어 가고 있다고 합니다. 아프리카는 전 인구의 35%가, 동남아시아는 18%가, 라틴아메리카와 카리브해는 약 14%가 굶주림에 무방비 상태로 놓여 있다고 합니다. 북한 지역도 기아 문제가 심각하여 15세 미만 아동의 37%가 심각한 만성 영영실조에 있고, 젖을 먹이는 수유모의 30%가 영양 부족으로 빈혈 증세를 보여 아이들에게 충분한 젖을 줄 수 없다고 합니다. 장기간 식량이 부족하게 되면 이루 말할 수 없는 굶주림으로 고통을 당하게 됩니다. 배고픔의 고통은 당해 보지 않은 사람은 그 육체적 고통과 정신적 절망감을 제대로 이해할 수 없습니다. 기아로 인하여 장기간 영양이 부족하게 되면 배고픔과 함께 몸이 야위어 가는 신체적 손상이 오고, 시각장애나 구루병 혹은 뇌기능 장애로 시달리게 됩니다. 이러한 신체적 손상이나 질병과 함께 무력감 속에 서서히 죽음을 맞이하게 됩니다.

이처럼 심각한 전 지구적 기아 문제의 원인이 식량 생산이 부족한 데서 오는 게 아니라는 것을 우리는 잘 알고 있습니다. 현재 지구는 농지를 쉬어야 할 만큼 식량을 넘치게 생산하고 있습니다. 유엔식량농업기구는 지구가 현재의 인구보다도 두 배나 많은 약 120억 명의 인구도 먹여 살릴 만큼 농업 생산력이 있다고 합니다. 전 지구적으로 식량 자체는 충분한데 지구의 한쪽은 식량이 남아서 넘치고, 다른 쪽은 먹을 것이 없어서 굶주리고 있습니다. 문제의 핵심은 국제사회의 사회 경제 체제에서 오는 모순적 사회구조이며 동시에, 식탁 위의 밥을 함께 나누어 서로를 하나로 이을 줄 모르는 '이기적인 먹음'에 있습니다. 그러므로 밥을 먹을 때에는 반드시 이웃 사랑 안에서 가난으로 굶주리는 이웃과 밥을 나눌 것을 생각하는 식사할애食思割愛의 자세가 필요합니다.

음식을 먹기 위하여 둘러앉은 모든 사람들이 식탁에서 평화를 누리지 못하면, 다시 말해 밥상의 평화 없이는 세상의 평화가 없습니다. 세상 모든 사람들의 배고픔을 달래기 전에는 세상에 진정한 평화와 자유는 존재하기 어렵습니다. 지구마을에서 함께 사는 우리 모두가 서로에 대하여 배고픔의 문제를 외면하는 한 인류의 미래는 없습니다.

먹음은 곧 일치와 나눔입니다.
먹음의 자리는 곧 우리가 서로 한 식구임을 확인하는 따듯하며 거룩한 자리입니다. 또한 먹음의 자리는 곧 나눔을 통하여 서로의 배고픔을 달래 줌으로 밥상 위에 웃음과 평화를 세우는 자리입니다.

나눔을 통하여 이웃과 이어짐이 없는 나 홀로 배부른 먹음은 이기적 독식獨食입니다. 이러한 식사는 밥에 담긴 하늘의 의미를 망각한 채 먹고 마시는 의미 없는 먹음입니다. 오늘날 오롯한 일치와 배고픈 이웃을 향한 사랑의 나눔이 동반된 식탁이 더 없이 필요할 때입니다. 진수성찬이나 산해진미로 가득한 식탁이 아니어도 좋습니다. 세상의 모든 밥상들이 일치와 나눔의 식탁 안에서 도란도란 마음을 나누며 제대로 된 '먹음'을 갖는 세상을 살고 싶습니다.

하루에
몇 번 먹을까?

'먹음'은 소중합니다. 먹음은 기쁨입니다. 먹음은 행복입니다. 밥 한 그릇을 꼭꼭 씹어 먹음은 기도요 감사의 시간입니다. 그렇다고 하루 종일 밥상 앞에 앉아 마냥 먹고만 있을 수는 없을 것입니다. 하루에 몇 번 먹는 게 좋을까?

식사 횟수는 사람에 따라, 자신이 살고 있는 생활환경이나 연령대에 따라 다를 수 있을 것입니다. 식사 횟수를 일반화할 필요는 없겠으나 하루에 두 번 정도가 어떨지 싶습니다. 물론 식사를 하루에 한 번 하는 분들도 주위에서 간혹 볼 수 있습니다. 진리에 대한 깨달음과 사랑의 실천으로 우리 사회의 정신세계를 깊고 풍성하게 한 다석多夕 유영모 선생님이나 그분의 제자였던 함석헌 님 같은 분들이 그러한 분들입니다.

우리는 보통 하루 세끼 식사를 하는 데 익숙해 있습니다. 물론 하루 세끼를 먹으면 자연스레 아침, 점심, 저녁의 때에 맞추어 식사 곧 '먹음'을 갖게 됨으로 많은 사람들의 일반적인 식생활 리듬과 함께 하는 편리한 점이 있습니다. 그러나 사람이 위에서 음식을 소화할 수 있는 시간이 대략 3~5시간이므로 식사 후 약간의 공복감空腹感을 느낄 정도로 먹는다면 식사 간격은 대략 7시간 정도가 적당하다고 합니다. 그러므로 아침부터 저녁까지의 약 12시간 안에 하루 세끼를 꼬박꼬박 먹는 지금의 식사 생활은 다시 생각해 보는 게 어떨지 싶습니다. 사실 우리 한국인이 하루에 밥 세끼를 꼭꼭 챙겨 먹게 된 것은 그렇게 오래되지 않은 일로 비교적 근세의 일입니다.

조선 후기 북학파 실학자인 이덕무(1741-1793)의 《앙엽기㷊葉記》를 보면 "조선인은 아침저녁(朝夕二食)으로 한 끼에 5홉씩 하루에 한 되를 먹는다"라는 기록이 있습니다. 또한 19세기 실학자 이규경李圭景의 기록에 따르면 "해가 짧아지는 음력 9월부터 이듬해 정월까지 다섯 달은 조석朝夕 두 끼만 먹고, 농사일이 시작되는 2월부터 8월까지 일곱 달 동안은 점심點心을 먹는 것이 우리의 식속食俗이다"라는 말이 나옵니다. 사실 우리나라뿐 아니라 전 세계적으로 보아도 일반 평민들이 하루 세끼를 충분히 먹게 된 것은 역사적으로 그리 오래된 일이 아닌 것 같습니다. 유럽은 산업혁명 이후인 18세기 중엽부터라고 하며, 중국이나 이슬람권도 약 100여 년 전까지는 하루 두 끼 식사가 많았다고 합니다.

하루 세끼의 식사 문화를 반드시 나쁘다고 할 수는 없으나, 몸 상태와 생활환경이 허락한다면 하루에 두 번 먹는 두 끼의 '먹음'도 유용하다고 봅니다. 아침에는 우유나 야채 혹은 과일로 만든 주스로 아침 끼니를 대신하면 시간도 절약되고 오전에 몸이 필요로 하는 영양분을 제공하는 데 크게 부족하지 않을 것입니다. 그러나 하루에 몇 번 음식을 먹느냐보다 중요한 것은 음식을 먹는 정확한 시각과 자기 몸에 맞는 소식小食을 실천하는 데 있을 것입니다.

음식을 먹을 때 중요한 것이 때에 맞추어 먹는 것입니다.
여기서 말하는 '때'란 안으로는 몸의 생체 리듬을 의미하며, 밖으로는 자연의 흐름에 맞추어 먹는 것을 뜻합니다. 우리의 몸은 사시사철 바뀌는 계절의 변화, 하루의 흐름인 밤낮의 변화 같은 자연의 흐름에 많은 영향을 받습니다. 자연의 흐름 안에서 호흡하고, 먹고 마시며, 잠을 자고, 생활합니다. 자연의 리듬에 맞게 사는 것이 소중한 생명을 돌보며 제대로 사는 것이요 또한 건강의 평범한 지름길입니다. 공자께서는 자연의 흐름과 함께 하는 것이 순천順天의 삶이요, 자연의 흐름과 거슬러 사는 것이 역천逆天의 삶이라 하여 경계하였습니다. 자연의 흐름과 함께 호흡하며 살아가는 순천의 삶은 인생을 풍성하게 하는 생명生命의 삶을 살게 되고, 자연을 거스르는 역천의 삶은 곧 제구실을 하지 못하는 망亡이요 죽음(死)이라고 하였습니다. 그러므로 음식은 자신의 몸의 리듬과 자연의 흐름에 맞추어 가급적 정해진 시간에, 그리고 너무 급하지 않고 너무 느리지도 않은 적당한 시간 동안에 먹는 게 좋을 것입니다. 식사 시간을 몸과 자연의 흐름에 맞추어 잘 지키면 우리의 몸이 매우 좋아할 것입니다.

음식의 끼니 수를 말하는 진정한 속뜻은 소식小食을 실천하자는 데 있습니다.

과거에는 음식을 잘 먹었다는 의미가 곧 배부르게 먹었다는 것을 뜻할 때가 있었습니다. 기름지고 풍성한 식탁에서 배를 두드리며 실컷 먹는 포식飽食이 잘 먹는 것이라는 생각은 그릇된 사고입니다. 우리 민족이 배고팠던 시절 배부르게 먹는 것이 꿈이었던 시절이 있었고, 손님이 오면 상다리가 휘어지게 대접하는 것이 미덕美德인 시절이 있었습니다. 어렸을 적, 집에 손님이 오면 물어보지도 않고 대뜸 밥상부터 마련하여 손님을 대접하고, 밥 한 그릇을 고봉高捧으로 담아 그 밥을 다 비울 때까지 옆에 앉아 계시던 돌아가신 할머니가 생각납니다. 할머니는 손님에게 이리저리 찬을 권하시며 시중을 드셨고, 만일 밥을 남기면 남은 밥을 국그릇에 쏟아 넣어 기어코 밥 한 그릇을 다 먹게 하여 손님을 보내시곤 하였습니다.

먹을 것이 넘치는 요즘은 배부르게 먹는 것이 아니라, 오히려 '안 먹는 것'이 더 중요한 세상이 되었습니다. 장수와 노화 방지의 비결은 적게 먹는 것입니다. 최근 체중을 빼거나 미용 효과를 높이거나 혹은 육체의 건강을 위하여 가려먹기나 적게 먹기 혹은 '안 먹기'에 치중하는 각종 다이어트가 유행입니다.

그러나 근원적으로는 몸과 마음과 영혼의 건강을 위하여 무엇을 먹든 알맞게 먹는 '소식小食'의 실천에 더 마음을 쏟아야 합니다. 소식의 실천은 건강에도 매우 중요합니다. 과식에 젖은 현대인의 잘못된 식습관이 성인병을 유발하고 이로 인하여 오히려 현대인의 수명이 단축되는 역설적 현상을 가져옵니다. 과식은 소화 흡수를 방해하고 심장을 위협하며, 만병을 일으키도록 피를 탁하게 하고 암에 잘 걸리게 하며, 두뇌 회전을 방해합니다. 그리고 식욕을 절제하지 못하게 함으로 우리 몸을 비만으로 망칩니다. 만약 과식 같은 잘못된 식습관이나 영양 과다 때문에 얻는 성인병이라면, 가장 먼저 자신의 식습관을 돌아보는 가운데 '무엇을 먹을지'가 아니라 어떻게 '안 먹을지'를 생각해야 합니다.

과식하는 사람 치고 오래 산 사람이 없고, 장수한 사람치고 소식을 실천하지 않은 사람이 없다고 합니다. 물론 장수 그 자체가 인생의 목적은 아닙니다. 기독교 신앙인의 삶의 목적은 몸과 마음과 영혼이 하느님 안에서 진리와 사랑의 실천에 거하는 영생永生의 삶이지, 그저 단순히 이 한 몸 오래 사는 장생長生에 있지 않습니다. 그러나 건강과 장수는 여러 면에서 소중합니다. 인생이 건강하게 오래 산다면 이는 곧 세상의 뭇 생명들과 함께 '진리와 사랑과 행복'을 더 나누며 살 수 있기 때문입니다.

과식을 하면 위를 비롯하여 소화기관 및 내장에 부담을 주어 노화가 촉진되고, 우리 몸 안에 체내 활성산소와 과산화지질 등이 많아져 혈액이 탁하게 되고 이로 인하여 심장질환이나 동맥경화 혹은 각종 암 같은 질병 등이 발생할 위험이 많아지게 됩니다. 음식이 보약이라는 말이 있습니다. 잘 먹는 것은 그 어떤 보약보다 몸에 좋습니다. 그러나 잘 먹는다는 것이 비싸고 기름진 음식이나 보양식품 혹은 정력식품을 넘치게 먹는 것을 뜻하지는 않습니다. 자연식품을 골고루 섭취하되 소식을 하는 것이 이 시대 바르게 잘 먹는 것입니다. 물론 성장기이기에 아직 영양분이 많이 필요한 어린이나 청소년에게까지 강제로 소식을 권할 필요는 없을 것입니다. 소식이 건강과 정신에 주는 의미를 이해하고 몸에서 소식의 필요성이 대두되는 30세 전후가 적당하지 않을까 합니다.

소식의 실천은 우리의 정신과도 이어집니다. 소식은 곧 더 먹으려는 욕망을 절제하는 것입니다. 마음의 절제와 음식의 절제는 둘이 아닙니다. 모든 일에 마음의 절제가 있어야 합니다. 소식은 절제를 통하여 욕망의 상징인 배, 즉 장腸을 비우려는 것입니다. 소식은 또한 어떤 음식으로도 결코 맛 볼 수 없는 '공복감'을 잊지 않는 데 있습니다. 공복감은 어떤 음식으로도 결코 맛 볼 수 없습니다. 오히려 절제나 먹지 않음을 통하여 맛 볼 수 있습니다.

그러면 내 양量의 얼마를 먹는 게 좋을까요?《주역周易》은 '복육분천수腹六分天壽'라 했습니다. 자기 양의 60%만 먹는 소식을 실천하면 하늘로부터 받은 천수를 누릴 수 있다는 뜻입니다. 소식을 하려면 자기의 양을 알아야 합니다. 곧 하루 두 끼의 식사도, 소식의 실천도 먼저 자기의 분량을 아는 것, 즉 자기의 '깜냥'을 아는 데서 시작합니다. 먹을 분량을 헤아리는 일뿐 아니라 일상의 모든 면에서 절제의 미덕을 발휘하는 길은 먼저 자신의 깜냥을 아는 데 있습니다.

I / 밥 한 그릇의 고마움

하루에
얼마나 먹을까?

하루에 얼마나 먹어야 할까?

간혹 주량酒量은 알고 있지만, 정작 음식을 먹는 자신의 양에는 무심한 분들이 의외로 많습니다. 주역에서는 '복육분천수腹六分天壽'라 했습니다. 자기 양의 6분의 1을 먹으면 하늘로부터 받은 천수를 누릴 수 있다는 뜻입니다. 이 말도 실천하기 그리 쉬운 말은 아닙니다. 왜냐하면 자기의 식사 양을 알아야 대략 6분의 1을 어림할 수 있기 때문입니다. 주역의 요지는 일상의 삶 속에서 소식小食을 실천하라는 데 있을 것입니다.

그러나 음식을 앞에 두고 소식을 실천하기가 그리 쉽지 않습니다. 우선 음식이 맛있어서 식욕을 절제하지 못하고 먹다가 언제 수저를 놓아야 할지 모르고 먹을 때가 있습니다. 그러다 보니 배가 불러야만 수저를 놓는 경우가 많아 자신도 모르게 무의식적이거나 습관적으로 과식을 할 때가 흔합니다. 공복감도 느끼지 않고, 입맛도 없는데 습관적으로 하루 세끼를 먹음으로 과식하는 경우도 잦습니다. 혹은 식탁 위에 남은 음식이 아까워서 먹다 보니 과식하는 경우도 제법 많습니다.

그런가 하면 함께 음식을 먹는 자리의 분위기가 좋아서 혹은 체면 때문에 자칫 과식하는 경우도 허다합니다. 돌잔치나 결혼 피로연 혹은 각종 수연壽宴 등이 그러한 자리입니다. 초청한 사람은 풍성하게 많은 음식으로 대접하는 것이, 그리고 초청받은 이는 그 자리에서 많이 먹어야 하는 것이 우리의 음식문화입니다. 이제는 주인은 많이 차려 내는 것이 손님을 극진히 맞이하는 것이라는 생각이나, 손님은 많이 먹어 줌으로 축하를 제대로 한다는 생각을 바꾸어야 합니다. 그 자리에 합당한 '의미'를 찾아 공손하고 정중하게 기쁨과 축하와 감사를 나누는 것이 가장 중요한 일이요, 음식을 먹는 것은 그러한 의미를 돋우고 빛내기 위한 것임을 잊지 말아야 합니다. 초대받은 자리에서는 과식으로 자신의 몸에 무리를 주기보다는, 자신에게 알맞은 양을 분위기에 맞추어 정중하고 맛있게 그리고 기쁨과 감사 가운데 먹는 것이 미덕일 것입니다. 손님을 초대한 주인 역시 정성껏 준비한 음식을 권하되, 과식을 권하지는 말아야 할 것입니다.

과식은 우리의 몸과 마음을 망치기 때문에 매우 조심해야 합니다. 우선 과식은 음식에 대한 욕망이 지나쳐 우리가 마음의 절제력을 상실했음을 보여 줍니다. 음식을 대할 때는 물론 우리의 모든 일을 대함에 절제가 있어야 합니다. 절제는 하늘이 우리에게 내려 주신 성령의 열매입니다.(갈라 5:22) 뷔페에서 내 접시에 덜어 온 음식이 남는 것도 음식에 대한 나의 절제가 부족함이요, 함께 나눈 식탁에서 먹고 난 후 남아서 버리는 엄청난 음식 쓰레기도 '알맞음'을 모르는 절제의 결핍에서 오는 것입니다. 꼭 엄청난 권력욕이나 명예욕 앞에서만 절제가 필요하지 않습니다. 과식의 욕망에 대한 절제는 매일 대하는 밥 한 그릇 앞에서도 필요합니다. 과식은 음식 혹은 육체의 문제가 아니라, 마음과 정신의 문제입니다.

과식을 하게 되면 우리의 정신은 물론 우리의 몸도 망가지게 됩니다. 그런 의미에서 과식의 나쁜 점은 한두 가지가 아닙니다. 과식은 여러 가지 질병을 불러오는 원인이 되기도 합니다. 과식이 왜 몸에 안 좋을까요? 인류는 약 300만 년이라는 아주 오래전부터 지금까지 약 299만 9900년쯤을 굶주림과 익숙하게 보내 왔다고 합니다. 그러다 보니 우리의 몸은 공복空腹에 대한 대처와 적응에는 익숙하다고 합니다. 그런데 과식을 했을 때에는 우리 몸이 넘치는 혈당과 몸 안에 생긴 과잉 영양소를 어떻게 처리해야 할지 몰라 올바른 대처를 하지 못한다고 합니다. 그래서 몸 안에서 고혈당(당뇨병), 고지혈증(동맥경화, 지방간), 고뇨산혈증(요산성 관절염) 등이 발생한다고 합니다. 이 밖에 과식은 면역력 저하를 가져오고, 피를 탁하게 하며, 두뇌 회전을 방해하고, 심장에 무리를 가져오며, 각종 스트레스에 약한 몸을 만듦으로 수많은 질병을 가져온다고 합니다. 인간의 몸은 소식이 주는 '공복'에는 어느 정도 익숙하지만, 과식이 주는 '포만飽滿'에는 아직 익숙하지 않다는 것을 의미합니다.

이와는 반대로 소식은 우리 몸을 살립니다. 소식을 통하여 적당한 공복감을 느끼게 되면 우리 몸 안에서는 백혈구가 증가되고 힘도 세어지고 면역력도 증가하게 됩니다. 병에 걸리면 찾아오는 '식욕부진'도 어쩌면 우리 몸에서 면역력을 증가시키기 위하여, 이른바 자연치유력을 증가시키기 위하여 우리 몸이 일종의 '강제 공복' 상태를 만드는 것으로 이해할 수 있을 것입니다. 병의 종류에 따라 다르겠지만 몸이 아파서 식욕이 없을 때에는 억지로 먹는 것보다는 몸이 시키는 대로 최소한의 음식을 섭취하여, 공복 가운데 오히려 자연치유력을 높이는 것이 우리 몸에 이로울 때가 많습니다. 대부분의 동물들 역시 몸 상태가 안 좋을 때 아무것도 먹지 않고 공복에서 오는 '자연치유력'으로 회복될 때까지 기다리는 것을 볼 수 있습니다.

적절한 공복은 면역력을 증가시켜 각종 병을 예방해 주고, 이미 찾아온 병은 낫게 해주며, 노화를 방지하고, 젊음을 유지해 주며, 치매를 방지한다고 합니다. 장腸을 비우고 깨끗이 하는 것이 건강한 몸의 지름길입니다. 소식에서 오는 공복 상태는 몸에 생기와 활력을 주어 자신이 하는 일과 만나는 사람들 속에서 긍정적인 결과를 불러오게 됩니다.

소식을 성공적으로 실천하는 지름길은 '공복'이 주는 편안함을 깨닫는데 있습니다.

'공복감' 혹은 '허기虛飢'는 어떤 음식이건 음식을 '먹음'으로써는 절대 맛 볼 수 없는 맛이요 느낌입니다. 음식을 적게 먹거나 먹지 않을 때에 비로소 '공복감'이나 '허기'를 느끼게 됩니다. 대개 공복감은 배가 텅 빈 상태에서 느끼는 기분인데, 엄밀히 말하면 배가 텅 비어 몸에 혈당이 낮아졌을 때에 공복 중추가 느끼는 감각입니다. 하루 세끼는 물론 그 사이에 수시로 간식이나 기타 음식을 먹게 되면 우리 몸은 공복감을 느낄 사이가 없게 됩니다. 공복감을 느껴야만 음식의 소중함을 깨닫고 몸의 한계와 하늘의 무한성을 알게 됩니다. 소식小食을 통하여 경험하는 공복감을 느낄 겨를도 없이 음식을 먹게 되면, 음식에 대한 소중한 생각과 감사가 없어집니다. 더구나 그 음식은 우리 몸에 들어와 우리 몸을 무겁게 하는 과잉 영양소가 될 뿐입니다.

일상의 삶 속에서 우리의 몸에 '무엇이 부족한지' 혹은 '무엇이 필요한지'를 일깨우는 공복감은 절제에서 오는 소식을 통하여 옵니다. 공복감을 느낄 때 우리는 비로소 오곡과 채소와 각종 음식의 도움 없이는 하루도 살 수 없는 의존적 존재요 연약한 존재임을 알게 됩니다. 공복감을 느낄 때 우리는 비로소 사람은 땅의 힘으로 몸의 필요를 채우고, 하늘의 힘으로 내면의 부족함을 채우면서 살아야 할 존재임을 깨닫게 됩니다.

소식에서 오는 공복의 가뿐함과 편안함은 몸을 살리고 마음을 살

럽니다. 소식은 몸을 가볍고 깨끗하게 합니다. 소식은 마음을 맑고 공손하게 합니다. 소식은 배(腸)를 비우고, 마음을 비움으로 하늘의 생기와 절제의 단아함이 마음 안에 자리 잡게 합니다. 그러므로 '얼마나 먹어야 할까?'라는 물음에는 곧 다음 식사를 하기 전에 적당한 공복감이나 허기를 느낄 만큼의 양을 먹으면 될 것이라는 게 답입니다. 그 양은 사람마다 다르리라고 봅니다. 소식은 대략 공복감이나 허기를 느낄 만큼의 식사 분량을 의미합니다.

 소식은 곧 내 앞에 마주한 밥 한 그릇을 공손히 내 몸에 모시는 일이요, 내 몸과 마음을 살리는 길입니다. 소식의 실천은 배를 알맞게 채우고 동시에 알맞게 비우는 것입니다. 그리고 그 비움은 내면의 양식 곧 하늘의 양식으로 채우는 것입니다.

거칠고
소박한 밥상

밥상만큼 정겹고 따듯한 자리는 별로 없지 싶습니다. 밥상만큼 거룩하고 의미 있는 자리도 그리 많지 않습니다. 밥상은 나의 생명을 위하여 흔쾌히 '밥'이 되어 준 생명을 내 안에 받아들이는 자리이며, 함께 밥을 나누는 모든 이들과 일치와 나눔을 이루는 자리입니다. 그러므로 밥상을 차리는 일은 예배를 준비하는 성직자처럼 사뭇 진지하고 정성스레 임해야 합니다. 그러므로 가정의 주부로서 혹은 공공기관이나 식당에서 밥을 준비하는 영양사나 조리사로서 지녀야 할 마음은 '사랑의 마음과 거룩한 마음'입니다.

식탁에 앉으면 가끔씩 어릴 적 생각이 납니다.
하나는 김치, 된장찌개, 그리고 쌈과 풋고추 등 별로 차린 것 없는 식탁이지만 온 식구들이 단란하게 모여 구수하고 맛있게 식사를 마치던 추억입니다. 또 다른 기억은 왜 그랬는지 어렸을 적 밥상을 차려 오신 어머니에게 반찬 투정을 부리던 기억입니다. 요즘은 대개 어디를 가나 예전에 비하여 진수성찬입니다. 비교적 반찬의 가짓수가 많은 편이지요. 식당엘 가도 반찬의 가짓수가 적지 않은 편입니다. 어떤 경우에는 올라온 모든 반찬 위에 한 번도 젓가락이 가지 못하고 식사를 마치는 경우도 있습니다. 아직도 많은 가짓수의 반찬과 많은 양의 음식이 미덕으로 여겨지기 때문일 것입니다. 간혹 식당에 가면, 제가 감당하기 어려울 만큼 여러 종류의 반찬을 내놓는 경우가 있습니다. 그럴 때 저의 경우에는 식당 직원이 반찬을 식탁 위에 내려놓기 전에 미리 몇몇 가지는 안 먹을 터이니 도로 가져가라고 이야기합니다. 처음에는 '참 까다롭고 이상한 사람이 왔군' 하고 의아해 하다가도 '알맞은 양의 반찬을 남기지 않고 알뜰히 먹기 위함'이라고 설명을 하면 이해를 하곤 합니다.

우리가 먹는 밥상은 다소 거칠고, 소박하며, 주위에서 쉽게 구할 수 있는 것으로 준비하는 게 좋다고 봅니다. 미국의 생태주의자 헬렌 니어링Helen Knothe Nearing은 소박한 밥상의 중요성을 말하고 일생 그러한 삶을 실천하였습니다. 소박하고 거친 밥상을 준비하는 일은 참으로 중요합니다. 우리가 밥상 위에 올려놓는 음식과 몸의 건강과 마음 상태는 매우 밀접하기 때문입니다. 그러므로 밥상을 준비할 때에는 적어도 다음 네 가지를 유의하는 것이 좋을 듯합니다.

먼저 거친 음식이 몸에 좋습니다.

거칠다는 것은 가공加工이나 복잡한 조리 과정 없이 자연 그대로에 가까운 음식을 말합니다. 씨눈의 영양소까지 벗겨 버린 하얀 쌀이나, 정제하고 표백까지 한 하얀 밀가루나 설탕 등은 우리 몸에 좋은 이른바 거친 음식이 아닙니다. 채소의 경우에는 가능하면 날 것이 좋고, 부득이하게 조리를 한 경우라도 낮은 온도에서 조리를 하는 음식이 좋을 것입니다. 색소, 향신료, 양념 같은 부재료가 최대한 적게 들어간 음식이면 더 좋습니다. 복잡한 조리 과정에서 자연 그대로 담고 있던 미네랄이나 비타민 같은 영양소가 파괴되거나, 굽거나 튀기는 조리 과정을 거치면서 우리 몸에 필요 이상의 기름기 등이 들어올 수 있기 때문입니다.

밥상에 가공식품을 올릴 때에는 주의가 필요합니다. 왜냐하면 가공식품에는 다양한 화학 첨가제가 들어 있기 때문입니다. 현대인의 입맛과 기호에 맞게 간편하고, 빠르게, 맛있게, 부드럽게, 달콤하게, 오래 저장하게, 고운 색깔을 지니게 하려면 500여 종에 달하는 방부제, 발색제, 인공 색소, 인공 조미료 등이 첨가되어야 합니다. 그러므로 음식을 조리할 때에는 필요 이상의 복잡한 조리 과정을 피하고 가공식품을 멀리하여 최대한 자연에 가까운 상태로 먹는 것이 좋습니다.

또한 음식과는 직접적으로 관련이 없는 일이지만, 복잡한 조리 과정을 거치게 되면 필요 이상의 전기나 가스 에너지를 쓰게 되어 온실 가스를 발생시켜서 지구 온난화에 좋지 않은 영향을 주기 때문입니다.

둘째로 밥상은 소박해야 합니다.

소박하다는 것은 반찬의 가짓수나 기름진 정도에 대비되는 말입니다. 우리의 밥상에는 언제나 희귀한 음식이나 비싼 음식이 올라오지 않아도 좋습니다. 우리가 손쉽게 주변에서 구할 수 있는 음식이 정갈하고 소박하게 올라오면 이보다 더 좋은 게 없지요. 기름진 음식이 맛은 있을지라도 늘 몸에 좋은 것은 아닙니다. 육식을 많이 할 경우 특별히 육식을 먹을 때 함께 먹게 되는 다량의 소금 탓에 몸에 무리가 올 수 있습니다. 고기를 먹으면서 소금을 과잉 섭취하게 되면 소금이 몸 안에서 피를 탁하게 하여 뇌혈관병, 심장병, 당뇨병 같은 여러 가지 성인병을 일으키는 경우가 많다고 합니다. 싱겁게 먹으라고 말하는 이유가 여기에 있습니다.

셋째로 우리가 먹는 음식은 우리가 사는 주위에서 손쉽게 구할 수 있어야 합니다.

우리말에 신토불이身土不二라는 말이 있습니다. 몸과 땅은 둘이 아니고 하나라는 뜻으로, 자기가 사는 땅에서 생산한 농산물이라야 체질에 잘 맞는다는 것을 이르는 말입니다. 이 말은 깊은 삶의 지혜를 담고 있습니다. 내가 사는 지역에서 나온 생산물이라야 나의 몸에 가장 잘 맞습니다. 왜냐하면 우리의 몸은 이 땅에서 난 공기와 물과 바람과 흙의 기운으로 이루어졌기 때문입니다. 우리의 몸은 흙에서 왔습니다. "너는 흙에서 난 몸이니 흙으로 돌아가기까지…"(창세 3:19) 그러므로 이 땅에서 난 농산물을 먹는다는 것은 단순히 음식을 '먹음'에 그치는 것이 아니라, 그 음식을 먹음으로 우리의 육신이 나고 자라고 돌아갈 이 땅의 공기와 물과 흙과 하나 되는 것을 의미합니다.

신토불이의 의미를 깊이 주목하게 되면 자신이 나고 자란 그 지역의 하늘과 땅과 강과 바다와 산을 사랑하지 않을 수 없게 됩니다. 성경에서 말씀하신 대로 이곳은 바로 나의 육체인 몸이 온 곳이요 내가 살다 돌아갈 따듯하며 거룩한 곳이기 때문입니다. 신토불이의 지혜를 마음에 담다 보면 그 지역에 나고 자라는 모든 농작물들과 그것들을 기르고 돌보는 농부들에게 다정한 눈길을 주지 않을 수 없습니다. 모두가 나와 이어져 있고 나의 일부분이기 때문입니다.

신토불이의 진리를 깊이 들여다보면 우리 지역에 나고 있는 농산물을 '가격이니 경쟁력이니' 운운하며 굳이 바다 건너 저 멀리서 사오지 않아도 될 것입니다. 멀리서 오랫동안 배나 항공기로 가져오기 위하여 방부제를 사용할 위험도 있고, 아직 안전 여부가 확인되지 않은 유전자 조작식품 GMO도 들여올 수 있고, 수입 농산물 때문에 우리 농부들이 우리의 땅에서 더 이상 농사를 짓지 못할 수도 있습니다. 또한 무엇보다 멀리서 배나 비행기로 들여오느라 운송 과정에서 엄청난 온실가스를 발생시키는 '거대한 탄소 발자국'을 만들어 지구 온난화를 더한층 심화시키기 때문입니다.

넷째로 생명 가득한 제철, 유기농 밥상이 아름답습니다.

오늘날 채소나 과일은 계절과 관계없이 생산됩니다. 제철에 맞게, 그리고 자연의 생장 속도에 맞게 우리의 식탁에 오르는 채소나 육류는 거의 없습니다. 닭고기를 보면 토종닭의 경우에는 부화하여 식탁에 오르기까지 약 6개월이 걸립니다. 하지만 요즘 시판 중인 닭은 병아리가 되어 약 한 달 전후면 식탁에 오릅니다. 4~5개월의 시간이 단축된 것인데, 4~5개월 빨리 상품화하기 위하여 엄청난 양의 인공사료(성장촉진제와 각종 영양제 등이 포함된 사료)를 먹여 키웁니다. 이러한 사료를 먹은 닭고기가 고스란히 우리의 식탁에 오르게 되는 것이지요.

비록 가격이 조금 비싸고, 모양이 예쁘지 않을지라도 유기농 농산물에 관심을 높여야 할 때입니다. 유기농은 소비자와 생산자가 마음으로 함께 이어져야 가능한 농업입니다. 농부는 도시 소비자의 삶과 생명을 사랑하는 마음으로 농사지어야 하고, 도시 소비자는 노고 가운데 힘들게 유기농에 임하는 생산자를 기억하며 감사와 고마운 마음으로 생산물을 먹어야 합니다. 우리의 식탁에 생명 향기 가득한 유기농 음식이 올라올 때, 우리 가족의 생명이 살고, 유기농 농부와 농촌이 살고, 농지가 살고, 논밭의 메뚜기와 지렁이가 살고, 논밭 주변에 함께 사는 들새가 살게 됩니다. 우리 집의 유기농 식탁은, 곧 사람과 자연의 모든 생명이 함께 먹고 마시는 보이지 않는 크고 거룩한 식탁입니다.

밥을 먹는 예절

스포츠에도 예절이 있고, 술을 먹는 일에도 주도酒道라는 말처럼 예절이 있습니다. 하물며 밥상을 마주해서도 이에 걸맞은 마음가짐이 없을 수 없습니다. 우리 민족은 비교적 밥상예절이 엄격한 편에 속합니다. '밥상머리에서 큰소리 내는 게 아니다', '밥상머리에서 트림을 하는 게 아니다', '밥상머리에서 밥그릇을 되똑거리지 마라' 등등의 표현이 이를 잘 나타내 주고 있습니다.

어떠한 마음가짐과 예절로 한 그릇의 밥을 대하고, 밥상머리에 앉은 사람들과 편안하고 즐겁게 밥을 먹어야 할까요? 흔히 밥상예절 하면 먼저 가부장제와 남성 위주를 내세우던 조선시대의 식사예법을 생각하고, 고리타분하고 뭔가 불편한 식사를 떠올리게 됩니다. 하지만 본래 '식사예절'은 형식을 만들어 식사를 복잡하게 하려고 정해진 게 아니고, 모두가 편안하고 즐거운 가운데 맛있게 식사를 하기 위하여 생겨났을 것입니다. 밥상에서도 상하관계를 규정하자는 게 밥상예절의 목적이 아닙니다. 밥상예절의 진정한 목적은 밥상 앞에서 가족들, 윗사람 아랫사람, 남성과 여성, 주인과 손님 등이 서로 즐겁고 편안하게 음식을 먹자는 것입니다. 어떻게 하면 밥상머리에 둘러앉은 모든 사람들이 편안하고 정겨운 가운데 맛있는 식사를 할 수 있을까요?

먼저, 밥 한 그릇을 대하며 하늘에 대한 감사의 마음을 품어야 할 것입니다.

밥을 먹을 수 있는 생명과 건강한 몸을 지니고 있음에 대한 감사, 밥상 위에 놓여 있는 오곡과 각종 음식들을 길러 준 하늘과 땅에 대한 감사, 나에게 기꺼이 자신의 생명을 '밥'으로 내어 준 음식에 대한 감사, 오곡백과에 담겨 있는 오묘한 맛을 느끼며 갖는 감사, 많은 노고 가운데 각종 음식을 생산한 생산자와 밥상 위에 오르기까지 수고한 유통업자에 대한 감사, 음식을 요리해 밥상 위에 차려 주신 분에 대한 감사, 음식을 대접하는 사람에 대한 감사, 밥상에 둘러앉아 함께 밥 한 그릇을 나눔으로 일치와 사랑과 정을 나누는 한 식구食口가 된 동석한 모든 이에 대한 감사, 밥 한 그릇이 주는 힘으로 선하고 의미 있고 아름다운 일을 할 수 있게 됨에 대한 감사, 그리고 무엇보다 굶지 않고 먹을 수 있는 일용할 양식을 내려 주신 하느님에 대한 감사 등 밥상에 반드시 있어야 할 마음은 '감사의 마음'입니다.

나의 생명을 이어 주는 밥 한 그릇 앞에 두고 어찌 감사의 마음이 나오지 않겠습니까? 유대인들은 밥상머리에서 단순한 식사를 넘어 종교적 식사를 하는 민족으로 유명합니다. 기독교인이건 기독교인이 아니건 종교를 떠나 밥상 앞에서 모든 이들이 지녀야 할 마음은 감사의 마음입니다.

둘째, 식탁에서 함께 음식을 나누는 사람들에 대한 일치와 존경의 마음입니다.

함께 음식을 나누는 것은 매우 뜻 깊은 일입니다. 그러므로 함께 음식을 나눌 때에는 밥상머리에 둘러앉은 모든 이들과 한마음으로 일치를 나누고, 따듯하게 배려하며, 사랑하고 존경하는 마음을 지녀야 합니다. 밥상의 자리 배치는 연장자나 장애가 있는 사람에게 윗자리 혹은 제일 편리한 자리를 먼저 권합니다. 연장자가 먼저 수저를 들면 식사를 시작합니다. 식사를 먼저 마쳤어도 연장자나 다른 사람이 다 마칠 때까지 숟가락을 국그릇에 걸쳐 놓았다가 수저를 내려놓습니다. 이러한 예절은 연장자 여부를 떠나 식탁에 함께한 모든 사람들이 서로 배려하고 지켜야 할 작은 예절입니다. 식사에 참여한 모든 사람들은 혼자 너무 서둘러 먹지 않고 식사의 보조를 맞추는 것이 좋습니다. 상대편과 식사 속도의 보조를 맞추는 일도 사소한 것 같지만 일상의 삶 속에서 살려 낼 수 있는 아주 작은 아름다운 배려입니다. 거룩한 음식을 먹을 때 서로 다른 사람을 기다려 주며 함께 먹고 함께 마시는 것은 초대교회 때부터 내려온 기독교의 아름다운 전통입니다.(1고린 11:33)

셋째, 모든 이들이 즐겁게 식사하도록 서로에 대한 세심한 배려가 있어야 할 것입니다.

밥상이 마련되면 가능한 한 즉시 밥상 주위로 모여 앉는 것이 좋습니다. 늦어지면 정성껏 상을 차린 사람에게 실례가 되고, 준비한 음식이 식습니다. 이는 고맙고 거룩한 '생명의 밥상'에 대한 예의가 아닙니다. 밥은 바른 자세로 먹어야 합니다. 바른 자세란 허리를 펴고 상 위에 팔을 고이지 않는 자세와 즐거운 표정의 얼굴을 의미합니다. 음식을 씹거나 수저를 사용할 때 가급적 소리가 나지 않게 하는 것이 좋습니다. 어쩔 수 없이 자리에서 일어날 때에는 미리 양해를 구하고 조용히 일어납니다. 식사를 하면서 대화는 자연스럽게 할 수 있으나 너무 말을 많이 하거나 부정적인 내용이나 어두운 내용은 피하고 밝고 가벼운 내용으로 해야 합니다. 기침이나 재채기가 나올 경우 돌아서 입을 가리고 하며, 한 후에 실례를 구해야 합니다. 트림을 하거나 코를 푸는 일은 밥상 앞에서 하지 않습니다.

수저로 국이나 김치 국물을 먼저 떠 마시고 나서 밥을 뜨는 게 좋습니다. 이러한 관습은 된 음식을 먹음으로 체하거나 위에 무리가 가지 않게 하려는 조상의 지혜입니다. 밥상 위에 올라온 음식을 타박하지 않습니다. 수저로 반찬이나 밥을 뒤적거리거나 헤치지 않습니다. 싫어하는 음식이나 양념을 털거나 골라내서 먹지 않습니다. 입 속의 음식물이 상대방에게 보이지 않도록 합니다. 반찬과 밥은 밥그릇이나 접시의 한쪽부터 먹도록 합니다. 멀리 떨어져 있는 음식이나 간장 등은 옆 사람에게 집어 달라고 부탁합니다. 밥그릇은 제일 나중에 물이나 숭늉을 부어 깨끗이 비웁니다. 음식을 먹고 밥상에서 물이나 숭늉으로 소리 내어 양치질을 하지 않습니다.

특별히 음식은 먹을 만큼 알맞게 덜어서 먹고 남기지 않는 것이 중요합니다. 이는 밥상예절이며 동시에 반드시 지켜야 할 밥상 계명誡命입니다. 음식을 남기지 않기 위해서는 자기가 먹을 분량을 정확히 헤아릴 줄 아는 지혜가 필요하고, 식욕의 유혹을 이기지 못하고 많이 먹을 욕심에 덜컥 넘치게 덜어다가 남기지 않도록 절제를 해야 합니다. 음식을 남기는 것은 신앙적으로나 도덕적으로나 또한 환경적 의미에서 큰 잘못입니다. 이는 하느님께서 주신 양식의 축복을 쓰레기통에 버리는 잘못입니다. 아까운 생명을 희생하여 먹지도 않고 버리는 필요 이상의 살생殺生을 범하는 일입니다. 먹기 전에 덜어 배고픈 사람들과 나누지 못한 욕심 많은 독식獨食의 행위입니다. 음식물 쓰레기를 발생케 하여 환경 문제를 일으키는 되돌리기 어려운 잘못입니다. 예수 그리스도께서는 오병이어 기적의 풍성함 속에서도 하느님이 주신 음식을 결코 버려서는 안 된다고 말씀하시며 남은 조각을 모두 거두어 들이셨습니다. "조금도 버리지 말고 남은 조각을 다 모아 들여라."(요한 6:12)

넷째, 가정이나 교회공동체에서는 모든 사람들이 밥상의 의미에 함께 참여해야 합니다.

밥상예절은 설거지까지 이어져야 합니다. 유교의 영향을 받은 남녀유별男女有別 전통 때문에 아직도 주방이나 식탁 일을 멀리하는 남성들이 있습니다. 거룩한 밥상을 준비하는 일에는 남녀 구분이 없습니다. 모두가 자신의 형편에 따라 즐거운 마음으로 참여해야 합니다. 음식을 조리하는 일, 수저를 놓거나 식탁을 준비하는 일, 식사를 마치고 설거지를 하는 일에 남녀가 따로 없습니다. 밥상을 준비하는 일은 일상의 '성만찬'을 준비하는 것과 그 의미가 크게 다르지 않습니다.

설거지에 대하여 조금 더 생각해 보고자 합니다.

설거지 역시 '밥 먹는 과정'에 속합니다. 설거지는 밥 먹고 나서 하는 일이 아니라, 설거지를 끝내기까지 '먹음' 곧 식사가 이어집니다. 그리고 설거지는 귀찮거나 지저분한 일이 아닙니다. 밥상과 남은 음식과 빈 그릇을 정리하는 설거지는 사랑의 마음을 일으키고, 자기를 정화淨化하는 매우 유익하고 영적인 시간입니다. 남은 음식을 씻으면서 마음의 얼룩도 씻고 마음의 찌꺼기도 버릴 수 있는 영적 자기 성찰의 시간입니다. 한 시인은 설거지에서 받은 자기 정화의 기쁨을 이렇게 노래했습니다.

설거지가 참 즐겁다.
설거지할 그릇이
수북이 쌓인 것을 보면 오히려 기쁘기까지 하다.
세상살이에 지친 나의 손길을 애무하는 듯
주르르 흐르는 물의 포근한 리듬을 타고
물과 그릇이 하나 되어 열심히 손을 놀리다 보면

상쾌하다 못해 순결해지는 마음

나는 접시의 겉을 닦지만

설거지는 내 영혼 깊숙한 곳을 말갛게 씻어 준다.

— 정연복 시인, 〈설거지〉에서

    설거지는 여성 혹은 낮은 사람이 하는 일이 아닙니다. 특별히 몸이 불편하지 않다면 자신이 먹은 그릇은 자기가 닦는 것이 아름답고 좋은 일입니다. 교회에서 식사를 한 후에 남성 교우들이 설거지를 하는 모습은 아름답습니다. 이러한 모습은 대개 수도공동체에서 볼 수 있습니다. 시간 되는 대로 가정이나 교회에서 식사 후에 자진해서 설거지를 해보십시오. 사랑하는 가족이 먹은 그릇을 닦아 보십시오. 가족에 대한 사랑의 마음이 더욱 풍성해짐을 느낄 것입니다. 깨끗이 닦은 그릇을 가지런히 정리하다 보면, 마음이 정돈되고 맑아집니다. 음식 찌꺼기가 묻은 그릇을 깨끗이 닦다 보면, 이것이 곧 내 마음의 먼지를 닦는 일임을 깨닫게 됩니다. 남은 음식 찌꺼기를 모으다 보면 다음에는 음식을 남기지 말고 알맞게 준비하여 먹어야지 하는 절제의 깨달음이 저절로 생기게 됩니다.

    일상에서 밥 한 그릇 허투루 먹는 일이 많습니다. 하늘에 대한 감사도, 밥에 대한 소중한 생각도, 함께 먹는 이에 대한 배려가 점점 옅어져 갑니다. 일상에서 한 번만이라도 제대로 밥을 먹어 보고 싶습니다.

신앙인의
삶과 밥상

'밥 그릇 싸움'이라는 말을 가끔 듣습니다. 사실 세상의 많은 문제들이 '빵' 혹은 '밥그릇'의 문제에서 시작됩니다. 남의 '밥'을 빼앗으려고, 혹은 내 '빵'을 안 뺏기고 독차지하려다가 개인과 기업 혹은 조직 간에 무수한 싸움이 일어났습니다. 거칠게 말하면 밥의 문제가 곧 모든 다툼의 원인입니다. 밥의 문제는 육체의 허기를 채우는 음식의 문제만이 아닙니다. 밥의 문제는 곧 도덕의 문제이고 사회 갈등의 문제이며, 평화의 문제입니다. 이는 한자어 평화平和의 화和 자를 파자破字해 보면, 벼나 곡식을 의미하는 벼화(禾) 자와 사람의 입을 의미하는 입구(口) 자로 이루어진 것을 보더라도 쉽게 알 수 있습니다. 이 글자는 우리가 먹는 벼 즉 양식이나 밥을 고르게 나누는 것이 곧 평화임을 말해 줍니다.

밥은 또한 신앙 즉 종교의 문제이기도 합니다.

'지금 여기서' 굶주린 사람들을 돌아보며 서로 밥을 고르게 나누어 먹으라고 가르치지 않는 종교는 아마도 없을 것입니다. 성경은 밥에 대하여 어떻게 말씀하고 있습니까?

첫째, 성경은 모든 양식糧食은 하늘 곧 하느님에게서 왔다고 말합니다. 사람뿐 아니라 모든 생물들에게도 하느님께서 먹이를 주셨다고 말씀합니다.

"…너희는 이것을 양식으로 삼아라. …"(창세 1:29-30)
"살아 움직이는 모든 짐승이 너희의 양식이 되리라. …"(창세 9:3)

우리의 생명을 가능케 하는 '양식'은 생명을 창조하신 하느님으로부터 옵니다. 하느님의 백성들이 광야 시절 먹었던 만나가 이를 상징적으로 말해 줍니다.(출애굽 16:27) "오늘 우리에게 필요한 양식을 내려주시고"(마태 6:11)라고 기도하신 주님의 기도 역시 우리에게 필요한 생명의 양식은 근원적으로 하늘로부터 오는 것을 보여 주고 있습니다. 양식이 하늘로부터 온다는 사실은, 세상의 양식은 하늘의 뜻에 맞게 골고루 나뉘어져야 함을 뜻합니다. 양식에 대한 이러한 성경적 이해는 '왜 세상의 절반은 기아로 굶주려야 하는지'에 대한 영적 통찰과 기아 문제 해결을 위한 행동으로 우리를 잡아끕니다.

둘째, 성경은 신앙적 양심과 체질에 따라 다양한 식생활을 할 수 있다고 합니다.

지구촌 모든 사람들의 주식主食은 서로 다릅니다. 그 지역의 자연환경, 역사 혹은 종교에 따라 식생활도 다양합니다. 성경은 먼저 채식을 양식으로 내려 주셨고, 이어 육식을 양식으로 내려 주셨다고 합니다. 성경에 나오는 유대인들이나 초대교회 사람들은 채식과 육식을 병행하고 있음을 알 수 있습니다. 다니엘서나 로마서에서 보듯이 간혹 특별한 신앙적 이유로 채식이 권장된 기록도 나옵니다.

"소생들에게 열흘 동안만 시험삼아 야채와 물만 먹게 해 주십시오. 그런 뒤에 궁중요리를 먹는 다른 젊은이들과 우리 얼굴을 한번 비교해 보시고…." (다니엘 1:12-13)

"어떤 사람은 믿음이 있어서 무엇이든지 먹지만 믿음이 약한 사람은 채소밖에는 먹지 않습니다." (로마 14:2)

로마서는 하느님께서 만드신 것은 모두 다 좋은 것이기에 기도하고 먹으면 하나도 부정하거나 버릴 것이 없다고 합니다. 이는 모든 음식이 궁극적으로 거룩하며 자연환경이나 개인의 체질 혹은 신앙적 양심에 따라 채식과 육식 가운데 다양한 식생활을 할 수 있음을 의미합니다.

"… 어떤 음식을 못 먹게 합니다. 그러나 음식은 하느님께서 만들어 주신 것으로서 진리를 깨닫고 신도가 된 사람들이 하느님께 감사하는 마음으로 먹으라는 것입니다. 하느님께서 만드신 것은 모두 다 좋은 것이고 감사하는 마음으로 받으면 하나도 버릴 것이 없습니다. 그것은 하느님의 말씀과 신도들의 기도를 통하여 거룩하게 되기 때문입니다."(1디모 4:3-5)

셋째, 성경은 제한과 절제가 있는 식생활을 말씀하고 있습니다.

구약성경은 제의적인 목적에서 양식을 준비할 때 지켜야 할 제한에 대하여 언급합니다. 동물을 잡아 제사를 올리거나 양식으로 먹을 때 생명을 상징하는 피와 기름기는 먹어서는 안 되었습니다.(창세 9:4; 레위 7:21-27) 또한 동물이건 사람이건 생명 그 자체인 피를 함부로 흘리면 안 됩니다.(창세 9:5-6) 이는 어디까지가 인간의 양식이 될 수 있는지 양식의 범위에 대한 제한과 규정을 뜻합니다. 피를 먹지 말라고 한 것은, 에덴동산에서 선악을 알게 하는 나무의 열매는 따 먹을 수 없듯이, 세상 모든 것이 다 인간의 양식이 될 수 없다는 선언입니다. 사람이 먹어서는 안 되는 '그 무엇'이 있다는 것입니다. 음식이건 무엇이건 일상의 삶을 살아가면서 '생명生命'을 부여받은 사람으로서 '인간의 존엄함'을 지키고 '신앙인의 가치'를 지켜내기 위하여 그리고 자연의 뭇 생명과 더불어 살아가기 위하여 결코 손대거나 먹어서는 안 되는 '그 무엇'이 있음을 잊지 말아야 합니다.

성경은 또한 먹을 수 있는 정淨한 동물들과 먹지 말아야 할 부정不淨한 동물들에 대하여 기록하고 있습니다. 동물은 굽이 있고 되새김질을 해야 먹을 수 있습니다.(레위 11:3) 우리나라의 많은 사람들이 좋아하는 돼지고기는 레위기의 기준에 맞지 않습니다. 어류는 비늘

이 있고 지느러미가 있어야 먹을 수 있습니다.(레위 11:9) 메기나 뱀장어 역시 이 기준에 맞지 않습니다. 오늘날 한국 사회에서 글자 그대로 구약성경의 음식 규정을 지키기는 쉽지 않습니다. 분명한 것은 음식을 먹을 때 양식의 종류에 대한 제한과 절제가 있어야 한다는 것입니다. 또한 음식은 그 지역의 음식문화와 시대적 변화도 고려해야 합니다.

넷째, 성경은 하느님 그리고 이웃과 함께하는 밥상을 말씀합니다. 예수님께서 오병이어의 기적에서 보여 주셨듯이 음식은 많으나 적으나 곧 감사의 자리라고 말씀합니다.(루가 9:16; 로마 14:20) 밥상에서 지니는 감사의 마음과 기도는 하늘 곧 하느님 안에서 밥상을 받고 있음을 뜻합니다. 성경은 또한 양식을 거두어들이는 추수(신명 24:19-21) 때나 각종 축절에 가난한 사람들을 초청하여 함께 먹고 즐겼습니다.(신명 16:11, 14) 이러한 말씀은 기독교인들이 밥상을 대할 때 기아로 굶주리는 이웃을 위한 사랑과 나눔의 실천을 요청합니다. 신앙인에게 밥상은 곧 배고픈 이웃을 위한 기도의 제단이요, 밥 한 그릇 담아 세상으로 내보내는 나눔과 사랑의 샘터입니다.

다섯째, 성경은 음식을 소중히 여기고 알뜰히 여길 것을 말씀합니다. 예수님은 오병이어 기적에서 오천 명 이상이 먹고 남은 빵 부스러기를 알뜰히 모아 들이셨습니다.(마태 14:20) 하느님이 내려 주신 모든 음식을 대할 때 알뜰함이 있어야 합니다. 모든 음식은 온 우주의 울력이 스며든 소중한 것이며, 하느님의 은총이요, 일용할 양식으로 내려 주신 기도의 거룩한 응답이며 축복입니다.

사실 음식뿐 아니라 모든 사물(物)과 모든 일(事)과 모든 순간(時)에 알뜰해야 합니다. 하느님은 알뜰하신 분입니다. 하느님은 갈대가 부러졌다 하여 매정하게 잘라 버리지 아니하시고, 심지가 깜박거린다고 하여 꺼 버리지 아니하시며 다시 살려 내시고자 하시는 알뜰하신 하느님이십니다.(이사야 42:3)

여섯째, 성경에서 밥상은 곧 일상의 성찬聖餐이요 성사聖事임을 말씀합니다.

예수께서는 십자가에 달리시기 전 마지막 만찬을 통하여 밥상의 의미를 바꾸어 놓으셨습니다. 주님의 성만찬은 친교와 참여와 영원한 하늘나라의 잔치가 어우러진 공동체적 상통(Holy Communion)을 의미합니다. 밥을 먹는다는 것은 '배를 채우는' 그 이상의 의미가 있습니다. 모든 먹음은 육체적이고 영적이며, 개인적이고 공동체적이며, 생명과 생명의 만남입니다. 모든 먹음은 이곳과 저곳의 이어짐이며, 하늘과 땅의 이어짐입니다. 먹음 안에서 사람과 하늘과 땅의 거룩한 만남이 이루어집니다. 그러므로 진지한 먹음은 곧 성찬이요 성사입니다.

성경은 일상의 먹음을 하늘의 뜻에 맞게 바르게 먹는 것과 썩지 않을 영원한 생명의 양식을 먹는 것이 서로 둘이 아니요 하나임을 말씀합니다.

단식은 곧 자신과 이웃과
하느님과 함께 먹는 밥상

밥 한 그릇을 이야기 할 때 단식을 빼놓을 수 없습니다. 단식斷食, fasting 혹은 금식禁食은 기독교 신앙인은 물론이고 종교의 유무를 떠나서 일상의 삶 속에서 매우 유용한 수행 방법입니다. 단식은 지극히 작은 것들이, 일상의 가치가, 평범한 것들이 얼마나 소중하고 가치 있는 것인지를 깨우쳐 주는 깨달음의 문입니다.

단식 혹은 금식에 대하여 구별하여 쓰는 분들이 많이 있습니다. 그러나 여기서는 굳이 구분하지 않고 단식, 금식, 절식絶食, 절곡絶穀 등을 같은 의미로 함께 사용하고자 합니다. 다만 허용하는 음식의 범위에 따라 음식이나 물을 전혀 허용하지 않는 절대적인 단식(혹은 금식), 물이나 음료만 마시며 음식을 먹지 않는 단식, 그리고 한정된 음식만 허용 혹은 제한하는 부분적인 단식 등으로 구분할 수 있을 것입니다. 단식에서 중요한 것은 용어 그 자체보다는 단식에 임하는 사람의 마음 자세와 신앙적 각오입니다. 성경도 단식 혹은 금식을 의미하는 구약의 히브리어 '촘 tsom'과 신약의 '네스테이아 nesteia'를 공동번역에서는 단식으로, 개역번역에서는 금식으로 번역하여 두 용어를 함께 사용하고 있습니다.

단식의 유래

단식은 인류의 역사와 함께했다고 볼 수 있습니다. 처음에는 인간이 스스로의 의지로 단식을 행하기보다는 굶주림 같은 자연환경의 여건에 따라 단식을 할 수밖에 없는 상황이 먼저 주어졌을 것입니다. 이후에 이러한 단식에 대한 경험이 종교적 의미의 단식으로, 신앙인의 삶 속으로 들어왔을 것입니다.

구약성경은 출애굽 시절부터 이미 단식이 행해졌음을 말하고 있습니다. 출애굽기를 보면 모세는 두 번째 십계명을 받으러 산에 올라가서 사십 주야 동안 '빵도 먹지 않고, 물도 마시지 않았다'는 기록이(출애굽 34:28) 나옵니다. 레위기, 민수기, 판관기, 사무엘서(상, 하) 등에 단식에 대한 기록이 많이 나오고, 이스라엘 백성은 매년 7월 10일에 전 국민이 단식을 지켰습니다.(레위 23:27) 신약성경을 보면 예수께서도 공생애를 시작하시기 전에 광야에서 아무것도 잡수시지 않고 40일을 단식하셨습니다.(마태 4:2; 루가 4:2) 초대교회 공동체도 일꾼을 세우는 특별한 일이 있을 때 단식하며(사도 14:23) 기도하였습니다. '기독교 신자는 단식을 해야 할 의무가 있다'고 결의한 오를레앙 종교회의(주후 541년)를 비롯하여 교회의 전통이나 수도원을 통하여 기독교 역사 안에서 단식의 전통은 이어져 내려왔고, 지금도 성공회를 비롯하여 많은 교회들은 사순절과 사계재四季齋 기간 등에 단식의 전통을 지키고 있습니다.

단식의 전통은 동서양을 막론하고 인격 수양, 신앙, 저항, 건강 등의 목적으로 행해져 왔습니다. 기독교뿐 아니라 유대교, 고대 인도의 종교, 이슬람교, 도교, 불교 안에도 단식에 대한 기록을 많이 볼 수 있습니다. 특히 석가모니는 입으로 먹는 음식 외에 식食을 폭 넓게 해석하여 네 종류로 구분하고 있습니다. 네 종류의 식을 끊는 것이 단식이라는 것입니다. 네 종류의 '식' 가운데 첫 번째는 우리가 일반적으로 입으로 먹는 음식을 뜻하는 단식段食입니다. 두 번째는 우리 몸의 눈, 코, 귀, 혀 등을 통하여 즐거움을 맛보는 촉식觸食입니다. 세 번째는 진선미를 바라는 마음과 정신을 통하여 몸과 마음을 살찌우는 의사식意思食입니다. 넷 번째는 오감과 정신에 의한 지적 이해나 지혜의 깨달음을 통하여 받아들이는 일종의 영의 양식인 식식識食입니다.

우리나라 역시 단군 건국신화에서 보듯이 단식과 관계된 설화가 있습니다. 요즘 한국 교회는 주로 치병과 건강 혹은 특별한 서원이나 영성을 위한 목적에서, 일반인은 주로 치병이나 건강 혹은 인격 수양을 위하여 단식에 임하는 사람들이 많습니다.

단식의 목적

단식은 종교의 유무를 떠나 육체적으로나 영적으로 매우 유용한 수행입니다. 여기서는 신앙 혹은 종교적 단식을 먼저 말하고자 합니다. 예수께서는 우리에게 단식의 모범을 보여 주셨습니다. 이외에도 모세, 석가모니, 마호메트 등 많은 종교의 선각자들이 단식 수행을 통하여 영성을 닦고 진리의 길을 찾았던 것을 우리는 알고 있습니다. 마호메트는 단식은 '종교로 들어가는 문'이라고 하였습니다. 마음을 비우고 인격을 수양하는 것도 단식의 중요한 목적 가운데 하나입니다. 많은 일반인들은 치병治病이나 건강을 목적으로 단식을 하기도 합니다. 또한 단식의 사회적 측면인데 인도의 간디에게서 보듯이 비폭력의 저항을 위하여 단식을 하기도 합니다. 어떤 목적으로 단식에 임하건 순수하고 진실한 마음으로 심지어 그 바라는 목적조차 내려놓을 때 진정한 의미의 단식이라 할 수 있을 것입니다.

단식의 효과

참된 단식은 모든 음식을 끊고, 일체의 치료 행위를 끊고, 심지어 음식을 마시는 행위는 물론 세상 관심사나 신문이나 뉴스 등 세상 소식消息으로부터 물러나 보고 듣고 생각하는 모든 것을 끊은 것입니다. 참된 단식을 마치고 나면 몸과 마음과 신앙은 물론 삶의 자세와 태도에 놀라운 변화를 경험하게 됩니다. 장腸을 비우고 마음을 비우는 단식을 하고 나면 육체적으로 체질이 개선되어 신체의 기능이 좋아지는 효과가 나타납니다. 이는 아마도 단식 기간 동안 숙변을 비롯하여 체내의 노폐물이 배출되고, 몸 안의 장기臟器들이 휴식을 갖고, 혈액을 비롯하여 체액들이 깨끗이 정화되기 때문일 것입니다. 이는 또한 몸 안에 축적된 과잉 영양분이나 정상적이지 못한 영양 물질들이 혈액에 녹는 자가 융해融解가 일어나고, 백혈구가 증가되어 면역력과 자연치유력이 높아지기 때문일 것입니다. 또한 단식을 하고 나면 전반적으로 몸의 원기元氣가 강해지고 몸 안에 생명력이 충만해집니다. 단식은 또한 뇌신경 기능을 활발하게 해주어 두뇌를 맑고 좋아지게 합니다. 몸 전체에 생기를 가져와 피부가 고와지고 비만을 조절하며 각종 성인병을 예방할 수 있게 합니다.

단식의 정신적인 효과로는 마음이 넓어지고 인내심이 커지며, 이해심이 높아지고, 무엇보다 일상의 삶 속에서 마주치게 되는 어려움이나 시련을 이길 수 있는 의지력이 강해집니다. 마음을 비운다는 말을 종종 듣는데, 배 즉 장을 비우지 않고는 결코 마음을 비울 수 없습니다. 단식을 통해 창자가 비워지고 독소가 빠져 나갈 때, 마음이 비워지고 온 몸과 정신이 강해집니다.

단식의 영적인 효과는 개인의 경험과 수행의 깊이에 따라 다릅니다. 단식을 통하여 경험한 영적인 유익과 효과는 매우 다양하고 심오합니다. 단식의 영적 효과는 사람에 따라 그리고 단식 횟수나 경험의 깊이에 따라 다르게 경험됩니다. 우선 마음이 맑게 정화되어 너그럽게 열리고 감사가 넘치게 되며, 영적 감수성이 부드러워지고 동시에 예민해지며, 사물에 대한 이해력과 직관력 그리고 통찰력이 깊어지고, 사유의 폭이 넓어지고 일치와 평화의 마음이 풍성해지며, 자기 비움과 내려놓음의 경지에 도달하게 됩니다. 사람은 물론 우주 만물과 하느님이 하느님의 은총 안에서 서로 하나임을 깨닫게 됩니다다. 자신을 깊이 긍정하게 되고, 모든 생명과 일체감을 느끼고 깊이 사랑하게 되며, 진리와 사랑과 평화의 기운이 온 몸과 마음과 삶에 충만하게 됩니다.

 단식은 장腸을 비움으로 마음을 비우고 자기를 비우는 비움의 수행입니다. 단식은 모든 음식을 내려놓는 몸 비움이요, 모든 생각과 마음과 욕심과 그리고 세속에 찌든 상처와 분노의 마음을 내려놓는 마음 비움이요, 인간의 인위적 활동인 의지조차 내려놓는 철저한 무력함 속에서 무위와 자비와 생명과 사랑의 하느님을 바라보는 것입니다.
 단식은 개인의 극한 한계를 경험함으로 개인의 인내력이나 의지를 확인하는 과정이 아니라, 오히려 극한 한계와 진정한 '무력無力'의 경험을 통하여 '참 겸손'과 '진정한 비움'을 만나는 것입니다.
 단식은 자기 정화淨化의 길입니다. 바닷물로 갈증을 해결할 수 없듯이 식욕, 색욕, 물욕의 과잉으로는 진정한 자기 정화가 불가능합니다. 식욕을 비롯하여 모든 욕심을 내려놓는 단식이야말로 가장 오래되고 확실한 자기 정화의 길입니다.

 단식은 자신의 몸과 마음이 우주와 하나 됨을 깨닫는 합일合一의 길입니다. 단식으로 몸과 마음의 독소와 상처를 빼내어 참 사람으로 되돌아가는 인성人性 회복의 길이 열리게 됩니다. 단식은 몸과 함께 삶의 허기를 채워 줄 '참 배고픔'을 깨닫는 과정이요, 모든 생명과 삶의 '참 양식'인 하느님을 만나는 길이기도 합니다.

진정한 단식은 개인적 변화를 넘어 세상과 우주로 이어지는, 하느님께서 기뻐하시는 단식입니다. 성경은 하느님께서 기뻐하시는 '참 단식'은 세상의 억울한 사람들, 배고픈 사람들, 떠돌며 고생하는 사람들과 자신의 '밥 한 그릇'을 함께 나누며 정의와 평화의 삶을 실천하는 것이라고 말씀합니다.(이사야 58:6)

진정한 단식은 '밥 한 그릇'을 얼마나 오래 안 먹고 버티느냐가 아니라 무위無爲, 무력無力, 철저한 비움의 자리에서 밥 한 그릇의 진정한 의미를 발견하고 인간 본래의 마음 안에 하느님의 현존을 모시는 것입니다. 진정한 단식은 음식이나 '밥 한 그릇' 앞에서 식욕으로부터 초연함을 보이는 게 아니라, 오히려 '밥 한 그릇' 앞에서 기뻐하며 그 안에서 하느님과 이웃을 발견하고, 진리와 생명과 평화의 양식을 함께 나누어 먹는 것입니다.

오늘날 기독교인의 삶 속에 '참 단식'의 전통이 회복되고 개인적으로 혹은 공동체적으로 실천되어, 신앙인은 물론 우리 사회가 더 맑아지고 겸손해지며, 생명과 평화의 꽃이 심심心心 처처處處에 만발하기를 기다립니다.

식사기도 하세요?

그동안 먹음의 의미와 밥의 고마움에 대하여 말씀을 드렸습니다. 이제는 끝으로 음식을 먹으며 지녀야 할 마음과 드려야 할 기도에 대하여 말씀드리고자 합니다. 음식을 앞에 두고 기도하는 것은 아마 모든 종교들의 공통된 특징 중 하나일 것입니다. 음식을 먹는다는 것은 일상에서 매우 중요한 일이고 행복한 일이며, 또한 종교적이며 거룩한 일입니다. 그러기에 음식을 앞에 두고는 언제나 바른 마음과 거룩한 뜻을 담은 기도를 해야 합니다. 음식을 먹으며 드리는 기도는 성공회를 비롯한 모든 종교의 중요한 기도의 목록 안에 들어가야 합니다.

물론 다종교 사회인 우리나라에서 밖으로 드러나는 자신의 종교에 따른 식사기도 때문에 때로 즐거워야 할 식사의 자리가 어색한 모습을 띨 때도 있습니다. 다수가 모인 곳에서 보란 듯이 큰 소리로 자신의 종교에 따른 식사기도를 드리는 것은 좋은 모습이 아닐 것입니다. 그렇다고 주위의 다른 사람을 너무 의식하여 음식을 앞에 두고 지녀야 할 마음과 드려야 할 감사의 마음과 표현을 드러내지 않는 것도 옳은 일은 아닐 것입니다. 그런 자리에서는 종교가 다른 사람을 배려하여 간단하고 짧은 형식으로 기도를 한다든지, 손을 모으고 묵도를 한다든지, 조용히 십자성호를 한다든지, 미리 양해를 얻고 한다든지 등 때와 장소에 따라 적절한 형식을 취하면 될 것입니다.

그동안 말씀드렸고 다시 거듭 말씀드리지만 음식을 먹는다는 것은 그저 단순하게 배를 채우거나 몸에 필요한 영양소를 보충하는 일이 아닙니다. 다른 거룩하고 고상한 일을 하기 위하여 대충 해도 되는 그런 일이 아닙니다. 음식 혹은 밥을 대하는 두 가지의 옳지 않은 태도가 있습니다. 하나는 밥이 전부인 것처럼 먹는 일에 탐닉하는 모습입니다. 먹고 마시는 것에 지나치게 가치를 두는 사람입니다. 어디에 좋은 음식, 맛있는 음식, 별미가 있다고 하면 천리를 마다 않고 찾아가는 사람입니다.

그런가 하면 음식을 경시하고, 먹는 일을 가볍게 여기는 사람이 있습니다. 먹는 일을 육적인 일로 여기고, 하찮게 대합니다. 음식을 먹는다는 것은 탐닉해도 안 되겠지만, 육적인 일로 여겨 무시하거나 가볍게 보는 태도 역시 온당하지 않습니다. 음식을 먹는다는 것은 곧 우리의 생명을 유지하고 보존하는 행위로서 일상에서 참으로 소중하고 거룩한 일이요, 어떤 고상하고 거룩한 일을 하기 위한 부수적인 행위가 아니라 그 자체로 이미 의미 있고 영적인 일입니다. 먹는 일, 곧 식사 역시 자신의 몸과 마음을 닦고 음식을 통하여 하느님과 만나는 거룩한 성사聖事요 영성의 창窓이라는 것입니다.

다시 한번 밥에 대한 생각을 정리하자면 다음과 같습니다.

우리의 먹는 것, 먹는 행위 곧 '먹음'은 우리의 몸뿐 아니라 정신적이고 영적인 영역과 밀접한 관계가 있습니다. 신앙인으로서 올바른 영성의 성숙과 실천을 위해 먹음에 대한 신학적 성찰이 필요합니다. 믿음의 눈으로 보면 음식, 곧 양식은 오늘도 계속되는 하느님의 창조 행위의 열매입니다. 모든 음식은 하느님께서 우주를 통하여 내려 주시는 하느님의 창조 선물이요, 은총이요, 소산물입니다. 모든 음식에는 또한 햇빛과 달빛과 별빛은 물론 바람과 구름과 비와 온갖 만물이 참여한 우주의 울력과 인간의 고귀한 노동이 담겨 있습니다. 쌀 한 톨에는 하느님의 마음과 우주의 손길과 농심農心, 그리고 식탁에 오르기까지 많은 사람들의 정성이 담긴 노동의 거룩함이 들어 있습니다.

그러므로 밥을 먹는다는 것은 곧 내 안에 '하늘'(하느님의 창조 행위)과 '땅'(우주와 자연 만물)과 '사람'(인간의 노동)이 하나로 통합되는 놀라운 자리입니다. 먹음을 통하여 하느님의 은총을 담은 음식은 승화되어 몸과 마음에 육체적·정신적·영적 에너지를 공급하게 됩니다. 성만찬에서 육의 음식인 빵이, 영원한 생명의 양식인 주님의 살과 피로 바뀌듯이 먹음을 통하여 우리가 먹은 물질이 하느님의 거룩한 일을 할 수 있는 영적인 에너지가 됩니다. 그러므로 음식을 먹는

'먹음'은 하나의 제의祭儀요 성찬식이 될 수 있는 것입니다. 다석 유영모의 제자로 스승을 따라 하루에 한 끼 먹음을 실천한 김흥호 목사는 '먹음'을 이렇게 고백합니다.

"(하루에 한 끼를 먹는 일식一食은) 하늘에 계신 아버지께 이르는 길이요, 거룩한 길이며, 님께 드리는 제사요, 하나님께 대한 사랑이요 믿음이다."

하느님의 거룩한 일에 참여하는 성사聖事로 여기며 밥을 먹는다는 것은 또한 그렇게 함으로 하느님의 거룩하신 사역에 동참하는 것입니다. 밥을 먹는다는 것은 곧 일용할 양식으로 힘을 얻어 오늘 여기의 시대와 역사 속에서 이웃을 사랑하고 진리를 밝히며 생명을 살리는 하느님의 새로운 창조에 동참하는 것입니다.

먹음은 또한 나눔과 정의를 생각하는 자리입니다. 밥은 나누어야 합니다. 하늘이 모두의 것이듯 밥 역시 모두의 것이 되어야 합니다. 밥은 누가 독차지해서는 안 됩니다. 밥을 골고루 먹지 못하는 세상은 하느님의 정의와 사랑이 넘치는 하느님 나라가 아닙니다.

먹음의 자리는 또한 섬김과 비움을 실천하는 설거지의 자리이기도 합니다. 설거지는 천하거나 지저분한 일이 아닙니다. 설거지 역시 먹음의 연장입니다. 그래서 어떤 사람은 설거지를 몸으로 드리는 기도라고까지 이야기합니다. 이외에도 '먹음' 혹은 밥이 의미하는 신학적 의미는 무수하게 많을 것입니다.

이렇게 음식을 먹는 행위가 거룩한 행위이기 때문에 우리는 음식을 먹을 때 우리의 몸과 생각을 가볍게 할 수 없습니다. 먹음 곧 먹는 행위가 하느님을 모시는 행위일진대 먹는 행위 그 자체에 의미를 두고 행복하며 감사한 마음으로 먹어야 합니다. 이러한 뜻을 마음에 다짐하고, 외적으로 드러내는 것이 곧 식사기도입니다.

식사기도는 이러한 의향을 담으려는 마음의 표현입니다. 음식을 먹을 때는 편안함이 있어야 하고, 즐거움이 있어야 하고, 바른 마음이 있어야 하고, 고마움이 있어야 하고, 거룩한 마음이 있어야 합니다. 지나치게 많이 먹겠다는 탐욕도 내려놓아야 합니다. 혼자만 먹겠다는 욕심도 덜어내야 합니다.

음식 앞에서 되도록 마음을 다스리고, 편안하고 따듯한 분위기 속에서 음식을 진지하게 대하려는 마음이 있어야 합니다. 만일 맛을 음미하지도 않은 채 무조건 먹어치운다면, 혹은 필요 이상으로 음식을 먹다가 남겨 버린다면, 이는 거룩한 음식을 모독하는 것입니다.

그러므로 음식을 먹을 때에는 감사와 정성을 담은 기도가 있어야 합니다. 식사기도에서 중요한 것은 밖으로 드러내는 의식이나 형식보다는 내용입니다. 음식과 먹음에 담긴 의미를 잊지 않고 바른 마음을 갖는 일이 중요합니다. 밥을 먹을 때 드리는 기도를 몇 가지 소개하고자 합니다.

개신교 신자들이 많이 사용하는 식사기도

기도문 1

사랑의 하나님!

오늘도 저희 가족에게 일용할 양식을 주셔서 감사합니다. 이 음식을 먹을 때마다 이 식탁을 비우지 아니하시는 주님의 은총에 감사할 수 있는 저희들 되게 하시고, 이 음식이 식탁에 오르기까지 땀 흘리며 수고한 많은 사람들의 수고도 잊지 않고 축복할 수 있는 저희들 되게 하여 주시옵소서.

주님! 가난한 사람들의 식탁을 기억하시옵소서. 그들의 식탁 위에도 빈 그릇이 없도록 일용할 양식으로 축복하여 주시기를 원합니다.

오늘 저희들은 이 음식을 먹고 더욱더 힘을 얻어서 선한 사업에 힘쓰게 하시고, 주님의 영광만을 나타내는 데 힘쓰게 하시옵소서.

식사 때마다 보이지 아니하시는 손님으로 함께하시는 예수 그리스도의 이름으로 기도합니다. 아멘.

기도문 2

우리들에게 일용할 양식을 주시는 하나님!

주님의 은혜와 사랑에 감사드립니다. 우리가 주님의 사랑을 입어 구원받았고 언제나 주님의 은총 속에 살아가오니 주님을 위하여 헌신하는 삶을 살게 하옵소서. 이 식탁을 준비한 손길을 기억하여 주옵소서. 우리에게 강건함을 허락하사 맡겨진 사명을 감당케 하옵소서.

사랑의 주님! 우리의 이웃 중에 가난한 이들을 기억하여 주사 그들의 필요를 저희가 돌아보며 또한 아버지께서 구석구석 역사해 주옵소서. 또한 우리에게 허락하신 힘과 능력으로 복음을 전하며 맡겨 주신 사명을 감당하게 하옵소서. 함께 이 음식을 나누며 교제할 때도 성령님이 주관하셔서 우리 안에 기쁨과 강건함을 주소서. 우리 주 예수 그리스도 이름으로 기도합니다. 아멘.

성공회 신자들이 식사 전후에 드리는 기도

간단한 형태의 식사기도

만선萬善과 만복萬福을 베푸시는 하느님, 이 음식과 먹는 저희 위에 강복降福하소서. 아멘.

식사 전 기도 1

전능하신 하느님 아버지, 이 귀한 음식을 먹게 하여 주시니 감사합니다. 축복하여 주소서. 이 양식이 식탁에 오르기까지 땀 흘려 수고한 모든 이들을 기억하게 하시고 이 음식을 취하므로 영과 육의 강건함을 허락하시어 주님을 잘 섬기고 영광 돌리게 하소서. 성부와 성자와 성령의 이름으로 기도합니다. 아멘.

식사 후 기도

우리의 생명을 위하여 일용할 양식을 먹게 하셨사오니, 주님께 감사합니다. 저희가 필요할 때 항상 넉넉한 음식을 허락하소서. 주 예수 그리스도의 이름으로 기도합니다. 아멘.

《성공회 일상기도서》(김안기, 대한성공회출판부, 2004)

식사 전 기도 2

(모든 교우가 식탁 앞에 앉으면 기도 시작 종을 침으로 기도를 알린다)

인도자: 기도합시다.
다함께: 만선과 만복의 근원되시는 하느님 오늘 저희들에게 일용할 양식을 주시니 감사합니다.
인도자: 한 방울의 물에도 천지를 통해서 내려 주시는 하느님의 은총이 있고 한 톨의 곡식에도 만인의 수고가 담겨 있습니다. 주님, 이 음식을 소중히 여기고 감사한 마음으로 받게 하여 주십시오.
다함께: 하느님, 이 음식으로 몸과 마음과 믿음을 길러 맑은 마음, 밝은 얼굴, 바른 믿음으로 하느님을 잘 섬기고 이웃을 사랑하며 선하게 살겠습니다.
인도자: 주님, 은혜로이 내려 주시는 이 음식과 저희에게 강복하소서.
다함께: 우리 주 예수 그리스도를 통하여 기도합니다. 아멘.

식사 후 기도 2

(식사를 거의 마치면 인도자는 일어나, 종을 치고 기도한다. 아직 다 못 마친 사람은 기도를 마치고 식사를 계속한다.)

인도자: 전능하신 하느님 저희에게 베풀어주신 모든 은혜에 감사합니다. 주님의 이름 찬미 받으소서.

다함께: 아멘.

성공회 약수동교회 "애찬 기도문"

천주교 신자들이 식사 전후에 드리는 기도

식사 전 기도

†주님 은혜로이 내려주신 이 음식과 저희에게 강복하소서. 우리 주 예수 그리스도를 통하여 비나이다.

◦아멘.

식사 후 기도

†전능하신 하느님, 저희에게 베풀어주신 모든 은혜에 감사하나이다.

◦아멘.

†주님의 이름은 찬미를 받으소서.

◦이제와 영원히 받으소서.

†세상을 떠난 모든 이가, 하느님의 자비로 평화와 안식을 얻게 하소서.
◦아멘.

(혹은 때와 장소에 따라 십자성호를 긋거나 아래와 같이 간단하게 할 수도 있다.)

식사 전 기도
†주님 은혜로이 내려주신 이 음식과 저희에게 강복하소서. 우리 주 예수 그리스도를 통하여 비나이다.
◦아멘.

식사 후 기도
†전능하신 하느님, 저희에게 베풀어주신 모든 은혜에 감사하나이다.
◦아멘.

불교 신도들의 식사 예법

불교에서 전통적으로 음식을 공양할 때는 식당작법이라 하여 발우를 펴기 전부터 거쳐야 하는 복잡한 절차들이 있지만, 일상에서는 공양게로 오관게의 내용을 담은 게송을 마음속으로 혹은 낮은 소리로 읊고 먹습니다.

공양게 1

이 음식이 어디서 왔는가, 내 덕행으로 받기 부끄럽네, 마음의 온 갖 욕심 버리고 몸을 치료하는 약으로 알아, 보리를 이루고자 공양을 받습니다.

공양게 2

이 음식에 깃든 은혜 두 손 모아 감사하며, 상구보리 하화중생 명심발원 하옵니다.

오관게(五觀偈) 게송

계공다소 양피래처 計功多小 量彼來處 :
  이 음식이 온 곳과 그 공덕의 많고 적음을 헤아려보니

촌기덕행 전결응공 忖己德行 全缺應供 :
  내 덕행으로는 떳떳하게 공양 받기가 부끄러워라

방심이과 탐등위종 防心離過 貪等爲宗 :
  마음을 다스려 허물을 벗어나는 것으로 탐욕을 버리고

정사양약 위료형고 正思良藥 爲療形枯 :
  바른 생각으로 육신을 지탱하는 약을 삼으며

위성도업 응수차식 爲成道業 應受此食 :
  깨달음을 이루기 위하여 이 음식을 받습니다.

원불교 신도들의 식사 예법

원불교에서도 식사 전후에 '공양의 노래'에 담긴 내용을 마음에 담아 감사의 기도를 드림으로, 천지자연의 혜택과 동포들의 많은 노력의 결과로 자기의 생명을 보호하여 줌을 감사하는 동시에 보은을 결심하면서 합장 또는 묵념한 후 식사를 합니다.(예전 통례편 제 11장 식사-제2절 식사하는 법 1항)

대중이 모여 함께 식사를 할 때에는 '공양의 노래'를 부르며 감사와 보은의 마음을 새깁니다.

'네 가지 크신 은혜'(供養의 노래)는 우리가 먹는 음식은 천지은 天地恩, 부모은 父母恩, 동포은 同胞恩, 법률은 法律恩으로 이루어진 산물임을 노래에 담고 있습니다.

"네가지 크신 은혜 한 데 어울려
알알이 은혜로운 거룩한 공양
몸은 길러 공도사업 더욱 힘쓰고
마음길러 무상불도 이뤄지이다."

천도교 신도들의 식사 예법

천도교(동학) 역시 음식을 먹을 때마가 한울님에게 고하는 식고 食

呪라는 식사기도를 드리고 음식을 먹습니다. 이는 밥을 먹을 때에 천지가 먹여주고 길러줌에 감사하며 이를 거듭 기억하라는 것을 의미합니다. 천도교 역시 음식을 먹기에 앞서 식고를 통해 마음 닦음을 강조하고 있습니다.

지금까지 살펴본 대로 밥 혹은 밥을 먹는 '먹음'(식사)은 영양학적으로나 육체적으로나 종교적으로 우리 삶에 매우 중요한 의미를 지니고 있습니다. 그러므로 먹음 앞에서 마음을 바르고 거룩하게 하는 기도는 당연하고 자연스러운 절차입니다. 그런 의미에서 식사의 자리에서 드리는 식사기도는 삶의 자리요 수행의 자리며, 영성생활의 한가운데입니다. 식사기도를 통하여 마음이 바르게 되고 고마움이 넘치게 되며, 따듯해집니다. 밥 한 그릇 앞에서 온 우주의 울력을 통하여 지어내신 하느님의 생명과 사랑의 손길을 봅니다. 그리하여 창조영성과 노동의 영성, 그리고 나눔과 정의의 영성이 마음에 깃들게 됩니다. 마음이 정화되고 영혼의 정결함과 섬김의 도가 실천될 수 있습니다.

밥 한 그릇 앞에서 식사기도를 가볍게 여기는 사람은 그 음식을 위해 일하신 하느님을 가벼이 여기는 것입니다. 그는 자연 만물의 고마움과 많은 사람의 노동과 은혜를 무시하는 사람입니다. 의미 있고 거룩하며 영적인 일에 마음을 쓰는 사람일수록 밥 한 그릇, 빵 한 조각 앞에 두고 하는 식사기도를 가볍게 여기거나 소홀히 대할 수 없습니다.

　밥 한 그릇 앞에 놓고 바른 기도를 드리고 먹을 때, 밥은 육신은 물론 영을 살리는 생명의 양식이 됩니다. 반찬은 영양뿐 아니라 하늘의 고마움을 알게 하고 이웃을 사랑하며 생명을 살리는 성찬聖餐이 됩니다. 식사食事의 자리는 모든 생명과 더불어 진리와 생명과 평화의 삶을 살게 하는 하늘의 힘을 받는 성사聖事의 자리가 됩니다. 밥 한 그릇, 빵 한 조각이 주는 힘은 몸과 마음의 힘을 길러 머리뿐 아니라 가슴과 삶으로 하느님을 알게 하는 '진지眞知'가 됩니다.

　그러므로 식사기도는 단순한 음식기도가 아니라, 몸과 마음을 바르게 하여 오늘 여기서 내가 하느님의 거룩한 일에 평화의 도구로 쓰임받으며, 하느님의 뜻을 받들어 세상에서 누군가에게 생명의 밥이 되어 주겠다는 거룩한 다짐입니다.

2부

생명의 양식(밥) 한 그릇에 대한 묵상

밥에는 여러 가지가 있습니다.
우리의 육체 곧 몸을 살리는 밥이 있습니다.
공기와 물과 온갖 채소와 오곡백과는 몸을 살리는 밥입니다.
우리의 정신과 생명을 살리는 밥이 있습니다.
성경은 마음과 몸뿐 아니라 생명을 살리는 밥(양식)에 대하여
말씀합니다.
하느님의 말씀이 우리의 '생명'을 살리는 생명의 밥입니다.
예수께서는 이 세상에 영원한 생명을 주는 생명의 밥으로 오셨습니다.
그 생명의 양식은
한 번 먹으면 영원히 배고프지 않는 밥이요 결코 목마르지 않는
밥입니다.
썩어 없어질 밥이 아니라 영원한 밥입니다.
그러므로 하느님께 기도하는 '일용할 양식'은
육신의 양식뿐 아니라 영의 양식도 포함하는 것입니다.
날마다 기도와 묵상 가운데
진리의 말씀이요,
영원한 생명의 양식으로 오신
주님을 먹어야 합니다.

 요한복음 6:35
예수께서는 이렇게 대답하셨다. "내가 바로 생명의 빵이다. 나에게 오는 사람은 결코 배고프지 않고 나를 믿는 사람은 결코 목마르지 않을 것이다."

요한복음 6:48-51
"나는 생명의 빵이다.
너희의 조상들은 광야에서 만나를 먹고도 다 죽었지만
하늘에서 내려온 이 빵을 먹는 사람은 죽지 않는다.
나는 하늘에서 내려온 살아 있는 빵이다. 이 빵을 먹는 사람은 누구든지 영원히
살 것이다. 내가 줄 빵은 곧 나의 살이다. 세상은 그것으로 생명을 얻게 될 것이다." 하고 말씀하셨다.

믿음은 곧 변화입니다

일상의 삶에는 '늘' 혹은 '항상'이라는 것이 없습니다. 있다면 '변화'가 있을 뿐입니다. 그래서 한시도 멈추지 않고 흘러가는 인생을 '무상無常'하다고 합니다. 그러나 '모든 것이 변한다는 사실' 만큼은 변하지 않습니다. 변화는 얼핏 보면 무상해 보이기도 하고, 때로 멈춤 없이 모양을 바꾸어 부정적으로 비치기도 합니다. 그러나 '변화'야말로 모든 새로움과 생명을 가능케 하는 신비의 활동입니다. 그러므로 변화에 대한 바른 이해가 필요합니다.

요한복음에는 첫 기적으로 변화의 기적이 나옵니다. 가나에서 열린 혼인 잔치의 기적이 그것입니다.(요한 2장) 혼인 잔치 집에서 포도주가 떨어져 낭패를 당할 뻔했습니다. 그런데 예수님의 말씀대로 했더니 물은 어느새 포도주로 변하였다는 것입니다. 그리하여 인류지

대사人倫之大事인 혼인 잔치의 주인공인 신랑신부가 잔치를 잘 마치고 행복한 인생을 시작하게 되었다는 말씀입니다.

가나 혼인 잔치의 기적을 변화의 차원에서 바라볼 수 있습니다. 크게 세 가지의 변화가 일어났습니다. 하나는 가나 혼인 잔치 집에서 부족한 포도주가 다시 풍족해지는 양적量的 변화 혹은 물리적 변화의 기적입니다. 다른 하나는 물이 변하여 포도주가 되는 질적質的 변화의 기적입니다. 그리고 세 번째 변화는 음식 부족으로 웃음거리로 끝날 신랑신부의 결혼식이 칭찬과 기쁨 가운데 행복한 결혼식으로 바뀌는 변화 즉 인생이 변화되는 영적靈的 변화의 기적입니다.

가나 혼인 잔치에 굳이 제목을 붙인다면 "믿음은 곧 변화입니다"라고 말할 수 있을 것입니다. 우리는 신앙 혹은 믿음에 대하여 말을 많이 합니다. 신학자는 신학자대로 목회자는 목회자대로, 교우들은 교우들대로 '신앙이란 혹은 믿음이란 이런 것이다' 라고 말을 합니다. 어떤 분은 책도 써내지요. 어떤 분은 믿음을 주제로 노래도 만들고 그림도 그립니다. 그게 바로 신학서적이요, 설교집이요, 간증이요, 신앙고백이요, 그리고 성가요 성화 아닙니까?

사실 성경은 우리를 변화로 부르신 하느님의 편지, 혹은 하느님 안에서 변화된 사람들의 이야기라는 생각이 듭니다. 변화에 대한 국어사전 뜻풀이를 보면 '사물의 모양 성질 상태 등이 달라지는 것' 이라고 풀이합니다. 변화란 보통 어떤 상태에서 다른 상태로 그 모양이나 성질 상태가 바뀌는 것을 말합니다. 나쁜 쪽이나 부정적인 방향으로 변할 때에는 주로 변질變質이라는 말을 사용하고, 좋은 쪽 긍정적인 방향으로 바뀌게 될 때 주로 변화라는 말을 사용합니다. 변질은 바람직하지 않으나 변화는 좋은 것입니다. 우리는 변질된 믿음이 아니라 변화된 믿음의 주인공이 되어야 할 것입니다.

어떤 분들은 믿음을 조금도 바꿀 수 없는 교리나 원리로 생각합니다. 문법 용어로 말하자면 동사動詞가 아닌 명사名詞로 생각하는 것과 같습니다. 하여 자신의 믿음이 조금이라도 바뀌면 큰일 날 것으로 생각합니다. 어떤 분은 자신의 신념 체계를 확고부동하게 세우고 견고하게 만들어 요지부동이 된 믿음을 좋은 믿음으로 생각합니다. 물론 믿음 안에는 내 믿음의 근거인 절대 양보할 수 없고, 포기할 수 없는 그 무엇이 있습니다. 그러나 이러한 자세는 자칫 자신만의 경험이나 확고부동한 신념체계나 혹은 종교적 교리의 울타리 안에 믿음을 가둬 두는 잘못을 범할 수 있습니다. 이러한 믿음은 변화가 없는 믿음이요, 진리에서 오는 너그러움과 관대함이 없는 믿음이요, 성장이 멈춘 믿음입니다. 이런 믿음은 죽은 믿음입니다.

좋은 믿음은 살아 있는 믿음입니다. 살아 있는 믿음은 성장하는 믿음이며 늘 진리 안에서 '변화'를 수용하는 열려 있는 믿음입니다. 좋은 믿음이란 개인의 좁은 경험에 근거한 인간적 생각이나 교리적 편견 안에 갇혀 있는 믿음을 뜻하지 않습니다. 좋은 믿음이란 그 믿음이 인간적 생각이나 종교적 편견을 변화시키는 믿음이어야 합니다. 우리의 믿음은 매일매일 변화해야 합니다. 우리의 마음과 생각이 자라듯 우리의 믿음도 겨자씨만 한 믿음에서 '날마다 또 날마다 새롭게'(日新又日新) 더 성숙한 믿음으로, 더 큰 믿음으로, 더 좋은 믿음으로 자라야 합니다. 믿음에 고착화나 화석화가 이루어지게 되면 죽은 믿음이 됩니다.

믿음은 살아 있어야 합니다. 살아 있는 믿음이란 '변화'를 전제로 합니다. 그러므로 믿음은 변화입니다. 날마다 믿음 안에서 내적 변화와 외적 변화들이 일어나야 합니다. 내 안에 일어난 변화는 나의 삶을 바꾸고, 가정을 바꾸고, 교회를 바꾸고 그리고 내가 서 있는 세상의 한 모퉁이를 바꿀 것입니다.

가나 혼인 잔치에서처럼, 우리의 일상 속에서 날마다 주님의 말씀을 통하여 변화의 기적이 일어나야 합니다. 우리 인생의 항아리에는 무엇이 가득 차 있습니까? 인생을 행복하게 살아야겠는데 행복의 포도주가 떨어지지는 않았습니까? 믿음의 사람으로 살고 싶은데 믿음의 포도주가 떨어지지는 않았습니까? 기도의 사람으로 살고 싶은데 기도의 포도주가 떨어지지는 않았습니까? 아직도 감당해야 할 일이 많은데 건강의 포도주가 부족합니까? 주님 안에서 부족한 것들이 다시 가득하게 채워지는 풍성한 양적量的 변화의 기적이 우리 안에서 일어나기를 바랍니다.

우리에게는 양적 변화의 기적과 함께 질적 변화의 기적 또한 필요합니다. 마음의 항아리에 물이 가득 넘치기는 하는데 그저 내 목이나 축일 물, 그저 내 손이나 씻을 욕심, 그저 내 인간적인 생각이나 만족시킬 세상 지식이나 경험, 혹은 내 가족이나 만족시킬 그런 물질이나 재산만이 가득해 있지는 않습니까? 물이 포도주로 변하는 질적 변화가 일어났듯이, 우리의 간구하고 소원하는 것이 나에게만 해당되는 축복이 아니라 우리의 교회와 우리가 사는 이 세상을 위한 축복이 되는 질적質的 변화의 축복이 있어야 합니다.

그러나 이 시대 그리스도인들에게는 양적 변화의 기적이나 질적 변화의 기적과 함께 영적靈的 변화의 축복이 필요합니다. 영적 변화란 우리의 소유뿐 아니라, 우리의 항아리만이 아니라, 우리 자신이 전적으로 하느님의 사람으로 바뀌는 그런 기적입니다. 항아리의 물이 아니라 내가 변화되는 기적이 일어나야 합니다. 자신의 존재 자체가 바뀌는 기적이야말로 기적 중의 기적입니다. 우리 자신이 영적 포도주로 바뀌어 사람을 구원하는 일에, 사람을 살리는 일에, 세상을 변화시키는 일에, 사랑을 베푸는 일에, 세상을 섬기는 일에 쓰이고 하느님의 영광을 드러내는 기적이 곧 영적 기적이요, 영적 변화입니다.

오늘 우리에게서 일어나야 할 변화는 이러한 궁극적 변화 곧 영적 변화입니다. 이기적인 사람에서 사랑의 사람으로, 욕심의 사람에서 나눔의 사람으로, 걱정과 근심의 사람에서 기쁨과 기도의 사람으로, 부정적인 사람에서 긍정적인 사람으로, 섬김받으려는 사람에서 섬기는 사람으로, 죽이는 사람에서 살리는 사람으로, 자기 욕망의 사람에서 자기 비움의 사람으로, 닫힌 사람에서 열린 사람으로, 갈등의 사람에서 평화의 사람으로, 혈기의 사람에서 온유의 사람으로, 원수 만드는 사람에서 화해와 평화의 사람으로, 육정의 사람에서 성령의 사람으로, 땅의 사람에서 하늘의 사람으로, 자기중심의 사람에서 하느님 중심의 사람으로 변화되는, 곧 삶 자체가 바뀌는 영적 변화가 필요합니다.

그러나 변화는 말처럼 그렇게 쉽지 않습니다.
누구나 다 긍정적으로 변화하기를 원하지만 실제로 진정한 변화를 이룬다는 게 그리 간단치 않습니다. 작심삼일作心三日이라는 고사성어가 이를 뒷받침해 줍니다. 새해를 맞이하면 많은 사람들은 새로운 변화를 시도합니다. 금연禁煙, 절주節酒, 음식 안 남기기, 일회용품 안 쓰기, 에너지 절약하여 온실 가스 줄이기, 하루 30분 기도하기, 매주 봉사와 나눔 실천하기 등등 긍정적인 변화를 시도했다가는 다시 과거로 돌아가는 일이 비일비재非一非再합니다. 그만큼 새로운 변화, 진정한 변화를 이루기란 쉽지 않습니다. 진정한 변화는 변화의 근원이신 하느님의 도우심 없이는 일어나지 않습니다.

알코올 중독으로 고통을 당하는 분이 있었습니다. 알코올 중독 치료를 위해 병원에 1년이나 입원해 있다가 나와도 나오면 채 3일도 안 돼서 또 입에 술을 대어 다시 병원에 가곤 합니다. 물론 지금은 다 치유받았습니다. 그러나 저는 그 당시 인간의 의지로 새롭게 되기가 얼마나 어려운가를 새삼 알게 되었습니다. 사실 사람은 나쁜 쪽으로 변질變質하기는 쉬어도, 좋은 쪽으로 변화變化하기란 만만치 않습니다. 변질은 일순간입니다. 그저 가만히만 있어도 퇴보하고 변질합니다. 그러나 인간의 힘으로는 우리가 선한 모습으로, 좋은 믿음으로 변화되기 참으로 어렵습니다. 나에게 능력을 주시는 하느님의 힘을 얻어야 우리는 어떤 변화든지 능히 이루어 낼 수 있습니다.(필립 4:13) 그러므로 변화하려면 치열한 자기 노력과 함께 간절한 기도가 필요합니다.

그러므로 우리는 주님 안에서 놀라운 변화의 주인공이 되는 길을 찾아야 합니다. 인간적인 각오나 의지로는 한계가 뚜렷합니다. 씨앗이 흙 속에 묻혀야 변화가 일어나듯이, 우리의 변화 역시 하느님의 은혜 속에 들어가야 싹이 틉니다. 하느님의 은혜란 바로 하느님의 말씀이요, 하느님의 진리요, 하느님의 사랑이요, 하느님의 기운 즉 성령입니다. 우리 자신이 모든 것을 내려놓고, 그 결과까지도 하느님에게 맡기고 낮은 마음, 순수한 마음으로 하느님의 현존 안으로 들어갈 때, 하느님께서 우리 안으로 들어오실 때 진정한 변화가 일어납니다. 우리의 겉 사람과 속 사람이 함께 바뀌는 영적 변화가 일어납니다.

전적인 변화, 영적인 변화를 원한다면 먼저 하느님을 만나야 합니다. 나무가 봄을 만나면 저절로 잎이 나고 꽃이 피듯이, 사람은 하느님을 만나야 진정한 변화가 일어납니다. 자기 힘으로, 인간적인 방식으로 세상을 살고자 했던 모세는 불붙는 떨기나무에서 하느님을 만나면서 출애굽을 이끌 영적인 사람으로 바뀝니다.(출애굽 3장) 모세의 진정한 변화는 하느님을 만남으로부터 옵니다. 하느님은 온 우주를 이끌어 가시는 변화의 근원이십니다. 하느님 안에서 진정한 변화의 삶을 살아가는 축복의 주인공이 되기를 기도합니다.

다음으로 영원한 진리를 만나야 변화합니다.

모든 씨앗이 혼자 있으면 한 알 그대로 있지만, 흙을 만나면 새싹이 나오듯이, 모든 인생은 진리를 만나면 변화됩니다. 주님께서는 진리를 만나는 진리의 통로로 물과 성령을 말씀하셨습니다.(요한 3:5) 유다의 지도자요 명문 귀족으로 학식이 출중한 니고데모의 변화가 바로 진리이신 주님을 만나 일어난 것입니다. 진리의 말씀 혹은 진리의 영을 만나지 않고는 하늘나라에 들어갈 수 있는 새로운 존재, 거듭난 사람이 될 수 없습니다. 하늘 사람이 되는 거듭난 인생, 궁극적 변화는 진리를 만나야만 가능한 일입니다. 진리 안에는 변화의 은총이 있습니다. 진리는 우리를 새롭게 만듭니다. "너희는 진리를 알게 될 것이며 진리가 너희를 자유롭게 할 것이다."(요한 8:32) 진리는 우리를 자유하게 합니다. 진리 안에서 새로운 변화, 거듭남의 삶을 사는 자유와 기쁨 가득한 삶이 되어야 합니다.

끝으로 참 자아를 발견할 때 진정한 변화가 일어납니다.

주님 안에서 말씀과 기도를 통하여 자신을 바라볼 때, 자신의 정체성을 깨닫고, 참 자아를 깨달을 때 우리는 새로운 존재로 변화됩니다. 우리가 하느님을 만날 때 우리는 홀로 하느님만 보지 않습니다. 하느님과 함께 본래의 자기 자신인 참 자아를 보게 됩니다. 이것이 우리가 하느님을 만나야 하는 이유이기도 합니다. 우리가 진리를 깨달을 때, 진리 또한 혼자 자신을 보여 주지 않습니다. 진리는 우리에게 본래의 자기인 참 자아를 알려줍니다. 이것이 우리가 애써 진리를 추구하는 이유입니다. 하느님을 만나고, 진리를 깨닫는 것은 곧 참 자아를 발견하는 기쁨과 은총으로 이어집니다. 하지만 자신을 안다는 것은 쉬운 일이 아닙니다. 어떤 사람이 그리스의 철학자 탈레스에게 가장 어려운 일과 가장 쉬운 일을 묻자 그는 이렇게 대답했다고 합니다. "자기 자신을 아는 일이 가장 어렵고, 다른 사람에게 충고하는 일이 가장 쉽다."

참 자아를 안다는 것은 혼자 힘으로는 되지 않습니다.
자기 자신의 근원인 하느님을 만나지 않으면 안 됩니다. 돈 많은 세관장 자캐오에게 일어난 변화의 기적이 이를 잘 말해 줍니다.(루가 19장) 그는 당시 로마에 협력할 수밖에 없는 떳떳하지 못한 세리라는 직업에서 오는 열등감과, 작은 키에서 오는 신체적 열등감으로 인하여 늘 콤플렉스 속에 살고 있었습니다. 그러던 어느 날 예수님을 만나면서 자캐오는 자신은 부정不淨한 사람, 못난 사람이라는 부정적인 자아상을 버리고 긍정적인 자아상을 회복합니다. 주님을 통하여 참 자신을 발견하고 새로운 사람으로 변화된 것이지요. 주님을 통하여 참 자기를 발견하는 데서 오는 변화입니다. 우리는 다른 사람에 대하여, 다른 사람의 문제에 대하여 매우 많은 관심과 호기심을 갖고 궁금해 합니다. 그렇지만 그보다 먼저 해야 할 일이 있습니다. 주님 안에서 참 자아를 찾아 나서는 일입니다.

예수 그리스도는 진정한 변화의 근원이십니다.
주님 안에서 놀라운 변화의 축복이 일어날 수 있습니다. 주님 안에서 병든 몸이 낫고, 불가능한 문제가 해결되며, 적은 믿음이 큰 믿음이 되고, 이기적인 태도가 이타적으로 되며, 자기중심적인 사람이 하느님 중심적인 사람으로 되고, 실패의 인생이 성공의 인생이 되고, 육의 사람이 영의 사람으로 변화되는 축복이 일어납니다. 주님 안에서, 말씀 안에서, 믿음 안에서 변화의 주인공이 되는 것이 곧 은총의 길이요 신앙의 길입니다.

누에는 다섯 번 잠을 자고 다섯 번 허물을 벗은 다음에 고치를 짓고 이어 비로소 나방이 되어 하늘로 날아간다고 합니다. 하느님, 진리, 참 자아를 만나지 않고는, 주님의 말씀과 성령의 도우심을 입어 자신을 둘러싼 인간적인 생각, 잘못된 습관을 벗지 않고는, 즉 철저한 탈피脫皮, 탈각脫殼의 수고 없이는 하느님의 자녀가 되는 영적 변화는 불가능합니다. 일상의 삶 속에서 성령의 도우심 가운데 탈피, 탈각을 통하여 영과 삶이 진정한 변화에 이르는 변화의 주인공이 되기를 바랍니다. 믿음은 곧 변화입니다.

II / 생명의 양식(밥) 한 그릇에 대한 묵상

겸손은 윤리가 아니라
신앙의 본질

사람들 속에서 살다 보면 겸손이 그립고 겸손처럼 아름답게 보이는 것도 없습니다. 겸손은 세상에서 사람과 사람 사이를 이어 주는 예의나 에티켓에 요구되는 덕목이라기보다는 우리네 삶의 한 본질이며, 신앙인의 삶 그 자체입니다. 예수 그리스도께서도 사람은 모름지기 하느님과 사람 앞에서 자기 낮춤, 즉 겸손이 있어야 한다는 말씀을 하셨습니다.(루가 14:11, 18:14) 물론 허위적 겸손은 멀리해야 합니다.

주님께서는 여러 사람들 앞에서 인간관계와 관련하여 자기 낮춤, 즉 겸손에 대하여 말씀하셨습니다. 또한 하느님 앞에서 예배자로서 지녀야 할 내적 겸손에 대하여도 말씀하셨습니다. 진리의 삶을 추구하는 사람은 사람과 하느님 앞에서 자기 낮춤이 있어야 즉 겸손해야 한다는 말씀입니다. 오늘날처럼 자기를 내세워야 성공하는 세상에서 자기 낮춤이나 겸손의 실천은 어울리지 않아 보일 수 있습니다. 자신을 외적으로 확대 포장하여 드러내야 성공하는 세상에서, 겸손처럼 내면內面을 위한 가르침들은 오늘을 사는 그리스도인들이나 현대인들에게 그리 매력적이지 않습니다.

왜냐하면 오늘날 많은 현대인들은 이미 자신의 내면과 영성은 완벽하다고 생각하거나 혹은 내면의 건강이나 영성보다는 육체적 건강, 사회적 성공, 물질의 축복, 신비적 체험 등 외형적인 요소들이 자신들에게 더 소중한 가치가 있다고 생각하기 때문입니다. 그러나 참된 삶을 살고자 하는 현대인이라면 자기 낮춤, 겸손, 섬김, 자비, 용서처럼 우리의 내면과 따뜻한 인간관계를 위한 가르침에 더욱 민감해야 합니다. 왜냐하면 우리의 믿음과 삶의 대부분은 우리가 함께 만나고 부딪히는 일상의 사람살이인 '인간관계' 속에서 이루어지기 때문입니다. 우리의 기쁨과 아픔, 행복과 불행은 일상의 관계 속에서 나오기 때문입니다. 겸손 역시 관계와 관계의 문제입니다.

언제 마음이 몹시 아픈 적이 있었습니까?

그때를 한 번 기억해 보십시오. 아무 원인도 없이, 누구를 만나거나 혹은 떠올리지도 않았는데 내 마음이 먼저 몹시 아픈 적이 있습니까? 아마 그런 적은 결코 없을 것입니다. 분명 어떤 사람과의 관계가 잘못되었을 때 우리 마음에 아픔이 들어옵니다. 하느님과의 관계, 물질에 대한 관계, 사람과 사람 사이의 인간관계가 깨어졌을 때 비로소 우리 마음에 미움과 시기와 불안과 고통이 들이칩니다. 그러므로 우리는 관계를 소중히 여기고 관계 맺음에 민감해야 합니다. 그리고 언제나 건강하고 아름다운 관계를 맺어 나가도록 노력해야 합니다. 그 첫 걸음은 우리가 주님 안에서 그리고 관계 안에서 서로 하나임을 기억하는 것입니다. 독일의 종교철학자인 마르틴 부버 Martin Buber는 관계를 매우 중요시했는데 그의 주장에 따르면 건강하고 진정한 관계는 나(I)와 너(Thou)의 관계를 유지하는 데서 온다고 합니다.

바울로 사도 역시 서로 떼어낼 수 없는 참된 관계를 지체적肢體的 관계로 설명합니다. "여러분은 다 함께 그리스도의 몸을 이루고 있으며 한 사람 한 사람은 그 지체가 되었습니다"(1고린 12:12)라고 말씀하고 있습니다. 주님 안에서 모든 사람은 서로 무관한 개체(홑나)처럼 보이지만, 개체가 아니고 주님 안에서 서로 지체관계로 연결되어 있다는 것이지요. 지체관계라는 바울로 사도의 말씀을 일반적으로 이해한다면 우리 모두는 주님 안에서 서로 개별적 존재가 아닌 관계적 존재라고 이해해도 크게 벗어나지 않을 것입니다. 관계적 존재는 곧 유기적 존재요 주님 안에서 서로 하나임을 의미합니다. 하느님은 남(他人)이 없듯이, 신앙인 역시 남이 없어야 합니다. 사랑과 진리의 하느님은 나의 존재 내면에서 만나지만, 사랑과 진리를 걷는 신앙의 길은 다른 사람들과 함께 관계의 길을 걸으며 가는 것입니다. 겸손은 곧 서로 하나임을 아는 마음에서 나옵니다.

그러므로 신앙의 길은 함께 가는 것입니다.

그런데 간혹 신앙인 개인이나 교회를 보면 다른 사람과의 관계가 빠진 나 홀로의 신앙, 구체적 삶의 나눔이 없는 추상적 혹은 초월적 신앙을 추구하는 모습을 볼 수 있습니다. 건강한 신앙은 오늘 여기 우리 일상의 삶 속에서, 우리의 이웃들과 함께 길을 가는 것입니다.

어디 신앙뿐입니까? 진리眞理, 겸손, 섬김, 덕德, 사랑(愛), 착함, 아름다움(美) 등은 모두가 형제자매와 더불어 사는 관계적인 삶을 전제로 하는 고귀한 가치들인 것입니다. 맹자께서 사용하신 도재이 道在邇(도는 가까운 우리의 일상의 삶 속에 있다)라는 말씀이나,《논어論語》의 '리인편里仁篇'에 나오는 덕불고필유린德不孤必有隣(덕은 외롭지 않다, 반드시 이웃이 있다)의 글귀는 모두 지금 여기에서 함께 더불어 사는 관계의 소중함을 말해 주고 있습니다. 신앙생활은 서로 함께 상의상조相依相助하며 진리를 향해 길을 떠나려는 구도자의 길입니다. 그 길에서 깨달은 진리를 함께 나누는 다정한 도반道伴들과의 만남은 관계에서 오는 오붓한 즐거움입니다. 겸손은 함께 또는 더불어 살아가는 관계적 삶에 대한 동의에서 나옵니다.

이 세상에서 그리고 하느님 나라에서 서로 함께 살아가는 데 없어서는 안 될 미덕과 가치가 바로 오늘 주님께서 강조하여 말씀하신 자기 낮춤 즉 겸손인 것입니다. 저는 종종 겸손을 그릇의 바닥에 비유하곤 합니다. 모든 그릇은 바닥이 있습니다. 바닥이 없는 그릇은 아무것도 담을 수 없습니다. 바닥이 있기 때문에 비로소 유용有用하게 쓰이는 그릇이 되는 것입니다.

가장 낮은 바닥을 가지고 있어 여러 가지를 담을 수 있는 그릇 가운데 가장 큰 그릇을 든다면 자연에서는 바다요, 가정에서는 쟁반을 들 수 있습니다. 바다가 천하의 물과 수많은 생명체를 담아 낼 수 있는 것은 세상에서 가장 크고 넓고 낮은 바닥이 있기 때문입니다. 쟁반 또한 볼품은 없지만 구조의 대부분이 가장 낮은 바닥으로 이루어진 그릇입니다. 그래서 장식장에 전시해 놓고 깊이깊이 음미하며 볼 정도의 미적 아름다움은 없어도, 그릇 본연의 기능인 많은 것을 담아 낼 수 있습니다. 자랑스러운 올림픽 금메달도 영광스러운 국가의 훈장도 손님과 마음을 나누는 향긋한 차 한 잔도 가장 낮은 바닥으로 이루어진 쟁반을 통하여 전달됩니다.

　마음을 그릇에 비유한다면 마음 또한 바닥이 있어야 합니다. 마음에 바닥이 없으면 이웃도 하느님도 아무것도 담아 내지 못합니다. 마음의 낮은 바닥을 겸손이라 합니다. 겸손이라는 마음의 바닥이 없으면 하늘에서 내려 주시는 사랑이나, 진리에서 오는 자유함이나, 형제에 대한 너그러움이나, 하느님을 향한 공경심 등 맑고 아름답고 빛나는 하늘의 은총들을 마음 안에 담아 두지 못합니다. 바닷물이 낮은 곳으로 모이듯이, 진리 역시 낮은 마음인 겸손의 마음 안에 풍성하게 자리합니다.

　겸손을 방해하는 마음이 교만이나 오만입니다.
　사실 우리의 일상생활이나 교회생활에서 일어나는 크고 작은 일들이 남보다 나를 앞세우고 나를 높이는 교만에서 옵니다. 성경에 나오는 한 바리사이파 사람은 율법을 매우 잘 지켰고 도덕적으로도 매우 바르게 살았지만, 그는 하느님 앞에서 올바른 사람으로 인정받지 못했습니다. 하느님께 올리는 기도에까지 교만이 묻어 있을 정도로 그의 마음은 영적 교만으로 가득했기 때문입니다.(루가 18장) 교만이 가져오는 죄와 어두움은 물론 교만에서 비롯되는 영적 손해 또한 이루 다 말하기 어려울 정도로 심각합니다.

교만은 먼저 하느님 대신 자기의 의義를 내세우게 합니다.

교만은 우리 안에 들어와서 하늘 높은 줄 모르게 하고, 이웃 소중한 줄 모르게 합니다. 교만은 곧 시기, 분노, 멸시 같은 친구를 데리고 함께 들어와 우리의 마음을 요동시키고 거칠게 합니다. 심지어 기도 안에도 교만이 들어옵니다. 일상의 모든 범사를 하느님께서 은총을 베푸신 결과로 돌려 감사하지 않고, 자신의 수고와 노력과 공로로 여기게 합니다. 하느님의 자비는 보이지 않고, 자신의 종교적 의를 사람들과 하느님 앞에 내세우게 합니다. 이처럼 교만은 하느님조차 안 보이게 합니다.

다음으로 자기를 내세우는 교만은 은연중 다른 사람을 무시하거나 멸시하게 합니다. 이 점이 바로 스스로 능력 있는 사람 혹은 스스로 대단한 사람으로 생각하는 사람들이 자주 받는 유혹입니다. 고대 주나라 초기의 정치가였던 강태공(본명은 여상呂尙)은 사람들이 자주 경험하는 상대적 교만에 대하여 이렇게 지적합니다. "나를 귀하게 여김으로 남을 천하게 여기지 말고(물이귀기이천인勿以貴己而賤人), 나를 스스로 크게 여김으로 남의 작음을 업신여기지 말고(물이자대이멸

소勿以自大而蔑小), 자신의 용맹을 믿음으로 적을 가볍게 보지 말라 (물이시용이경적勿以恃勇而輕敵)." 그는 사람들에게 상대적 교만의 어리석음을 조심시키고 겸양의 도리를 가르쳤습니다.

끝으로 교만은 자신이 지닌 모든 아름답고 소중한 가치를 헛되게 합니다. 성경에는 두 사람이 성전에 올라와 기도하였지만 자기네만 옳은 줄 믿고 남을 업신여긴 사람은 하느님께 올바른 사람으로 인정받지 못하였다고 말씀합니다.(루가 18:9) 교만한 마음으로 기도한 바리사이파 사람은 헛기도를 하였습니다. 교만한 마음으로 기도해서 들어주시지 않은 것이 아니라, 교만에서는 기도가 나올 수 없기 때문입니다. 어떤 면에서 그는 기도를 드리지 않은 것입니다. 그러나 멀찍이 서서 가슴을 치며 자신의 부족함을 고하며 겸손하게 하느님의 자비를 구한 세리는 하느님의 축복을 받고 집으로 돌아갔습니다. 겸손은 하느님과 이웃 앞에 행한 우리의 모든 일에 맑고 아름답고 따듯한 하늘의 향기를 더해 주며 우리의 삶을 빛나게 합니다. 그러나 교만은 그 반대로 모든 기도와 찬양과 예배와 선행을 헛되게 합니다. 이런 이야기가 있습니다.

16세기, 로마 근처의 수도원에 있던 어느 수도자가 갈수록 명성을 얻어 성녀聖女라는 소문이 나게 되었습니다. 왕은 한 지혜자를 시켜 그 진위眞僞를 조사해 보도록 했습니다. 그 지혜자는 일부러 노새를 타고 한겨울 진흙과 수렁 속 길을 달려 수도원에 다다랐습니다. 그는 사람을 시켜 그 수도자를 오게 했습니다. 그녀가 방에 들어오자 그는 추운 겨울 여행 때문에 지쳤으나 진흙범벅이 된 그의 신발을 벗겨 달라고 부탁했습니다. 그러자 그 수도자는 화를 내며 그토록 명성을 얻고 있는 자기에게 그런 일을 시킨 것에 대해 불쾌감을 표시했습니다. 그러자 지혜자는 더 이상 아무 말 없이 수도원을 떠나 로마로 돌아갔습니다. 그는 왕에게 이렇게 보고했다고 합니다. "거기에는 성녀가 없습니다. 왜냐하면 겸손이 없기 때문입니다."

주님은 참으로 겸손하십니다. 겸손하신 주님은 우리를 겸손으로 초청하십니다. "수고하고 무거운 짐 진 자들아 다 내게로 오라 내가 너희를 쉬게 하리라. 나는 마음이 온유하고 겸손하니 나의 멍에를 메고 나에게 배우라 그러면 너희는 영혼이 안식을 얻을 것이다."(마태 11:28-29)

예수님께서는 스스로 마음이 겸손하다(타페이노스 ταπεινός)고 말씀하셨습니다. '겸손'은 자기중심적인 태도, 이기적인 태도, 자기를 내세우는 태도와는 정반대되는 마음가짐입니다. 마음이 겸손한 사람은 자기를 내세우지 않기에 다른 사람의 이야기를 들어 주고, 자기의 이익을 구하지 않기에 형제들을 돌보고 돕는 사람입니다. 겸손과 섬김의 사람은 자신을 그 누구 앞에 놓거나 그 무엇 위로 높이지 않습니다. 겸손의 사람은 함께 있는 다른 사람의 필요와 감정을 존중합니다. 겸손은 "자신을 다른 사람보다 낮은 자리에 둔다는 것"을 의미하며, 서로 남을 자기보다 낫게 여기는 것입니다.(필립 2:3)

사실 진정한 믿음은 죽기까지 자기를 낮추신 주님을 따라(필립 2:8), 자기를 낮추는 일입니다. 믿음은 교만이나 오만, 이기적 야심을 내려놓고 겸손한 마음으로 하느님을 섬기며, 형제를 자기보다 낮게 여기는 일입니다. 마음의 바닥을 꾸준히 낮추고 넓히는 일이 신앙인들의 삶의 모습이어야 합니다. 겸손은 윤리적 덕목이 아니라, 진리의 길을 가는 사람의 본 모습이며, 사랑의 하느님을 만난 사람에게서 나오는 신앙인의 본질입니다.

"누구든지 자기를 높이면 낮아지고 자기를 낮추면 높아질 것이다."(루가 14:11, 18:14) 하느님은 겸손한 심령을 높여 주시고, 지혜와 명철로 채워 주시며, 하늘의 은총을 가득 부어 주십니다.(야고보 4:6) 오늘도 기도와 말씀 안에서, 일상의 일들과 형제자매와의 만남 속에서 주님의 낮아지심과 겸손을 몸으로 살아가는 하루가 되었으면 합니다.

이웃은
되어 주는 것입니다

기독교만큼 이웃을 강조하는 종교도 그리 없습니다. 성경에 나오는 말씀을 얼핏 보면 모두 천상의 신비를 담은 거룩하고 심오한 진리에 대한 말씀 같지만, 말씀의 의미를 곱씹으며 속을 찬찬히 들여다보면 사실은 '이웃'을 사랑하고 존중하며 바르게 살라는 지극히 일상적이며 평범한 말씀이기도 합니다. 일상에서 늘 만나는 '이웃'을 모르고는 도대체 진리의 길을 바로 갈 수 없으며, 이웃 없이는 하느님께 나아갈 수 없습니다. '이웃'은 신앙의 내용이며, 하느님께 이르는 길입니다.

10년 넘게 프랑스 미테랑 대통령 보좌관을 지낸 자크 아탈리 Jacques Attali가 그의 책 《인간적인 길》에서 밝힌 견해에 따르면 '이웃'은 오늘날은 물론이요 미래 사회의 행복과 가치 있는 삶을 구분 짓은 중요한 평가기준이라는 것입니다. 그는 지금까지 가난함이란 재화나 부를 '갖지' 못한 것을 의미했으나, 가까운 장래에는 '소속되지 못한 것이' 곧 가난을 의미한다고 합니다. 이 말은 미래 사회에는 어떤 '네트워크에 소속' 된 것이 가장 중요한 자산이 되며, 이러한 네트워크를 가진 사람은 주도적으로 자신의 삶을 성취해 갈 수 있다는 것을 의미합니다. 다시 말해 미래 사회는 물질적 재산이 아니라 다른 사람과 맺고 있는 관계 즉 '인간관계성'이 최고의 자산이라는 것입니다. 신앙적으로 쉽게 말해 미래 사회에서 행복하고 풍요로운 인생은 '이웃'이 있는 사람인가 그렇지 않은가에 따라 결정된다는 것입니다.

우리 민족의 마음을 비춰 주는 우리말 속담에도 이웃은 매우 의미 깊게 나옵니다. 이웃이 사촌보다 낫다, 세 닢 주고 집 사고 천 냥 주고 이웃 산다, 먼 데 일가가 가까운 이웃만 못하다, 팔백 금으로 집을 사고 천금으로 이웃을 산다 등 모두 이웃의 소중함을 이야기하고 있습니다. 그런데 요즘 점점 우리 사회는 물론 신앙인조차 이웃에 대한 인심이 사나와지고 이웃에 대한 관심이 날로 적어져 안타깝습니다.

예수님께서는 어떤 율법 교사의 질문에 '착한 사마리아 사람의 비유'를(루가 10:25) 들어 영원한 생명의 의미와 이웃에 대한 진정한 의미를 알아듣도록 설명해 주십니다. 주님께서는 이 비유를 통하여 신앙의 본질과 구체적으로 어떻게 신앙의 본질을 일상의 삶 속에 적용하면서 살아야 할지 신앙의 실천에 대한 말씀을 하셨습니다.

먼저 신앙의 본질인 영원한 생명의 길에 대하여 말씀해 주셨습니다.

예수님께서 "선생님, 제가 어떻게 해야 영생을 얻을 수 있습니까?"(루가 10:25) 하고 묻는 한 율법교사의 질문을 받으시고는 율법의 핵심과 신앙의 본질을 분명히 설명해 주셨습니다. 하느님을 사랑하고 네 이웃을 네 몸처럼 사랑해야 한다는 말씀입니다.

"선생님, 제가 어떻게 해야 영생을 얻을 수 있습니까?" 비록 순수한 동기에서 나온 질문은 아니지만 율법학자의 이 질문 내용은 오늘을 사는 우리 현대인들에게도 해당하는 궁극적인 질문 가운데 하나입니다. 우리는 영원한 생명에 대하여 질문해야 하고, 영원한 생명을 사는 길에 대하여 성찰하고 힘써 그 길을 찾아야 합니다. 그러나 오늘날 많은 사람들이 영원한 생명의 길 즉 영생永生보다는 세상의 것, 잠시 후면 사라지는 찰나刹那의 것을 찾으려고 애쓰는 어리석은 모습을 흔치 않게 볼 수 있습니다.

또 대개 많은 사람들은 영원한 생명보다는 건강하게 오래 사는 것에 많은 관심을 두고 삽니다. 어쩌면 이것은 동서고금東西古今을 무론하고 대부분의 사람들이 바라는 희망일 것입니다. 이러한 인간의 욕망을 담은 말로 불로장생不老長生이라는 말이 있습니다. 많은 현대인들의 희망은 늙지 않고 건강하게 오래오래 사는 불로不老와 장생長生입니다.

옛날 중국 한漢나라의 무제는 오래오래 살고 죽지 않는 장생불사의 삶을 살기 위하여 아침마다 금쟁반에 이슬을 받아 마셨다고 합니다. 진秦나라의 시황제는 늙지 않는 불로초를 구하기 위하여 멀고 먼 동방의 삼신산에까지 신하들과 동남동녀童男童女 500여 명을 보냈다는 기록이 있습니다. 동방의 삼신산이란 우리나라의 금강산 혹은 남해안을 뜻한다는 설도 있습니다. 물론 황제가 세상 어디에선가 불로초를 구해다 먹고 불로장생했다는 기록은 어디에도 없습니다. 사실 장생불사의 불로초는 이 세상 어디서도 찾지 못할 것입니다. 참으로 하느님의 창조 섭리와 만물의 이치를 깨달은 사람이라면 육신을 위한 세상의 불로초를 찾아 헤맬 것이 아니라, 영원히 죽지 않는 영원한 생명의 진리를 찾는 데 온 마음을 쏟아야 할 것입니다. 예수님은 시간적으로 오래오래 사는 장생長生이 아니라, 영원한 생명을 사는 영생의 진리에 대하여 가르치셨습니다.

비록 육체적으로 건강한 삶은 많은 신앙인들이 바라는 바이지만, 늙지 않는 불로不老는 허망한 욕심입니다. 신앙인이라면 주님 안에서 빛나는 면류관으로 찾아오는 백발과(잠언 16:25) 늙어 감을 수용하고, 아름답고 원숙하게 늙어 가는 길을 배워야 합니다. 비록 이 땅에서 오래오래 사는 게 많은 신앙인의 소원이요 희망이 될 수 있을지언정, 장생불사는 결코 이루어질 수 없는 탐욕의 뜬구름임을 알아야 합니다. 신앙인이라면 의미 없는 장생이 아니라 오늘 여기서 주님이 주시는 사랑과 진리와 자유와 기쁨과 평화를 가득 누리며 사는 영생의 삶을 살아야 합니다.

예수님께서는 무슨 일을 해야 영생을 얻을 수 있는지를 묻는 질문에 형이상학적 언어나 혹은 논리적 언어로 설명하시지 않으셨습니다. 세상에서 자기 혼자 이기적으로 혹은 자기중심적으로 살지 아니하고 이웃 되어 주는 것, 이웃과 함께 사는 것 그것이 곧 영생의 길이요 율법의 핵심이라고 말씀하십니다. 하느님을 사랑하고 이웃을 사랑하는 것은 다른 말로 하느님과 하나 되는 삶이요 이웃과 하나 되는 삶을 의미합니다. 하느님 사랑과 이웃 사랑은 둘이 아닙니다. 하느님과 이웃은 떨어질 수 없습니다.

　이는 동전의 앞면과 뒷면을 떼어 놓을 수 없는 이치입니다. 하느님을 지극히 사랑하면서 하느님의 또 다른 모습인 하느님의 형상으로 지음받은 '이웃'을 사랑하지 않을 수 없습니다. '이웃'을 사랑하지 않고는 그 누구도 참으로 하느님을 사랑할 수 없습니다. 그것은 거짓 사랑입니다. 이웃 사랑 없는 하느님 사랑이나, 하느님 사랑 없는 이웃 사랑은 모두 불완전합니다. 보이는 이웃을 사랑하지 않고는 보이지 않는 하느님을 도무지 사랑할 수 없는 법입니다.(요한1서 4:20)

　온전한 사랑, 참 사랑이란 하느님 사랑과 이웃 사랑이 함께 있는 것입니다. 영원한 생명은 곧 하느님과 함께하는 삶입니다. 그러므로 영원한 생명은 이 땅에서 하느님을 사랑하고 이웃을 사랑하는, 곧 참 사랑의 길에 있는 것입니다. 그러므로 이웃이 없고는, 이웃을 무시하고는, 이웃을 외면하고는 참이요 사랑이신 하느님께 나아갈 수 없으며, 영생을 살 수 없습니다. 오늘 여기서 하느님을 사랑하며 모든 이웃을 사랑하며 사는 것이 신앙의 본질이요, 영원한 생명에 이르는 길입니다.

다음으로 주님은 구체적으로 이웃을 사랑하는 길을 말씀해 주십니다.

주님께서는 율법학자의 두 번째 질문을 받으십니다. 그 질문은 "누가 저의 이웃입니까?" 하는 것입니다. 비록 질문을 한 율법학자의 동기가 순수하지 못했지만 그 질문의 내용만큼은 매우 의미가 있는 것이었습니다. 사실 오늘날 세상을 살면서 '누가 나의 이웃인가'에 대하여 질문하는 사람은 그렇게 많지 않습니다. 이웃을 외면하고 이웃을 무시하고 이웃에 대하여 무관심한 채 자기중심의 담을 높다랗게 쌓아 가고 있는 사람들을 더 흔하게 볼 수 있습니다. 신앙인으로서 "누가 나의 이웃인가? 혹은 나는 누구의 이웃인가?"라는 이웃에 대하여 진지한 질문과 성찰은 반드시 필요합니다.

주님께서는 강도 만난 자의 이웃이 되어 준 사마리아 사람의 이야기를 들려주심으로 이웃의 의미를 분명히 알려 주셨습니다. 어떻게 하는 것이 이웃을 참으로 사랑하는 일인지 구체적으로 가르쳐 주십니다.

주님은 이웃이 지리적 개념이나 혈연적 개념, 시간적 개념을 넘어서는 것이라고 말씀하십니다. 우리 민족이 전통적으로 알고 있는 이웃 개념은 '이웃사촌'이라는 말에 나와 있듯이 주로 지리적 개념에 기초한 이웃이었습니다. 혹은 혈연에 기초한 먼 친척뻘도 이웃의 개념에 들어갔습니다. 그러나 사마리아 사람과 강도 만난 사람은 처음 만난 사람으로 한 동네 사람이 아니었습니다. 아마도 강도 만난 사람은 유대인인 듯한데 이 유대인과 사마리아 사람은 분명 같은 성씨 姓氏도 아닐 뿐더러 혈연적으로도 서로 달랐을 것입니다. 그런데 사마리아 사람은 강도 만난 사람의 이웃이 되어 주었습니다. 보통 이웃은 같은 곳에서 시간적으로 오래 살아야 만들어지는 관계입니다. 그러나 사마리아 사람과 강도 만난 사람은 생면부지生面不知로 아마도 그 자리에서 처음 만난 관계인 듯합니다.

　이는 같은 동네가 아닌 지리적으로 서로 다른 곳에 살아도 이웃이 될 수 있음을 보여 줍니다. 혈연적으로 먼 친척이 아니어도 이웃이 될 수 있음을 보여 줍니다. 오래 함께 살지 않아도 이웃이 될 수 있습니다. 진정한 이웃은 지리적 개념을 넘어섭니다. 진정한 이웃은 혈연을 넘어섭니다. 진정한 이웃은 시간 개념을 넘어섭니다. 이는 세상의 모두가 서로 모두의 이웃이 될 수 있음을 말하는 것입니다. 신앙인은 이웃의 울타리를 넓혀 가야 합니다. 지리적, 혈연적, 계층적, 이념적, 국가적, 종교적 차원의 울타리를 없애고 모두가 이웃이 되어야 합니다. 하느님 안에는 차별이 없습니다.(사도 10:35) 하느님 안에는 타인이나 남이 없습니다. 모두가 이웃이요 모두가 하나입니다. 그러므로 하늘 아래 살고 있는 모든 사람들이 우리의 이웃입니다. 나아가 하늘 아래 숨 쉬고 있는 모든 동식물들도 이제는 우리의 이웃이 되어야 합니다.

주님은 또한 구체적으로 이웃 사랑의 길을 알려 주십니다.

이웃을 사랑한다는 말은 다른 말로 이웃이 되어 주는 것을 의미합니다. 이웃이 되어 주지 않고는 이웃을 사랑할 수 없습니다. 상황에 맞게 이웃이 되어 주는 것이 곧 이웃 사랑의 실천입니다. 조금만 마음을 쏟고 시간을 낸다면 다양한 방법으로 이웃이 되어 줄 수 있습니다. 그런 면에서 이웃이 되어 주는 참 사랑은 멀지 않습니다. 참 사랑으로 인도하는 길이나 기회 또한 멀리 있지 않습니다. 참 사랑을 하는 사람이 누리는 영원한 생명 또한 멀리 있지 않습니다. 그래서 성경은 참 진리, 참 사랑, 참 인생의 길은 바로 우리 곁에 있다고 말씀합니다.(신명기 30장)

사람이 죽음을 맞이할 때가 되면 세 가지를 후회한다고 합니다. 그 첫 번째는 베풀지 못한 것에 대한 후회입니다. 이렇게 아등바등 긁어모으고 움켜쥐어 봐도 별것 아니었는데, 이웃에게 좀 더 베풀고 나누면서 살지 못했음을 후회한다고 합니다. 두 번째가 참지 못한 것에 대한 후회라고 합니다. 그때 내가 조금만 더 참았더라면 좋았을 것을, 그랬더라면 내 인생이 조금 더 달라졌을 텐데 하는 후회를 한다고 합니다. 세 번째가 좀 더 행복하게 살지 못했음을 후회한다고 합니다. 지나고 보니 그때 얼마든지 기쁘고 즐겁게 살 수 있었을 텐데, 그때는 왜 그것이 행복인 줄 모르고 그렇게 힘들고 짜증스럽고 재미없이 살았을까 하는 후회를 한다고 합니다.

일상의 삶 속에서 이웃과 나누고 베풀며 살지 못한 것이 인생 말년에 갖는 세 가지 후회 가운데 하나입니다. 영원한 생명으로 인도

하는 참 진리, 참 사랑, 참 행복은 아주 가까이에 있습니다. 그 길은 먼 훗날도 아닌 오늘에, 저곳이 아닌 이곳에서, 즉 오늘 여기의 삶에서 시작합니다. 선한 사마리아 사람처럼 모두를 나의 이웃으로 여기고 오늘 여기서 내가 먼저 베풀고 나누어 주는 '이웃 되어 주는 삶'입니다. 영원한 생명을 사는 사람은 지금 여기에서 가까이 있는 이웃과 더불어 사랑을 실천하며 사는 사람입니다.

다음은 이웃이 없는 삶이 얼마나 메마르고 비극적인가를 알려 주는 이야기 한 토막입니다.

옛날 어느 마을에 두 장애인 거지가 살고 있었습니다. 한 사람은 앞을 보지 못하는 시각장애인이었고, 한 사람은 걷지 못하는 지체장애인이었습니다. 그들은 일을 할 수 없었기에 어쩔 수 없이 집집마다 다니며 걸식으로 생계를 이어 갔습니다. 두 사람은 한 움막에 거하면서 서로 협력하며 살았습니다. 시각장애인은 지체장애인을 등에 업고 다니며 그의 다리 역할을 했습니다. 걷지 못하는 지체장애인은 앞을 못 보는 시각장애인의 등에 업혀서 그의 눈 역할을 했습니다. 동네 사람들은 두 사람이 서로 협력하면서 살아가는 모습을 보고서 그들을 매우 동정했습니다. 그래서 자신들의 음식을 아까워하지 않고 기꺼이 나누어 주었습니다. 그 결과 두 사람은 나름대로 굶지 않고 동네 어귀에서 살아갈 수 있었습니다.

그러던 어느 해 그 지방에 매우 심한 흉년이 들었습니다. 동네 사람들도 먹을 것이 부족했습니다. 자연히 두 사람이 얻는 음식 양도 크게 줄었습니다. 그러자 지체장애인은 욕심이 생겨 한 가지 꾀를 부렸습니다. 먹을 때마다 앞을 못 보는 시각장애인의 밥그릇에 있는 음식을 조금씩 자기의 밥그릇에 옮겨 놓았습니다. 걷지 못하는 지체장애인은 배불리 먹을 수 있었지만, 시각장애인은 음식이 부족하여 늘 허기가 졌습니다. 그렇게 서너 달이 지나고 몹시 춥고 눈보라가 치는 어느 겨울날이었습니다. 그날도 두 사람은 구걸을 하기 위해서 여느 때와 마찬가지로 시각장애인은 지체장애인을 등에 업었습니다. 그러나 그날따라 매우 힘들게 느껴졌습니다. 그럴 수밖에 없는 것이 지체장애인은 그동안 잘 먹어서 몸이 많이 불어 뚱뚱해진 것입니다. 그러나 시각장애인은 제대로 얻어먹지를 못해서 상대적으로 몸이 약해질 대로 약해져 있었습니다. 일순간 시각장애인은 현기증을 일으키더니 외딴 눈길에 푹 고꾸라지고 말았습니다. 그 바람에 시각장애인의 등에 업혀 있던 지체장애인도 눈 속에 나동그라질 수밖에 없었습니다. 다음날 두 사람은 눈 위에 꽁꽁 얼어 죽은 채로 동네 사람들에게 발견되었다고 합니다.

　한때 두 사람은 비록 장애인이었지만 서로 더불어 협력하면서 나름대로 행복한 삶을 살아갈 수가 있었습니다. 그러나 지체장애인의 마음속에 자기만을 챙기려는 욕심이 들어서면서부터, 그 행복은 깨져 버리고 말았습니다. '너'의 소중함을 무시했던 '나만'의 삶이, 이웃이 없는 이기적 삶이 두 사람 모두를 죽음이라는 공멸로 내몰았던 것입니다.

다시 본문으로 돌아갑니다.

그러면 내가, 우리가 이웃이 되어 주어야 할 사람이 누구입니까? 이웃은 저절로 맺어지지 않습니다. 혈연이나 촌수, 공간적 거리나 이념적 거리가 가깝다고 곧 이웃이 아닙니다. '이웃 되어 줌'이 없으면 이웃이 될 수 없습니다. 가까운 핏줄, 가까운 친척끼리도 얼마든지 남남으로 지낼 수 있습니다. 지금 우리의 남북한이 그렇습니다. 지척咫尺 거리에 살고 있지만 장벽에 가로막혀 자유롭게 오갈 수 없습니다. 서로 험한 말을 쏟아내고 있습니다. 마음을 열고 서로 이웃이 되어 주지 못하고 있습니다. '이웃 되어 줌'이 없으면 함께 형제로 살 수 없습니다. 제사장도 레위인도 강도 만난 사람 바로 곁에 있었지만 그의 이웃이 아니었습니다. 이웃이 되어 주지 않았기 때문입니다. 사마리아 사람처럼 시간을 내주고, 약도 발라 주고, 나귀에 태워 주고, 물질도 나누어 주는 '이웃 되어 줌'이 있어야 합니다. 기도를 해주고, 사랑을 나눠 주고, 용서해 주고, 아픔을 들어주고, 실수를 용납해 주고, 참아 주고, 도움을 필요로 하는 사람에게 필요한 도움을 주어야 합니다. '이웃 되어 줌'이 있어야 비로소 이웃이 됩니다.

이웃 사랑은 곧 이웃이 되어 주는 것입니다.

그러므로 지리적으로 가까워서 이웃이 아니라, 내가 이웃이 되어 줄 때 비로소 나의 이웃이 됩니다. 내가 누구의 이웃이 되어 주면 세상 사람 모두가 나의 이웃입니다. 그러므로 '누가 나의 이웃인가' 혹은 '나는 누구의 이웃인가?'는 지극히 관념적이고 쓸데없는 고민으로 거짓 고민입니다. 누가 나의 이웃인가 아닌가는 바로 나에게 달려 있습니다. 오늘 여기서 내가 누구에게 이웃이 되어 주면, 그것이 곧 '당신이 나의 이웃입니다'라는 형제적 선포요 이웃 사랑의 실천입니다.

이웃 사랑이란 이웃이 되어 주는 것입니다. 혈연, 지연, 국가, 종교, 공간적 거리를 넘어 '이웃 되어 줄 때' 모든 사람은 서로 이웃이 됩니다. "너도 가서 그렇게 하여라."(루가 10:37) 네가 먼저 모든 이의 진정한 이웃이 되어 주라는 말씀이요, 영원한 생명으로 부르시는 축복의 말씀입니다.

화와 분노의 감정 다스리기

언제 가장 화禍, anger가 많이 나는지요? 화가 나면 주로 화를 참는 편인가요, 아니면 참지 않고 화를 내는 편인가요? 요즘 우리 주위에서 일어나는 크고 작은 일들을 보면 참으로 안타까울 때가 많습니다. 크고 작은 사고들이 매우 많이 일어납니다. 그런데 세상을 놀라게 한 끔찍한 사고의 원인을 찾아보면 의외로 한 개인이 받은 상처나 분노에 기인한 화에서 시작된 일들이 참으로 많습니다. 물론 한 개인의 분노나 상처로만 돌릴 수 없는 매우 복잡하고 설명하기 어려운 사회학적인 원인들도 있을 것입니다. 그러나 한 개인이 쌓이고 쌓인 내면의 상처를 치유하지 못해서 혹은 넘쳐 오르는 분노와 화를 지혜롭게 다스리지 못해서 일어나는 경우가 허다합니다. 그들은 상처를 받기만 했지 치유하는 길을 알지 못했고, 분노하고 화를 낼 줄만 알았지 그것들을 다스리는 길을 배우지 못했습니다.

Ⅱ / 생명의 양식(밥) 한 그릇에 대한 묵상

여러분은 어떻습니까? 분노와 화에서 자유롭습니까?

사실 많은 사람들이 마음 안에서 예기치 않게 일어나는 분노와 화에서 자유롭지 못합니다. 마음에서 자주 일어나는 감정 가운데 하나인 화와 분노에 대하여 깊이 이해할 필요가 있습니다. 화를 제대로 알고 화 다루는 법을 알자는 것이지요. 화나 분노를 제대로 잘 다루지 못하면 자신이 다치는 것은 물론 다른 많은 사람들의 마음의 평화와 안전과 생명에도 지대한 영향을 줄 수 있습니다.

마음 같아서는 아예 분노나 화를 내지 않으면 제일 좋겠습니다. 그러나 그것은 우리가 희망하는 바요, 우리가 매일같이 기도하며 추구해야 할 수행의 목표일 뿐이지 현실은 그렇지 않습니다. 화와 분노는 우리 안에 없는 것 같다가도, 어느 틈엔가 불쑥 나타나 우리로 하여금 평상심과 자제심을 잃어버리게 하고, 과격하게 만들고, 실족하게 하며, 이웃과 하느님에게 죄를 짓게 합니다. 그리하여 결국에는 막심한 후회와 죄책감을 가져옵니다. 이것이 바로 분노요 화입니다. 그러므로 분노와 화도 자세히 들여다보고 어떻게 화를 내거나 자제해야 하는지 화를 다루는 법을 알아야 합니다.

화를 이론적으로 설명하기는 어려워도 화가 무엇인지는 다 알고 있습니다. 화라는 말은 우리말로 분忿 혹은 분노忿怒라고 합니다. 우리말 사전에서는 '분'이라는 말을 원통하고 억울한 마음이나 생각이라고 풀이하며, 화는 몹시 언짢거나 못마땅하여 내는 성이라고 풀이합니다. 신약 성경에 많이 나오는 화는 헬라어 오르게(οργη)를 번역한 말입니다. 보통 우리가 많이 사용하는 화라는 낱말은 영어로

'Anger'로 번역됩니다. 이 말은 '목을 조르다'라는 뜻을 지닌 라틴어 'Angere'에서 나온 말입니다. 누가 우리의 목을 조르면 숨을 쉴 수 없게 되고, 심장은 놀라서 뛰게 되며, 몸은 움직이지 못하고, 질식으로 인하여 호흡은 멈추게 되고, 몸과 마음은 필사적으로 반응하며, 본능적인 행동을 하게 됩니다. 우리가 극도로 화가 난 상태를 그대로 잘 설명해 주는 단어입니다.

화는 여러 가지 형태로 나타납니다.

혐오감도 화의 한 모습이고 반감反感도 화의 한 모습이며, 조바심이나 짜증도 화의 모습입니다. 그런가 하면 화는 불안한 마음이나 속 쓰림처럼 신체나 마음에 나타나기도 합니다. 화가 더욱 심해지면 자기 자신을 넘어 상대방에게 분노와 화를 내기도 합니다. 화가 극에 달하여 분노의 단계에 이르게 되면 상대방을 심리적으로 증오하게 되고, 말이나 눈빛이나 신체로 상대방을 공격하게 되고, 나아가 신체적 폭력을 행사하기도 합니다. 이 모든 것들이 화 혹은 분노의 또 다른 형태들입니다.

세속적인 화나 분노와는 질적으로 다른 형태의 화와 분노가 있습니다. 성경은 이를 거룩한 분노라고 이야기합니다. 아론의 손자 비느하스가 브올에서 하느님을 사랑하는 마음에서 우상과 어울린 사람을 처형하면서(민수 25:11) 보인 분노나, 타락한 이스라엘을 향한 예언자들의 분노가, 그리고 부패하고 타락한 성전을 정화하면서(마태 21:12) 내신 예수님의 분노가 여기에 해당합니다. 하느님의 거룩한 이름과 정의, 하느님의 형상으로 지음받은 인간의 인권, 나라와 시민들의 주권, 힘없는 사람들의 생존권, 창조세계의 모든 생명들의 가치가 무시되고 짓밟힐 때 일어나는 의분義憤, 공분公憤 등이 거룩한 분노에 해당합니다. 거룩한 분노는 시대와 역사를 바꾸는 힘이 되기도 합니다.

화가 났을 때 우리의 몸은 어떻게 됩니까? 얼굴은 붉어지고, 심장은 벌렁벌렁 마구 뛰며, 호흡은 가빠지고, 혈압은 올라가고, 목소리는 높아지고, 말은 거칠고 사나와지고, 주장하는 말은 조리가 없어지고, 몸은 폭력적이 되며, 눈초리는 매서워지고, 얼굴 근육은 굳어지고, 심장과 순환 계통에 이상이 옵니다. 모두 우리 몸에 부정적인 영향과 스트레스를 줍니다. 이처럼 내가 누구에게 화를 내면 '화'는 그 사람보다 먼저 내 마음과 몸에 더 큰 부정적 영향을 줍니다. 그렇다고 겉으로 화를 내지 않고 속으로 삭여도 마찬가지로 내 마음과 몸에 좋지 않습니다. 그러므로 화와 분노의 감정은 벌컥 내서도 안 되고, 속으로 삭여도 안 되고, 화와 분노의 감정이 나올 때마다 주의 깊게 대면하고 돌보는 가운데 적절하게 다스려 나가야 합니다.

화가 난 상태가 점점 더 심해지면 우리의 마음은 극도의 분노로 가득하게 됩니다. 분노가 가득해지면 어떻게 됩니까? 이때에는 평상심과 자제심이 사라집니다. 합리적 생각이나 이성적인 태도, 균형 잡힌 판단력은 일시에 사라집니다. 마음과 생각과 몸은 엄청난 분노의 기운으로 가득하게 되며 우리의 모든 판단과 행동은 매우 급하고 폭력적이며 충동적인 성향으로 변합니다. 이때부터 나오는 행동은 자기를 해치고, 가족과 형제와 상대방에게 상처를 주고, 이웃과 세상에 심각한 피해를 주게 됩니다. 이것이 바로 화와 분노의 부정적인 면이며, 화와 분노가 일으키는 죄의 모습입니다.

화와 분노는 또한 다른 대상에게로 옮겨지는 속성이 매우 큽니다.

화를 옮기는 경우 대부분 힘없는 약자에게 옮기게 됩니다. 요즘은 화와 분노를 사회의 불특정 다수에게 옮겨 사회문제가 되기도 합니다. 그러나 대부분 사람들은 대체로 만만한 대상인 자기 가족들, 특별히 연약한 여성인 아내나 어린 자녀들 혹은 노인들에게 화를 퍼붓는 경우가 많습니다. 적지 않은 가정 폭력이 여기서 나옵니다. 이렇게 자녀들에게 잘못 옮겨진 화는 자녀에게 심각한 상처를 주게 되고, '자녀들에게 옮겨진 화'는 결국 그보다 더 약한 다른 대상이나 세상으로 옮겨지게 됩니다.

그러므로 성경은 화에 대하여 조심하라고 말씀합니다.

"화나는 일이 있더라도 죄를 짓지 마십시오."(에페소 4:26) 이 말씀은 우리가 화를 내서는 안 되겠지만, 혹시 불가피하게 화를 낼지라도 그 화가 하느님과 이웃을 아프게 하는 죄로 이어져서는 안 된다는 뜻입니다. 성경은 또한 해질 때까지 화를 풀어야 한다고 말씀합니다. 화를 내서는 안 되겠지만 불가피하게 화를 내었다면 속히 화를 풀어야 한다는 것입니다.

화에 대하여 알아야 할 것은 가급적 빨리 마음과 몸에서 화의 감정을 내보내야 한다는 점입니다. 성경은 "화나는 일이 있더라도 죄를 짓지 마십시오. 해질 때까지 화를 풀지 않으면 안 됩니다. 악마에게 발붙일 기회를 주지 마십시오"(에페소 4:26-27)라고 말씀합니다. 분노와 노여움과 화를 오랫동안 마음과 몸에 지니고 있으면 악마에게 발붙일 기회를 줍니다. 분노와 화를 속히 풀지 않고 오랫동안 그대로 두면 분노와 화에서 나오는 부정적인 감정인 미움과 원망, 저주, 상실감 그리고 복수심이 마음을 지배하게 됩니다. 이것은 결국 자신의 마음과 몸에도 좋지 않으며, 경우에 따라서 악마에게 죄를 지을 좋은 기회를 제공하게 됩니다.

어떻게 하면 분노와 화를 적절하게 다스릴 수 있을까요?
먼저 화가 난 자기 자신을 인정하고, 화가 난 감정을 그대로 받아들이며, 화로 인한 고통스러운 감정을 상대에게 이야기해야 합니다. 어떤 사람은 무조건 분노와 화를 속으로 삭이고 혼자 고통 가운데 참으려고 합니다. 우리는 화를 내는 것은 좋은 게 아니기에 무조건 꾹꾹 참아야 하며, 그것을 미덕이라고 배워 왔습니다. 화를 참는 것이 언제나 좋은 것은 아닙니다. 만일 자신의 분노와 화를 드러내지 않고 안으로 삭이려고만 한다면 오히려 그 화가 마음과 몸에 쌓여 큰 상처와 병으로 나타날 수도 있습니다. 몹시 화가 났는데도 애써 자기 자신이나 상대방에게 화가 나지 않은 척하는 것도 좋은 방법이 아닙니다. 화가 났을 경우에 차분하고 솔직하게 화가 난 자신의 감정을 이야기해야 합니다. '나는 지금 몹시 화가 났으며, 그래서 지금 내 마음이 굉장히 아프고 힘들다'고 표현해야 합니다. 즉 자신이 화가 났음을 스스로 인정하고, 상대방에게 화로 인하여 고통스럽다는 점을 이야기해야 합니다.

물론 이때는 차분하고 솔직하게 자신의 감정을 이야기하는 것이 중요합니다. 상대방을 공격하거나 비난하는 투로 말을 해서는 안 됩니다. 단지 자신이 지금 상대방으로 인해 매우 화가 났고, 그래서 지금 마음이 매우 고통스럽다는 점을 전하는 것이 중요합니다. 여기서 서로 간에 일어난 분노의 감정을 풀어 갈 실마리가 생겨납니다.

다음으로 화와 분노 그 자체를 대면하는 것입니다.

화와 분노 그 자체를 있는 그대로 이해하고 바라보아야 합니다. 화를 너무 부정적으로 볼 필요는 없습니다. 화도 자연스러운 감정 가운데 하나입니다. 그러므로 있는 그대로 자각하고 보아야 합니다. 화 역시 기쁨이나 슬픔처럼 우리가 마음을 기울여 돌아보고 다스려야 할 감정이라는 것입니다. 이런 점에서 "화와 분노는 보살핌을 바라는 아기와 같다"고 한 틱낫한Thich Nhat Hanh 스님의 말은 매우 정확한 표현입니다.

분노와 화는 돌봄을 필요로 하는 아기와 같다고 본 점이 매우 새롭습니다. 화는 그 자체로 부정적이지 않습니다. 나쁜 것도 아닙니다. 부끄러운 것도 아닙니다. 우리 안에서 언제든지 일어날 수 있는 여러 가지 감정 가운데 하나입니다. 다만 우리가 화와 분노의 기운에 사로잡혀, 화와 분노의 노예가 되어 말하고 행동할 때 그것이 잘못된 것이며, 바로 그 점에서 분노는 우리를 죄로 인도하는 것입니다.

그러므로 내 안에서 일어나는 화를 알아차리고, 일단 화를 내야 한다면 올바르게 화를 내는 방법을 찾아야 합니다. 소크라테스는 "누구나 화를 낼 수 있다. 누구든지 분노할 수 있다. 그것은 매우 쉬운 일이다. 그러나 올바른 대상에게, 올바른 정도로, 올바른 시간 동안, 올바른 목적으로, 올바른 방법으로 화를 내는 것은 결코 쉬운 일이 아니다"라고 이야기합니다. 백병원의 어느 교수님은 멋지게 화내는 방법을 제안하며 분노가 생길 때면 스스로에게 세 가지 질문을 던져 보라고 말합니다. 첫째, 이 상황이 내 몸과 마음의 건강과 바꿀 만큼 화를 낼 일인가? 둘째, 이 분노가 정당하고 의로운 분노인가? 셋째, 화를 내는 것이 문제 해결에 도움이 되는가, 화내는 것 이외에 다른 대안은 없는가?

'화' 앞에서 아기를 돌보는 어머니처럼 되어야 할 필요가 있습니다. 우리를 힘들게 하는 화와 분노의 칭얼거림에 귀를 기울여야 합니다. 지금 나를 괴롭히는 화의 뿌리가 무엇인지, 지금 내가 화를 낸다고 상황이 바뀌는지, 지금 이 일이 정말 화를 낼 가치가 있는 것인지, 우리 마음을 고통스럽게 하는 화의 칭얼거림을 잘 듣고 달래야 합니다. 아기를 달래는 어머니의 마음으로 화와 분노를 대한다면 마음 안에서 요동치던 화와 분노의 기운은 사라지고 마음은 다시 평화로워지고, 화를 내면서 서로 등졌던 관계는 다시 가까워질 것입니다.

많은 사람들이 화를 정면으로 대면하지 않고 화와 분노로부터 도

피하려 하는 경우가 흔합니다. 그래서 마음의 문을 닫고 화가 나지 않은 척하거나, 화를 나게 한 사람과 일시적으로 관계를 끊고자 합니다. 상대방과 말을 하지 않거나, 시선을 마주치지 않거나, 상대방으로부터 멀어지려고 합니다. 그러나 이것은 화로부터 회피하는 것이지, 화를 대면하는 좋은 자세가 아닙니다.

마음에 화와 분노가 들어오면 '지금 내가 화가 났구나, 지금 내 안에 화의 감정이 일어났구나' 하며 마음에 일어난 화를 자각하고 대면해야 합니다. 그리고 조심스럽고 절제된 방법으로 자신이 화가 났음을 알려야 합니다. 보통 화는 쌍방에서 같이 일어날 때가 많습니다. 그러므로 내가 화난 이유를 말로 이야기하고 동시에 상대방이 화를 내게 된 마음의 동기를 들어주어야 합니다. 이러한 과정을 통하여 서로 분노와 화의 감정을 풀어 나가야 합니다. 물론 이때 어떻게 화를 다루어야 할지 계속 기도해야 합니다. 주님께서는 화와 분노가 일어나면 속히 그 감정을 풀고 올바른 관계를 회복하라고 말씀하십니다.

특별히 신앙인에게 화와 분노를 대면하여 적절하게 다스리는 일은 반드시 해야 할 중요한 일입니다. 말씀을 묵상하거나 기도 생활을 할 때 그리고 하느님께 예배를 드리기에 앞서 마음속의 분노와 화를 해결해야 합니다. 그래서 주님께서도 원한을 맺고 있는 자가 있거든 먼저 그를 찾아가 화해하라, 기도하고자 할 때 어떤 사람과 등진 일이 있거든 얼른 그를 찾아가 용서하라고 말씀하십니다. 세속적인 화와 분노의 표출은 신앙인에게 어울리지 않습니다.

"그러므로 제단에 예물을 드리려 할 때에 너에게 원한을 품고 있는 형제가 생각나거든, 그 예물을 제단에 두고 먼저 그를 찾아가 화해하고 나서 돌아와 예물을 드려라." (마태 5:23)
"너희가 일어서서 기도할 때에 어떤 사람과 서로 등진 일이 생각나거든, 그를 용서하여라." (마태 11:25)

끝으로 화해와 용서를 통하여 화와 분노의 감정을 푸는 것입니다. 화를 근원적으로 없애는 길은 사랑과 용서의 하느님을 대면하는 데 있습니다. 물론 몹시 화가 났을 경우 용서의 마음을 갖기란 결코 쉽지 않습니다. 신앙인으로서 구체적으로 마음의 화와 분노를 풀고 용서로 나가는 길은 여러 가지가 있을 것입니다. 차분한 음악을 듣거나, 산책을 통하여 기분을 전환하고 마음을 비우는 길도 있고, 호흡에 집중하거나 신체적 이완운동을 통하여 화를 가라앉히는 방법도 있으며, 명상이나 하느님의 말씀을 통하여 화와 분노에 가득 찬 자신을 성찰해 볼 수도 있을 것입니다.

그러나 화와 분노의 감정에서 우리를 자유하게 하는 가장 좋은 길은 사랑과 용서의 근원이신 하느님을 만나는 것입니다. 화와 분노를 해결하기 위한 가장 궁극적인 길은 용서와 사랑의 하느님과 대면하는 길입니다.

대개 화와 분노의 감정은 사랑과 기대와 신뢰에 대한 실망에서 옵니다. 자기에 대한 실망, 상대방에 대한 실망, 사회적 모순에 대한 실망에서 화와 분노가 나옵니다. 한 사람의 인격적 주체로서 사랑받고 인정받으려는 마음, 이해받고 존중받으려는 마음이 무시당하고 외면당하고 억압당할 때 화와 분노가 일어납니다. 화는 사랑과 신뢰에 대한 좌절입니다. 동시에 다시 사랑과 신뢰를 회복하려는 간절한 내면의 절규입니다.

그러므로 사랑의 근원이신 하느님과 만나지 않고는 우리 안에 근원적 치유가 일어날 수 없습니다. "하느님은 사랑이십니다."(요한 14:8) 우리를 고통스럽게 하는 화와 분노의 찌꺼기는 오직 사랑의 근원이신 하느님 안에서만 완전히 소멸될 수 있습니다. 하느님으로부터 오는 절대적 사랑을 통하여 인간적 화해와 진정한 용서가 나옵니다.

구약성경 창세기에는 야곱의 아들 요셉의 감동적인 용서 이야기가 나옵니다. "두려워하지들 마십시오, 내가 하느님 대신 벌이라도 내릴 듯싶습니까?"(창세 50:19) 그는 용서할 뿐 아니라 앞으로 형제들과 그 자녀들을 잘 돌봐 주겠다는 약속까지 합니다. "내가 형들과 형들의 어린 것들을 돌봐드리리라." 자신을 이집트의 종으로 팔아넘긴 형들에 대하여 일생을 화와 분노와 원망 속에 살 수도 있었던 요셉의 위대한 용서의 선언은 어디서 비롯한 것일까요? 그것은 요셉이 사랑과 용서의 하느님을 만났기 때문입니다. 요셉은 이렇게 말합니다. "나에게 못할 짓을 꾸민 것은 틀림없이 형들이오. 하지만 하느님께서는 도리어 그것을 좋게 꾸미시어 오늘날 이렇게 뭇 백성을 살리시지 않았습니까?"(창세 50:20) 그는 형제들의 잘못을 마음에 원한으로 새기는 대신, 악을 선을 바꾸어 내시는 하느님의 사랑의 섭리를 보았던 것입니다.

구약성경 신명기서는 '하느님은 삼키시는 불길'이라 말씀합니다.(신명 4:24, 공동번역) 개역번역 성경에는 '소멸하는 하느님'으로 말씀하고 있습니다. 요셉처럼 마음에 오랫동안 남아 있을 수 있는 화와 분노의 뿌리는 하느님 사랑의 불길로, 성령의 불길이 임할 때 근원적으로 녹아 없어질 수 있습니다.

아기를 달래듯 화와 분노의 감정을 달래고 진정시키는 길은 날마다 사랑과 용서의 근원이신 하느님을 만나는 데 있습니다. 화와 분노의 뿌리를 녹여 소멸케 하시는 성령의 은총과 함께 하는 데 있습니다. 내면 깊은 곳에 자리 잡은 분노와 화의 응어리는 사랑과 용서의 하느님을 만날 때 완전히 소멸될 수 있습니다. 자신을 종으로 팔아 버린 형제들을 너그럽게 용서한 요셉처럼, 나에게 화와 분노를 일으키게 하는 사람을 진심으로 용서하고 그 사람을 위하여 축복하는 마음이 있어야 합니다. 그러면 마음 안에는 화와 분노의 기운이 사라지고, 하늘로부터 오는 평화와 기쁨과 감사가 가득해질 것입니다. 또한 분노에서 오는 상처로 서로 멀어졌던 이웃과의 관계 안에 다시 평화와 화목이 찾아올 것입니다.

화는 난다고 그대로 퍼붓는 것이 아니라 기도 가운데 잘 다스리고 돌봐야 하는 감정입니다. 화는 내 안에 있는 가장 고통에 민감하고 다치기 쉬운 어린아이의 새살 같이 여리고 보드라운 '감정'입니다. 마음에 일어나는 화와 분노를 바르게 대면해야 합니다.

   사랑과 용서의 하느님 안에서 화와 분노의 감정을 적절하게 다스리면, 화는 오히려 성령 안에서 진정한 화해와 용서의 기쁨을 누리게 하는 은총의 창구가 됩니다. 주님 안에서라면 시련과 고난이 기쁨이 될 수 있는 것처럼(야고보 1:2), 화와 분노도 역시 화해와 용서에 담긴 심오한 기쁨과 신비를 알게 해주는 영적 은총이 될 수 있습니다. 주님 안에서 화와 분노의 감정을 잘 다스려, 진정한 화해와 용서를 통하여 형제와 하느님을 더 깊이 알아가는 너그럽고 관대한 은총의 사람이 되기를 기도합니다.

어떤 행복을 원하세요?

행복!

들을 때마다 따듯함과 기쁨과 즐거움을 주며 말 그대로 행복감을 주는 말입니다. '지금 행복하십니까?' 라고 물으면 모든 사람들이 곧바로 그렇다고 대답하지는 않을지 몰라도, '행복하기를 원하십니까?' 하고 물으면 아마 행복을 원하지 않는다고 답할 사람은 거의 없을 것입니다. 행복은 인류 역사 이래 많은 사람들의 간절한 바람이었으며, 지금도 모든 사람들의 지극한 소망입니다. 행복은 인간 본성의 일부입니다. 시편 128편에는 일상의 평범한 삶 속에서 누리는 행복이 따듯하고 정겨운 모습으로 나와 있습니다.

행복에 대하여 함께 생각해 보고자 합니다. 특별히 세상에서 말하는 행복이 무엇인지, 우리 신앙인들이 바라고 구해야 할 참 행복은 어떤 행복이어야 하는지에 대하여 생각해 보고자 합니다.

우리 민족은 복福이라는 말을 무척이나 좋아했습니다. 아마 그만큼 행복을 바라는 마음이 컸던 것 같습니다. 밥을 먹는 상이나 수저에도 복자를 새겨 놓았고, 잠을 자는 이불이나 베개, 문틀이나 창틀에도 복자를 새겨 놓았습니다. 새해를 맞이하여 나누는 인사에도 대체로 복을 기원해 주는 인사를 가장 많이 합니다. 일상의 삶 속에서는 유교에서 이르는 다섯 가지의 복을 오복五福이라 하여 매우 중요하게 여겼습니다. 오래 사는 수壽, 부유하게 사는 부富, 건강하게 사는 강녕康寧, 덕을 지닌 넉넉한 인품을 뜻하는 유호덕攸好德, 자신의 명을 살고 평안하게 임종을 맞이하는 고종명考終命을 일컬어 오복이라 하였습니다. 혹자는 여기에 유호덕과 고종명 대신 출세하여 존귀를 받는 귀貴와 자손이 많은 자손중다子孫衆多를 꼽기도 합니다.

그러나 많은 사람들이 바라는 오복 같은 복은 행복을 느끼게 하는 동기가 되는 것이지 엄밀한 의미에서의 행복은 아닙니다. 행복幸福의 사전적 의미는 '부족감이 없는 상태' 또는 '생활에서 충분한 만족과 기쁨을 느끼는 흐뭇함'을 뜻합니다. 이 글에서 잠정적으로—종교적 의미를 제외한—일반적 의미에서 행복을 조금 더 부연하자면 행복幸福, Happiness은 욕구慾求와 욕망慾望이 충족되어 만족하거나 즐거움을 느끼는 상태를 의미합니다. 아울러 불안감을 느끼지 않고 안심하거나 또는 희망을 그리며 좋은 감정을 담고 있는 심리적인 상태를 나타냅니다. 그러므로 행복에는 만족, 기쁨, 즐거움, 일치감, 성취감, 의미, 감격, 재미, 웃음, 보람, 가치감, 평온감, 자유감, 해방감, 안정, 의욕, 희망, 기대 등의 여러 요소가 포함되어 있습니다. 그러므로 모두에게 두루 적용되는 행복을 말하기는 참으로 복잡하고 어려운 일입니다.

행복을 개념적으로 정의하기는 쉽지 않아도 행복한 사람을 알아보기는 쉽습니다. 서부 아프리카 사람들은 "그 사람 몸에서 행복을 볼 수 있다"고 이야기합니다. 세계인의 표정이나 말에서 행복을 볼 수 있습니다. 입가에 떠오른 미소, 명랑하고 활기찬 태도, 쾌활한 목소리, 선하고 행복한 표정, 맑고 인자한 눈빛, 스포츠 현장의 감동적인 표정 등에서 다양한 모습으로 나타나는 행복을 볼 수 있습니다.

이처럼 행복의 종류가 다양하고 행복에 대한 개념이 매우 복잡하지만 단순하게 행복을 구분해 보면 크게 다섯 가지 정도로 나눌 수 있으리라고 봅니다. 첫 번째 행복은 인간관계를 통하여 오는 행복입니다. 가족, 사랑하는 사람, 친구, 신앙의 동료, 직장 동료 등을 통하여 오는 행복입니다. 두 번째 행복은 복권이나 행운권 당첨과 같이 뜻밖에 만나는 행운 등 우연히 찾아오는 행복입니다. 세 번째 행복은 기호식품을 먹거나 오락이나 감각적 쾌락을 추구할 때 경험하는 일시적 쾌락을 주는 행복입니다. 네 번째는 운동이나 몰입 같은 집중적인 노력을 통하여 얻는 자기 극복의 행복입니다. 다섯 번째는 자연, 음악, 심리, 종교적 체험을 통하여 얻는 영적 체험을 통한 행복입니다. 물론 이 외에도 여러 가지 다른 유형의 행복들이 있을 것이며, 명확하게 이 다섯 가지 분류 가운데 어느 하나에 속하기 어려운 행복도 있을 것입니다.

그러므로 행복을 '이것이다'라고 간단히 말하기는 쉽지 않습니다.

분명한 것은 행복은 혼자 찾아오는 경우가 없다는 사실입니다. 행복은 혹은 행복감은 혼자 느낄 수 있지만―물론 같이 느낄 수도 있지요―행복의 계기는 일상생활 속에서 내가 하는 일들이나 나의 가족이나 내가 사랑하는 사람이나 혹은 내가 만나는 사람들을 통하여 옵니다. 이처럼 행복은 혼자 오지 않습니다.

행복은 매우 주관적이며 행복을 느끼는 정도가 사람마다 다릅니다. 서로 사는 집의 크기가 같고 회사에서 직급도 같고 심지어 받는 연봉이 같다고 해도 행복까지 같지는 않습니다. 이것이 행복의 주관성입니다. 그러나 분명한 것은 행복을 느끼는 정도가 높은 사람일수록 더 얼굴이 밝고, 몸의 면역력도 더 높고, 몸도 덜 아프고, 스트레스에 더 유연하게 대응하고, 다른 사람에게도 더 관대하며, 수명도 더 길다는 점입니다. 이는 행복의 감정이 신체 전반을 더욱 활성화시키고 마음도 더 여유롭게 하기 때문일 것입니다.

먼저 행복에 대하여 분명히 알아야 할 것이 있습니다. 건강이나 재산 혹은 성공이나 명예 같은 무병장수無病長壽나 부귀영화富貴榮華 혹은 입신양명立身揚名은 행복이 아니라 행복의 일시적 매개일 뿐이라는 사실입니다.

물론 이러한 것들은 일정 부분 그리고 일정 기간 행복감을 줄 수 있을 것입니다. 처음에 이러한 것을 이루었을 때 오는 성취감, 만족, 기쁨, 즐거움 등은 매우 클 것입니다. 그러나 분명한 것은 이것들 자체가 곧 행복을 주지는 않는다는 사실입니다. 이것들을 바르고 선하게 사용할 때 비로소 행복이 온다는 것을 알아야 합니다.

모든 것을 뒤로하고 시골로 돌아가 단순하고 소박한 삶을 살면서 행복한 인생의 모습을 몸소 보여 준 미국의 헬렌 니어링Helen Knothe Nearing은 이렇게 이야기합니다. "삶에서 정말 중요한 것은, 당신이 갖고 있는 소유물이 아니라 당신 자신이 누구인가 하는 것이다. 단지 생활하고 소유하는 것은 장애물이 될 수도 있고 짐일 수도 있다. 우리가 가지고 있는 것이 아니라, 그것으로 우리가 어떤 일을 하느냐가 인생의 진정한 가치를 결정짓는 것이다." 이는 다시 말해 소유물 그 자체가 행복이 아니라 행복으로 안내해 주는 일시적 매체일 뿐이라는 것입니다. 소유물 그 자체는 행복이 아닙니다.

무엇을 소유하거나 어떤 성취를 이루어 냈을 때 그 첫 순간의 기쁨과 행복감은 그리 오래가지 못합니다. 큰 집을 사서 이사 간 첫날의 기쁨이나, 결혼 첫날의 기쁨이 5년이나 10년이 지나도 첫날에 주던 감동과 같은 감동을 주기란 쉽지 않습니다. 아기를 처음 낳아 처음으로 얼굴을 보고, 처음으로 젖을 물리고, 처음으로 똥을 받아 내던 순간은 정말 신기하고 감동의 순간입니다. 그러나 500일이 지난 뒤에도 첫 똥을 받아 내던 그 감동으로 아기의 똥을 받아 내기란 쉽지 않습니다. 우리는 첫 순간의 감동에 곧 익숙해집니다. 우리의 마음에서 첫 순간의 감동이 지어 낸 행복은 사라지고, 우리 마음의 눈은 이내 더 큰 행복을 찾아 두리번거립니다.

세상의 일시적인 행복의 매체들은 얻을 때는 기쁘지만, 언젠가는 이런 것들과 반드시 헤어져야 하는 아픔이 있습니다. 아마 그때에는 처음의 행복감보다 오히려 더 큰 상실감으로 고통을 느낄 수도 있을 것입니다. 세상에서 복이라고 말하는 것들 가운데 행복만 있는 건 아무것도 없습니다. 모든 것은 섞여 있습니다. 많은 돈을 벌 때에는 행복하지만, 돈을 잃어버릴 때에는 고통스럽습니다. 높은 자리에 오르는 출세를 했을 때에는 기쁘지만, 그 자리에서 내려올 때에는 서운합니다. 이른바 세상에서 말하는 행복은 기쁨과 고통을 함께 갖고 있습니다. 그러므로 참 행복이 아닙니다.

또한 세상에서 말하는 행복은 오고감을 멈추지 않습니다. 어떤 사람은 자신에게 찾아온 행복은 영원하다고 생각합니다. 그러나 이것은 다만 희망 사항일 뿐입니다. 행복은 늘 오고갑니다. 세상의 행복은 찾아왔다가 다시 갑니다. 행복뿐 아니라 불행도 그렇습니다. 행복이 왔다가 지나가듯이, 불행도 왔다 지나갑니다. 행복이 지나가지 않으면 그것은 행복이 아닙니다. 어쩌다 별식으로 먹던 수제비를 매일 먹으면 더 이상 수제비가 특별식特別食이 아닌 이치와 같습니다. 역설 같지만 불행과 고통을 모르고는 행복의 기쁨을 알지 못합니다. 먼저 '없음'이 있어야, 나중에 '있음'의 소중함을 아는 이치입니다. 물이 없는 동네에 살아보아야 물의 고마움을 압니다. 배가 고파 보지 않고서는, 허기를 느껴 보지 않고서는 음식이 주는 행복을 알지 못합니다.

항상 행복 속에 살고 싶으신가요? 다음은 '영원한 행복'에 담긴 깊은 의미를 깨우치는 이야기 한토막입니다.

어떤 수학자에게 신이 나타났답니다. 신은 그에게 '치즈빵'과 '영원한 행복' 중 하나를 선택하라고 했습니다. 수학자는 곰곰 생각하더니 이렇게 대답했습니다. "저는 치즈빵을 선택하겠습니다." 깜짝 놀란 신이 그 이유를 묻자 수학자는 대답했습니다. "영원한 행복보다 더 좋은 것은 세상에 아무것도 없습니다. 그런데 저는 '아무것도 없음'보다는 치즈빵이 더 좋습니다." 수학자답고 또한 너무나도 인간적인 대답입니다.

불행 역시 지나가지 않으면 불행이 아닙니다. 매일 비가 내리면 더 이상 비 내리는 날이 특별하게 불편한 날이 아니라 일상의 평범한 날이 되는 이치와 같습니다. 인생은 항상 아름답지만은 않으며, 더구나 고통이나 아픔 없이 늘 행복하지도 않습니다. 이 말은 불행도 역시 인생의 동반자라는 사실입니다. 불행도 찾아오기 마련입니다. 아픔과 불행을 모르면 진정한 기쁨과 행복도 모릅니다. 인생의 신비입니다. 때로 고난과 불행 가운데 역사하시는 하느님의 손길을 이해하지 못합니다. 고난을 통하여 건네주시고자 하는 인생의 깊은 신비를 알 수 없습니다. 성경에는 "고생도 나에겐 유익한 일, 그것이 하느님 뜻을 알려줍니다"(시편 119:71)라는 구절이 있습니다. 그러므로 찾아온 세상의 행복을 놓치지 않으려 집착할 필요도 없으며, 찾아온 불행 앞에서도 두려워하지 말고 담담하게 기도와 인내 가운데 불행이 지나갈 날을 기다려야 합니다. 어쩌면 인생은 행복에서 나오는 감사와 불행 가운데 나오는 고통의 감정을 한 올 한 올 엮어 저마다의 특별하고 소중하며 아름다운 인생길을 걷는 것인지도 모릅니다.

많은 사람들이 다른 사람과의 비교에서 행복을 찾으려 합니다. 이는 잘못된 행복 찾기입니다. 비교에서 오는 행복은 참 행복이 아니기에 오래가지 못합니다.

사람들이 세상에서 만나는 행복의 대부분은 비교에서 옵니다. 남보다 많이 갖는 게, 남보다 앞서는 게, 남보다 출세하는 게 행복이라는 생각을 합니다. 비교에서 오는 이러한 행복은 참 행복이 아닙니다. 행복의 이유와 동기가 잘못되었습니다. 다른 사람과의 비교가 내 행복의 기준이 돼서는 안 됩니다. 이는 다른 사람과 비교해 나온 나의 열등함이 내 불행의 이유가 될 수 없는 이유와 같습니다. 만일 그렇다면 오늘날처럼 세계화된 세상에서 각 분야에서 걸출한 세계적 인물 몇 명을 제외하고는 모두 불행한 사람이 될 것입니다. 예전에는 한 동네에서 부자면, 한 마을에서 미인이면, 한 고향에서 학벌이 좋으면 그것으로 통했고 감지덕지 행복해 했습니다. 그러나 지금 빌게이츠 같은 세계적 인물과 비교하면 우리의 재산이나 유명세, 성공은 별것이 아닙니다. 별것이 아닌 정도가 아니라 비교해 보면 크나큰 패배감을 맛볼 정도로 초라합니다. 그러나 그렇다고 그들과의 비교에서 주눅 들거나 불행할 필요는 없습니다. 행복은 결코 다른 사람과의 비교에서 오지 않습니다.

그럼에도 우리는 자꾸 비교를 통하여 행복을 찾으려는 어리석음을 버리지 못합니다. 이런 이야기가 있습니다.

초등학교 아이가 학교 시험에서 100점을 받아 옵니다. "엄마, 나 백점 맞았어!" 그러면 우리나라 엄마들이 대개 제일 먼저 하는 말이 "그래? 그런데 백점 맞은 애들이 너 말고 모두 몇 명이냐?"랍니다. 100점 맞아 온 장한 자녀에게 칭찬하지 않고 먼저 다른 애들 몇 명이 100점을 맞았는지 확인을 합니다. 다른 학생들과 비교를 합니다. 100점 맞아 온 장한 자녀 그 자체로 행복해 하지 않고, 비교를 통하여 행복을 누리는 것입니다. 이처럼 많은 사람들이 행복의 조건을 밖에서 찾거나, 행복의 이유를 다른 사람에게서 찾습니다. 이는 잘못된 태도입니다.

비교에서 오는 행복은 오래가지 못합니다. 언제든지 내가 지금의 자리에서 내려올 수 있기 때문입니다. 또한 지난 날 비교의 대상이었던 다른 사람이 나보다 잘살거나 앞서게 되면 어제의 행복이 불행의 이유가 되기 때문입니다. 비교를 통한 행복은 끊임없이 더 큰 집, 더 많은 재산, 더 높은 승진, 더 대단한 인기, 더 훌륭한 성공을 추구하게 됩니다. 과도한 경쟁심도 여기서 나옵니다. 그러다 보면 어제의 행복은 오늘의 과도한 스트레스의 원인이 됩니다. 그때부터 어제의 행복은 어디로 가고 불안과 불만 가운데 다시 더 큰 행복을 잡고자 행복의 노예가 됩니다. 행복을 누리는 행복의 주인공이 아니라, 행복의 노예가 되는 것입니다.

고대 로마 제국의 철학자요 문학가인 세네카Lucius Annaeus Seneca는 비교를 통해서는 행복에 들어갈 수 없다고 이야기합니다. "인간은 단지 행복하기를 원하는 게 아니라, 남들보다 더 행복하기를 원한다. 그런데 우리는 무조건 남들이 자기보다 더 행복하다고 생각하기 때문에 남들보다 행복해지기 어려운 것이다."

이것은 또 다른 이유인데, 비교에서 오는 행복은 영적으로도 좋지 않습니다.

비교에서 오는 나의 행복이 영원히 유지되려면, 다른 사람은 늘 나보다 자리가 낮아야 하고, 나는 성공하는데 타인은 실패해야 하고, 나는 인기가 높은데 타인은 인기가 낮아야 하고, 나는 잘 나가는데 타인은 못 나가야 합니다. 이것은 바른 마음 자세가 아니며, 좋은 신앙인의 자세도 아닙니다. 오히려 함께 행복을 추구해야 합니다. 아무리 많은 사람이 달을 쳐다보아도 달빛이 감하지 않듯이, 아무리 많은 사람이 행복을 추구해도 내가 누리는 행복감은 절대로 줄어들지 않습니다.

세례 요한은 자신을 따르던 제자들이 하나 둘 자신을 버리고 예수님을 따라가자, 마음이 상할 뻔도 한데 오히려 기쁨에 넘쳐 이렇게 말합니다. "그분은 더욱 커지셔야 하고 나는 작아져야 한다."(요한 3:30) 세례자 요한의 마음에는 비교에서 오는 불편함이 전혀 없었습니다. 다른 사람과의 비교에서 행복을 찾지도 말고, 불행의 이유를 찾지도 말아야 합니다. 다른 사람과의 비교를 통해서는 오직 내가 고치고 배울 점만을 찾아야 합니다. 배울 점은 다른 사람에게서 찾되, 행복의 이유는 다른 사람과의 비교가 아니라 반드시 자기 자신에서 찾아야 합니다. 이제는 경쟁의 개념을 바꿔야 합니다. 경쟁의 대상이 다른 사람이 아니요, 자기 자신이어야 하고, 나만 잘되는 것이 아니라 모두가 함께 더불어 잘되는 윈-윈win-win의 상생적 협력이 되어야 합니다.

우리는 다른 사람을 물리쳐야 할 경쟁 상대로 여기고, 나와 비교의 대상으로 여기는 태도에서 벗어나야 합니다. 사실 경쟁하려면 다른 사람과 경쟁하려 하지 말고 자기 자신을 경쟁과 비교의 대상으로 삼아야 합니다. 즉 다른 사람보다 잘하려 하지 말고, 전보다 잘하려고 해야 합니다. 기준이 '다른 사람'이 아니라 '자기 자신'이어야 합니다. 기준이 나의 외부 즉 '다른 사람'이 아니라, 나의 내부 즉 '이전의 나'가 되어야 합니다. 다른 사람이 아니라 전보다 잘하려는 노력이 보다 나은 자기 자신을 만들어 가는 원동력이 되며 나아가 행복의 길잡이가 됩니다.

오늘날 행복은 무엇인가요? 어떻게 행복한 인생을 살 수 있을까요?

그것은 먼저 행복에 대한 생각을 분명히 하는 것이며, 행복에 대한 오해들을 바로 잡는 것입니다. 오복五福이나 세상에서 복의 상징적 언어인 무병장수, 부귀영화, 입신양명에서 보듯이 이것들 그 자체가 행복이 아니라 행복으로 안내하는 행복의 매체에 불과하다는 것을 알아야 합니다. 또한 세상에서 말하는 이러한 가치들은 지극히 편중적이고 부분적이라는 사실도 깨우쳐야 합니다. 행복은 일상의 평범한 모든 것 안에 있습니다. 하늘이 모두에게 열려 있듯이, 행복 또한 모두에게 무제한으로 열려 있습니다. 시편은 매우 소박한 언어로 이러한 행복을 말씀합니다.

"복되어라, 야훼를 경외하며 그의 길을 걷는 자. 네 손으로 일하여 그것을 먹으니, 그것이 네 복이며 너의 행복이다. 너의 집 안방의 네 아내는 포도알 푸짐한 포도나무 같고 밥상에 둘러앉은 네 자식들은 올리브 나무의 햇순과 같구나. 보아라, 야훼를 경외하는 자는 이렇게 복을 받으리라."(시편 128:1-4)

행복을 위하여 부귀영화를 얻는 것도 물론 좋은 일입니다. 하지만 궁극적인 행복의 길은 일상의 평범한 일들에서 행복을 발견하는 지혜를 얻는 것입니다. 행복은 자신 안에서, 일상의 평범함 속에서 찾아야 합니다.

앞에서 내렸던 행복에 대한 잠정적 생각을 다시 정리하면서 마치고자 합니다.

행복幸福, Happiness은 욕구慾求와 욕망慾望이 충족되어 만족하거나 즐거움을 느끼는 상태를 의미합니다. 아울러 불안감을 느끼지 않고 안심해 하거나 또는 희망을 그리는 좋은 감정을 담고 있는 심리적인 상태를 나타냅니다. 그러나 진정한 행복은 욕구와 욕망에 대한 만족이 아니라 그 자체에 대한 절제와 비움에서 오는 영적 충만함의 상태를 말합니다.

 행복은 또한 단순히 '개인적, 주관적 차원의 만족과 좋다고 느끼는 상태'만이 아니라 '객관적으로 좋은' 삶을 사는 것을 의미합니다. 행복감은 주관적이지만, 행복의 동기와 근거는 객관적이어야 합니다. 다른 사람에게 고통을 주면서 혼자만 느끼는 심리적 행복이나 이웃이 없는 내면의 희열은 참 행복이 아닙니다. 행복은 심리적 만족이 아니라 자신의 삶에 대한 만족감입니다. 행복은 없는 곳이 없으며, 일상의 모든 일과 만나는 모든 사람들 안에 꽃처럼 피어납니다.

참 행복을
누리며 사는 길

사람은 누구나 행복하기를 원합니다.
하지만 지금 충분히 행복을 느끼며 살고 있다고 생각하는 사람은 그리 많지 않은 듯합니다. "지금 행복하세요?"라는 질문을 받으면 망설이는 분들이 의외로 많습니다.

그것은 우리나라의 국가별 행복 지수가 낮게 나오는 것을 보아도 알 수 있습니다. 다른 나라에 비해 방글라데시, 남태평양의 바누아투, 덴마크나 스위스의 행복 지수가 비교적 높게 나옵니다. 덴마크는 대학까지 등록금이나 병원 의료비가 거의 없습니다. 물론 세금으로 수입의 약 50%를 냅니다. 덴마크 사람들에게 왜 행복하다고 생각하느냐고 물으니, 다른 사람을 인정하고 존중하는 사회 분위기 때문이라는 대답이 제일 많았다고 합니다. 스위스는 점심시간이 두 시간이고 주 4일제 근무를 한다고 합니다. 고등학교까지 무상이며 대학 등록금 부담도 거의 없는 편입니다. 대학 진학률 또한 28%에 불과하다고 합니다. 우리나라 대학 진학률이 90%에 달하는 걸 보면 세 배 넘게 차이가 납니다. 그럼에도 스위스는 우리나라보다 행복지수가 매우 높습니다.

행복 여부에 대한 질문에 망설이는 가장 큰 이유는 행복하지 않아서라기보다는 다른 데 이유가 있는 것 같습니다. 그 하나는 무엇이 올바른 행복인지 행복관이 분명하지 못한 데서 오는 것이며, 다른 하나는 일상의 삶 속에서 어떻게 참 행복의 길을 살아야 하는지 구체적인 실천의 길을 잘 모르는 데서 오는 것일 수 있습니다. 이 글에서는 주로 일상의 삶 속에서 구체적으로 참 행복을 누리며 사는 길에 대하여 생각해 보고자 합니다.

성경은 참 행복에 대하여 말씀합니다. 성경은 그것이 세상의 부귀영화를 얻는 데 있다고 말씀하지 않습니다. 참 행복은 복의 근원되시는 하느님과 함께하는 데 있다고 말씀합니다. 예수께서는 마태오복음 5장에서 참 행복에 대하여 말씀하십니다. 이 말씀은 갈릴래아 호숫가 산에서 말씀하셨다 하여 산상수훈山上垂訓이라고 합니다. 세상에서 말하는 여느 행복과 다르다 해서 참된 행복의 말씀, 진복眞福 혹은 지복至福의 선언이라 합니다. 읽으면 읽을수록, 묵상하면 묵상할수록 은혜가 되고 마음에 행복감이 넘치는 말씀입니다.

이스라엘 각처에서 소문을 듣고 온 많은 사람들이 예수님의 말씀을 들으려고 모였습니다. 이 사람들은 어떤 사람들입니까? 대부분 세상에서 소외받은 사람들이었습니다. 가난한 사람들, 굶주린 사람들, 질병이나 마귀 들려 아픈 사람들, 돈도 없고 배우지도 못하고 힘이 없어 다른 사람들이나 세상으로부터 무시와 손해를 받는 한 맺힌 사람들, 율법을 제대로 지키지 못해 부정한 사람으로 업신여김을 당하는 그런 사람들이었습니다. 그뿐 아니라 로마 제국의 식민 통치에 절망하고, 불의한 유다 지배층과 위선적인 유대교 종교지도자들로부터 억압을 받아 시달리는 사람들이었습니다. 세상의 눈으로 보면 행복과는 거리가 먼 불행한 사람들이요 지지리 운도 따라주지 않는 절망의 사람들이었습니다. 하루하루 살아가기 힘겨운 이들에게 행복은 사치였습니다. 행복에 대한 기대는 감히 마음에도 품기 어려운 언감생심焉敢生心이었습니다.

그런데 주님은 이들에게 "너희는 행복하다!"(헬라어: 마카리오이 μακάριοι)라며 행복을 선포하십니다. 여러분 이것은 참으로 대단한 선포입니다. 가히 혁명적 선언입니다. 이 말씀은 가난하고 힘없고 주변적인 사람들에게 '너희가 하느님 나라의 주인공이다'라고 하는 복음福音의 선포입니다. 너희도 사랑과 위로와 행복의 근원이신 하느님 자녀라는 축복祝福의 선언입니다. 너희도 행복한 인생의 주인공이 될 수 있다는 가슴 벅찬 행복幸福의 선언입니다.

이 말씀을 다시 보도록 합니다. 주님으로부터 행복 선언을 듣기 전까지 주님 앞에 모인 사람들은 자신들이 세상에서 제일 불행한 사람이요 주변적 존재라고 여겼습니다. 오늘 복음서에 나오는 '마음이

'가난한 사람'은 심리적, 윤리적, 혹은 영적 의미의 가난만을 뜻하지 않습니다. '마음이 가난한 사람'이란 루가복음 6장에도 나오듯이 물질적으로 가난하고 힘없는 사람들, 먹을 것이 없어 굶주리는 사람들, 무시와 천대를 받아 애통과 슬픔 가운데 사는 말 그대로 가난한 사람들을 의미합니다. 주님은 이러한 사람들에게 너희도 행복의 주인공이 될 수 있다고 말씀하십니다.

그 당시에는 몸에 병이 있는 사람, 나병환자, 마귀 들린 사람들은 죄인들이요 하느님의 벌을 받은 사람들로 여겼습니다. 그런데 오늘 주님께서는 너희들도 하느님 나라의 주인공이다, 너희들도 하느님의 자녀라 하신 것입니다. 너희도 하느님의 사랑을 받는 자녀들이니, 너희들도 행복한 사람이라는 것입니다. 하느님의 자녀인 너희가 곧 행복의 주인공이라 하신 것입니다. 이것이 산상수훈의 핵심입니다.

이것은 당시에 처음 들어 보는 말씀이요, 놀라운 선언입니다. 그 당시 예수님 앞에 모인 사람들에게는 참으로 혁명적인 말씀입니다. 그들의 귀에는 천둥소리처럼 크게 들렸을 것입니다. 그들에게는 이 말씀이 곧 자신들의 한 맺힌 가슴을 후련하게 뻥 뚫어 주는 복음이었습니다. 비로소 눈이 뜨이고 마음이 열렸습니다. 자신을 다시 보게 되었습니다. 이제 더는 죄인이 아니라, 자랑스러운 하느님의 자녀로 자신을 보았습니다. 이제는 불행한 사람이 아니라 자신을 행복의 주인공으로 보게 되었습니다. 천하무인天下無人이라는 말이 있습니다. 하늘 아래 남이 없다는 뜻이요, 하느님에게는 남이 없다는 말이기도 합니다. 행복 역시 주인이 따로 없습니다. 주님 안에서는 모두가 행복의 주인공입니다.

주님께서는 행복에 대한 세상의 생각을 바꾸어 놓으셨습니다.
세상은 무엇이 행복이라고 생각합니까? 많은 사람들이 소유所有와 성취成就를 행복이라고 여깁니다.
행복이 결코 외적인 소유에 있지 않음을 깨우쳐 주는 두 사람의 이야기입니다.
시각 장애로 볼 수도 없었고, 청각 장애로 듣지도 못했고 이로 인하여 말도 그리 자유롭지 못한 삼중고三重苦의 힘든 인생을 산 헬렌 켈러Helen Adams Keller는 이렇게 말했습니다. "난 너무나 아름다운 인생을 살았다. 내 인생에서 행복하지 않은 날은 하루도 없었다." 반면 프랑스의 황제가 되어 세상의 모든 권세를 맛보았던 나폴레옹Napoléon Bonaparte은 이렇게 말했습니다. "내가 기억할 수 있는 범위 내에서 행복한 날은 엿새를 넘지 않았다."

세상의 소유와 성취가 일시적 행복이요, 참 행복이 아니라는 것을 언제 알게 됩니까? 그것들이 떠나고 나서입니다. 젊음과 부귀, 명예와 성공에서 내려와 보면, 그것들이 나를 떠나고 나면, '아! 이런 것들이 일시적 행복이었구나', '부질없던 한바탕 꿈이었구나' 하는 깨달음을 얻게 됩니다. 이것이 세상의 소유와 성공의 실상입니다. 세상의 소유와 성취에는 참 행복이 없습니다. 그러므로 여기서 영원한 행복, 참 행복을 찾으려 해서는 안 됩니다.

행복에 대한 또 다른 오해는 많은 사람들이 다른 사람이나 다른 것과의 비교에서 행복을 찾으려 한다는 점입니다. 그러나 이것 역시 참 행복이 아닙니다. 우리는 이미 행복한데 그 행복을 느끼기 어려운 이유 가운데 하나가 끊임없이 비교를 통해 행복을 찾으려 하기 때문입니다. 이처럼 많은 사람들이 행복의 조건을 밖에서 찾거나, 행복의 이유를 다른 사람에게서 찾습니다. 이는 잘못된 태도입니다.

행복의 지름길은 족함을 아는 지족知足에 있습니다.

지족이란 '이만하면 좋습니다', '이만하면 충분합니다'는 마음으로 만족滿足을 아는 것입니다. 만족을 안다는 것은 곧 족함을 아는 지족입니다. 족함을 모르면 아무리 받아도 부족합니다. 고마움을 모릅니다. 아무리 올라가도 오르려 할 뿐 멈추고 내려올 줄 모릅니다. 아무리 늘어나도 모으려 할 뿐 그칠 줄 모릅니다. 족함을 모르는 사람은 언제나 더 올라가야지, 더 벌어야지, 더 오래 살아야지, 더 받아야지, 언제나 '조금 더'가 따라다닙니다. 때문에 행복은 늘 다음으로 미루어집니다. 그러다 보니 지금 즉 오늘에 대한 감사와 행복이 없습니다. 결국 지족에서 오는 감사와 행복을 모른 채 평생을 '부족한 인생', '결핍의 인생'을 살다가 세상을 떠나게 됩니다.

지족은 어디서 나옵니까?

지족이란 이미 자신이 받은 것에 대한 만족입니다. 자기 자신에 대한 만족입니다. 그러므로 지족은 곧 자신에 대한 긍정입니다. 자신의 내면을 받아들이는 것입니다. '오늘' 그리고 '여기'에 대한 수용입니다. 지족의 깨달음은 자신 안에 부어 주시는 하느님의 영으로부터 나오는 것입니다. 우리 안에 계신 사랑의 하느님, 영원하신 하느님, 다함이 없으신 하느님, 부족함이 없으신 하느님의 영으로부터 나오는 것입니다.

그러나 어떤 사람들은 자기가 바라던 것들이 차고 넘쳐야 행복하다고 생각합니다. 기도할 때에도 가득 부어 달라고 기도합니다. 저 역시 기도하면서 하느님 앞이나 다른 사람들 앞에 민망할 때가 많습니다. "하느님, 저에게 복을 백배나 더 내려 주십시오, 누르고 흔들어 넘치도록 내려 주십시오." 민망한 기도요, 욕심에 찬 기도입니다. 이제는 이렇게 기도하면 어떨지요? "주님, 지금 있는 것으로 만족하고 감사하는 마음을 주세요." 넘쳐야 행복하다는 생각 역시 행복에 대한 중대한 오해입니다. 행복은 넘침에만 있지 않습니다.

한 철학자는 행복하게 살아가기 위한 지혜 다섯 가지를 이렇게 이야기합니다.

첫째는 먹고 살기에 조금 부족한 재산입니다.
둘째는 모든 사람들로부터 칭찬을 받기에 약간 부족한 외모입니다.
셋째는 자신이 생각하고 기대한 것에 비하여 절반밖에 인정받지 못하는 명예입니다.
넷째는 남과 겨루었을 때 한 사람에게는 이기고 두 사람에게는 질 정도의 체력입니다.
다섯째는 여러 사람들 앞에 나서서 연설을 했을 때 듣는 사람의 절반 정도만 박수를 보내는 말씀씨입니다.

　재산, 외모, 명예, 자기 성취, 자녀에 대한 기대 등 모든 면에서 약간 부족함에서도 행복을 찾아야 합니다. 행복은 넘침이 아니라 지금 가진 것을 만족하는 지족의 마음에서 나옵니다. 진정한 부자는 자기가 원하는 모든 것을 가진 사람이 아니라, 지금 자기가 가진 것에 만족하는 지족의 사람입니다. 우리가 행복을 맛보는 길은 원하는 어떤 것을 모두 얻거나, 내가 원하는 성공을 모두 이루는 데 있지 않습니다. 오히려 나를 위해 소유를 채우거나 자기 성취를 위하여 모든 것을 수단으로 여기며 맹렬히 자신의 소유와 성취를 추구하는 마음을 내려놓는 것입니다. 그리고 지금 있는 것에 만족하는 지족의 사람이 되는 것입니다. 그때 비로소 참 행복을 깨닫게 되고, 참 행복을 누리게 되는 것입니다. 참 행복으로 안내하는 지족에 대한 말씀입니다.

　"먹을 것과 입을 것이 있으면 그것으로 만족하시오. 부자가 되려고 애쓰는 사람은 유혹에 빠지고 올가미에 걸리고 어리석고도 해로운 온갖 욕심에 사로잡혀서 파멸의 구렁텅이에 떨어지게 됩니다. 돈을 사랑하는 것이 모든 악의 뿌리입니다. 돈을 따라 다니다가 길을 잃고 신앙을 떠나서 결국 격심한 고통을 겪은 사람들도 있습니다." (1디모테오 6:8-10)

　그러면 세상이 줄 수 없는 행복, 오고감이 없는 영원한 행복인 참 행복은 어디에 있습니까? 남보다 부귀영화를 누리거나, 부모를 잘 만나거나, 성공한 자녀를 두거나 하는 일에 있지 않습니다. 참 행복은 소유 혹은 비교와 같이 외부에 있지 않습니다. 루가복음을 보면 예수님의 가르침에 탄복한 한 여인이 '예수님처럼 훌륭한 아드님을 낳아 기르신 어머니는 얼마나 행복하겠습니까' 하고 부러워하는 대목이 나옵니다. 그러자 예수께서는 "하느님의 말씀을 듣고 그 말씀을 지키는 사람들이 오히려 행복하다"(루가 11:28)라고 하시면서 외부에서 행복을 찾으려는 생각을 바로잡아 주십니다. 참 행복은 만복의 근원이요 사랑과 자비와 위로와 평화의 근원인 하느님으로부터 옵니다. 참 행복은 하느님과 함께하는 삶에서 찾을 수 있습니다.

"복 되어라. 악을 꾸미는 자리에 가지 아니하고 죄인들의 길을 걷지 아니하며 조소하는 자들과 어울리지 아니하고 야훼께서 주시는 법을 낙으로 삼아 밤낮으로 그 법을 되새기는 사람."(시편 1:1)

다시 성경 말씀으로 돌아갑니다.

예수님은 산상수훈에서 행복에 이르는 9가지의 길에 대하여 말씀하십니다. 요약하여 말하면 물질적으로 가난한 사람, 굶주린 사람, 슬픔과 애통 가운데 사는 사람도 행복할 수 있다는 것입니다. 비록 세상에서 성공하고 출세하지 못했어도, 탐욕과 거짓이 판치는 살벌한 경쟁 사회에서 살지라도 하느님의 사랑과 진리를 믿으며, 온유하고 너그러운 마음과 맑고 깨끗한 마음으로 살아가는 사람이 곧 행복한 사람이라는 것입니다. 비록 정직하게 살고 진리를 추구하며 살다가 세상에서 손해를 보기도 하고, 때로 무시와 조롱과 모욕을 당하더라도 그러한 삶을 살라는 것입니다. 왜냐하면 하느님 나라의 정의와 평화를 위하여 일하고, 사랑과 진실이 가득한 세상을 위하여 묵묵히 사랑과 봉사의 삶을 사는 사람이 참으로 행복한 사람이기 때문입니다.

왜 이러한 삶이 행복에 이르는 삶일까요?

그것은 이러한 삶이 참 행복의 근원인 하느님을 만나는 길이기 때문입니다. 이러한 삶이 참 행복의 근원인 하느님을 뵙고, 하느님의 위로를 받고, 하느님의 자녀가 되고, 하느님 나라를 차지하는 길이기 때문입니다. 참 행복은 세상 사람들이 살벌하게 추구하는 소유나 성취에서 오지 않습니다. 진정한 행복은 다른 사람들과의 비교를 통하여 오지 않습니다. 참 행복은 내 안에 계신 하느님으로부터 옵니다. 참 행복은 일상의 삶 속에서 하느님과 올바른 관계를 맺을 때(1고린 1:30) 얻는 것입니다. 하느님과 함께하는 말씀과 기도의 자리가 곧 행복의 자리이며, 하느님과 함께 살아가는 그 시간이 곧 행복의 시간입니다.

주님께서 들려주신 산상수훈인 진복구단眞福九段의 말씀을 늘 마음에 담고, 그대로 살아 영원한 행복, 참 행복을 오늘 여기서 누리며 살아가기를 기도합니다.

행복한 가정은
가족 모두의 사명

가정은 참으로 포근하고 따듯하며 행복한 곳입니다. 몇 해 전 영국의 한 수상首相이 태어난 자녀의 아버지가 되는 일에 소홀할 수 없다며 몇 개월간 휴가를 낸 적이 있습니다. 한 나라의 수상이 갓 태어난 어린 자녀를 위하여 육아 휴직을 신청한 것입니다. 이는 국가의 공무를 매우 중하게 여기는 한국인의 입장에서 볼 때 매우 신선한 충격이었습니다. 이처럼 가정의 가치는 매우 소중합니다. 성경은 가정의 가치와 행복한 가정을 이끄는 일에 대하여 많은 가르침을 줍니다.

우리나라는 5월에 가정의 가치를 생각하게 하는 국가적 기념일들이 많이 있습니다. 5월 1일 노동의 날, 5월 5일 어린이 날, 5월 8일 어버이 날, 5월 15일 스승의 날, 5월 21일 성년의 날 등 직접적으로 혹은 간접적으로 모두 가정과 연관된 날들입니다. 이러한 가정의 소중함을 지키기 위해 한국 교회는 5월 첫 주일을 전후하여 가정주일 의향을 담아 예배를 드립니다.

세상의 모든 것이 다 나름대로 소중한 의미를 지니고 있습니다. 그 가운데 참으로 소중한 의미를 담고 있는 것이 바로 가정입니다. 우리는 가정 안에서 태어나, 가정 안에서 살다가, 가정 안에서 우리의 인생을 마감합니다. 우리가 세상을 살면서 경험하는 대부분의 즐거움과 보람을 모두 가정을 통해 경험하게 됩니다. 가정은 잔잔한 기쁨과 가슴 벅찬 즐거움을 맛보는 행복의 보금자리입니다.

가정은 또한 험하고 고달픈 세상으로부터 우리를 보호하는 평온한 쉼터요 안식처입니다. 세상에서 고달픈 하루 일과를 마치고 저녁이 되면 지친 몸을 이끌고 어김없이 돌아가는 곳도 사랑하는 가족들이 있는 가정입니다. 그런가 하면 올림픽에서 금메달을 따거나 국제경기에서 우승을 하고 금의환향錦衣還鄕하여 자랑스럽게 돌아갈 곳도 가정입니다. 거듭되는 실패와 절망에서 속에서 다시 일어설 수 있는 곳도 따듯한 격려와 지지가 있는 가정입니다. 신약성경에 나오는 탕자가 세상 속에서 모든 것을 탕진하여 돼지와 함께 살던 비참한 지경에서 맨 마지막으로 마음에 떠올리고 돌아갈 의지처依支處로 삼은 곳도 아버지의 사랑이 있는 가정이었습니다.(루가 15장) 아버지의 사랑과 행복한 가정에 대한 기억이 영원히 탕자로 살 그를 가정으로 돌아오게 한 것입니다. 이것이 가정입니다.

우리의 가정은 어떻습니까?

사랑과 웃음이 넘치는 포근하고 따듯한 가정입니까? 서로에 대한 지지와 격려가 있습니까? 서로에 대한 이해와 존중이 있습니까?

세상 속에서는 실패자나 낙오자, 상처받은 자가 외면당하고 무시당할지 몰라도, 가정에서만큼은 그렇지 않아야 합니다. 가족 모두의 따듯한 이해와 격려 그리고 기도로 다시 용기를 얻는 곳, 상처받은 마음의 치유가 일어나야 하는 곳이 사랑의 보금자리 가정입니다. 가정에는 가족들끼리 사랑의 돌봄이 있어야 합니다.

이웃끼리는 물론 가족 안에 있어야 할 사랑의 돌봄을 깨우쳐 준 감동적인 이야기가 있지요. 1964년 일본에서 일어난 일이라고 합니다. 도쿄 올림픽 준비로 경기장 확장 공사를 하던 중 지은 지 3년밖에 안 되는 집을 부득이 헐게 되었다고 합니다. 그런데 인부들이 지붕을 들어내다가 꼬리가 못에 박힌 채 꼼짝 못 하는 도마뱀 한 마리를 발견했답니다. 그 도마뱀은 집 지을 때 못에 박혀 3년 동안이나 움직이지 못하면서도 죽지 않고 살아온 것입니다. 인부들은 이 도마뱀이 한자리에 꼼짝하지 못한 채로 어떻게 3년이나 굶어 죽지 않고 살아남았는지 몹시 의아했습니다. 관찰을 해보니 얼마 후 다른 도마뱀 한 마리가 꼬리에 못이 박힌 도마뱀에게 먹이를 물어다 주더라는 것입니다. 그 도마뱀은 3년이라는 세월 동안, 못에 박혀 움직이지 못하는 도마뱀을 위해 하루에도 몇 번씩 먹이를 날라 주었던 것입니다. 아마도 못이 박힌 도마뱀의 가족이거나 친구였겠지요. 이 이야기를 들은 사람들은 하찮은 동물이라고 여기던 도마뱀이 보여 준 감동적인 돌봄에 크게 놀랐다고 합니다. 돌봄은 가정의 소중한 덕목입니다.

그런가 하면 요즘 이와는 반대로 부모에게 폭력을 가하거나 살인을 저지르거나 그 반대로 부모가 자녀를 죽이는 참으로 반인륜적이고 패륜적인 모습들이 가정 안에서 일어나 우리를 슬프게 합니다. 또한 부부 사이의 갈등을 극복하지 못하고 이혼하여 가족이 해체되는 현상이 많이 일어나 사회문제가 되고 있습니다. 가정이 흔들리고 위기에 처한 원인은 다른 데 있지 않습니다. 많은 부분이 우리 사회의 가정문화에 있는 것입니다.

치유를 필요로 하는 사람들의 상처가 가정에서 시작된 경우가 많습니다. 가정에서 시작된 문제가 교육문제, 청소년문제, 사회문제로까지 파고들곤 합니다. 흔들리는 부모의 슬하에서 냉대와 무관심 가운데 성장한 아이는 상처를 입게 되고, 청소년이 되어 탈선 청소년으로, 어른이 되어서는 각종 사회문제를 일으키는 주범이 되곤 합니다. 이처럼 한 사람이 가정을 통해 어떠한 정신적 유산을 물려받느냐가 한 개인의 인생뿐 아니라 우리 사회에 지대한 영향을 미칩니다. 크게 보면 사회문제와 가정문제의 뿌리가 같은 경우가 많습니다.

많은 가정 학자들은 가정이 사람의 성격이나 성품, 가치관 등에 적지 않은 영향을 준다고 합니다. 오늘의 '나'는 내가 성장한 부모로부터 받은 유전적 기질과 가정의 분위기라는 환경적 요인과 밀접한 관련이 있습니다. 그러므로 자신이 누구인지 이해하기 위해서는 나에게 가장 중요한 인물이라 할 수 있는 아버지와 어머니를 이해할 필요가 있습니다. 나아가 나의 부모에게 가장 중요했던 조부모와 외조부모를 아는 것도 중요합니다. 가계家系에 내려오는 가족 구성원과 가족 체계 간의 내력을 되짚어 보는 일은 자신의 성격과 상처를 바로 알고 이해하는 데 무척 중요한 과정입니다.

어린 시절 부모에게서 어떠한 정서적 유산을 물려받았는지는 한 사람의 인생의 행로를 결정짓는 매우 중요한 요인이 됩니다. 어렸을 적에 부모로부터 받은 정서적 영향은 결혼 후 부부 사이의 관계 형성과 가정의 모습에 영향을 줍니다. 그러므로 자신이 가정으로부터 물려받은 정서적 유산이 무엇인지를 정확히 파악하는 일이 필요합니다. 하여 좋은 정서적 유산은 계속해서 자녀들에게 물려주고, 그렇지 못한 부정적인 유산은 자녀를 통하여 대물림 되지 않도록 자신의 세대에서 끊어 버려야 합니다.

주님을 믿는 그리스도인들에게 가정은 매우 중요합니다.
왜냐하면 가정은 하느님께서 우리 사람들에게 직접 세워 주신 인류의 첫 공동체이기 때문입니다. 구약성경을 보면 하느님께서는 에덴동산에서 아담과 하와 두 사람을 불러 서로 짝이 되어 도우며 살도록 가정을 세워 주셨습니다.(창세 2장) 비로소 가정이 시작된 것입니다. 하느님께서는 가장 먼저 가정을 세워 주셨습니다.

가정은 사람이 태어나는 곳이요, 사람이 되어 가는 곳이요, 사람의 가치를 완성하는 곳입니다. 가정은 하느님께서 지어 주신 천륜天倫이 맺어지는 자리입니다. 가정을 통하여 남편과 아내의 관계가 맺어지고, 가정을 통하여 부모와 자녀의 천륜적 관계가 시작됩니다.. 가정을 통하여 남편이 남편 되고, 아내가 아내 되며, 부모가 부모 되고, 자녀가 자녀 됩니다. 우리는 이처럼 소중한 가정을 하느님께서 세워 주셨음을 분명히 기억하고, 우리에게 주신 가정을 행복한 가정으로 가꾸어 가기 위하여 모든 정성을 기울여야 합니다.

기억해야 할 사실은 행복한 가정은 저절로 이루어지지 않는다는 것입니다. 가정의 가치와 소중함에 대한 분명한 이해가 있어야 합니다. 행복한 가정은 하느님의 뜻이며, 행복한 가정을 일구는 일은 가족 모두의 사명임을 분명히 알아야 합니다. 그리고 가족 구성원들이 서로 충실하게 가정 안에서 자기의 본분을 다해야 합니다. 가정의 주체를 전통적으로 크게 부부夫婦, 부모父母 그리고 자녀子女 셋으로 구분할 수 있습니다. 물론 요즘은 사회 변화에 따라 다양한 형태의 가정이 있습니다. 성경은 행복한 가정을 이루기 위하여 주체들이 지켜야 할 일이 있다고 말씀합니다.

먼저 부부 사이에 지켜야 할 일에 대하여 말씀합니다.

부부에 대하여는 우리가 잘 아는 말씀이 있습니다. "교회가 그리스도께 순종하는 것처럼 아내도 모든 일에 자기 남편에게 순종해야 합니다. 남편 된 사람들은 그리스도께서 교회를 사랑하셔서 당신의 몸을 바치신 것처럼 자기 아내를 사랑하십시오."(에페소 5:24-25)

부부 사이에 있어야 할 것으로 서로에 대한 사랑, 존경, 순종입니다. 특별히 부부 사이에 있어야 할 사랑과 존경, 사랑과 순종에 대해서는 둘 사이에 순서가 없다는 점입니다. 남편이 먼저 아내를 진심으로 사랑하고 존경하면, 아내인 내가 순종하겠다는 것도 바른 순서가 아닙니다. 아내가 먼저 남편에게 순종하면, 남편도 아내를 사랑하고 존경하겠다는 것도 바른 순서가 아닙니다. 둘이 동시에 함께 있어야 하는 것입니다. 진심으로 아내를 사랑하면 저절로 아내의 순종이 따라옵니다. 진심으로 남편에게 순종하면 남편의 사랑과 존경이 따라옵니다. 부부 사이에 사랑과 순종은 조건적인 선후의 순서가 아니라 둘이 동시에 함께 있어야 합니다.

다음으로 자녀의 입장에서 부모를 섬기는 길에 대하여 말씀합니다. 성경은 부모를 공경恭敬하고(출애 20:12) 부모에게 순종順從하라고(에페소 6:2) 말씀합니다. '공경'이라는 말은 히브리어로 '카베드'(כבד)라고 하는데 이는 무겁게 여기라는 말씀입니다. 무겁게 여긴다는 의미는 귀중하게 여기는 것이요, 온 마음과 힘을 다해 받드는 것을 뜻합니다. 가벼운 종이를 한 장 들 때와 묵직한 그릇을 들 때에 우리의 마음가짐은 다릅니다. 마음가짐이 다르면 몸가짐도 다르게 나옵니다. 무거운 것을 들 때에는 마음과 몸이 더 신경을 쓰게 됩니다. 공경을 뜻하는 헬라어는 티마(τιμα)인데 이 말은 '값을 치르다, 존경하다'는 뜻입니다. 다시 말해 부모 공경은 무겁게, 값을 치르는 자세로 할 일이지 가벼이 여기거나, 수고가 없거나 혹은 실천 없이 입술로만 하는 게 아니라는 것입니다.

그러므로 부모 공경은 부모님을 무겁고 존귀하게 여겨 부모님에게 자신을 복종시키고, 자녀로서 마음과 몸과 힘을 다하여 부모님을 잘 받들어 섬기는 것입니다. 공경은 집안에서 부모님을 정성을 다해 섬기고 높이는 것입니다. 공경은 또한 부모에 대해 무시하거나 화를 내거나 불평을 하지 않고 공손하게 모시는 것을 뜻합니다. 이것이 공경의 또 다른 모습인 순종이며, 효자 효녀가 되는 기본입니다.

부모에 대한 공경과 순종은 어디에서 올까요? 그것은 부모님의 권위와 소중함에 대한 인정과 부모님에 대한 감사의 마음에서 옵니다. 부모님을 공경하고 부모님께 순종하는 것이 자녀가 지녀야 할 외적 섬김의 모습이라면, 마음으로 부모님을 인정하고 감사의 마음을 지니는 것은 내적 섬김의 마음입니다. 내적 섬김의 마음에서 외적 섬김의 모습이 따라 나옵니다.

부모 공경은 하느님이 우리에게 주신 마땅히 지켜야 할 도리道理입니다. 우리 모두는 하느님의 은총 가운데 부모로부터 뼈와 살을 이어받아 태어났습니다. 우리의 몸은 부모의 혈육을 이어받은 육체적 분신分身입니다. 그러므로 부모 공경은 우리에게 부모를 맺어 주신 하느님의 뜻을 받드는 거룩한 일입니다.

자녀들은 아무리 부모가 못 배웠고 연약하고 생활력이 없으며 화려한 경력이 없어도, 부모를 공경해야 합니다. "너를 낳은 아비의 말을 듣고 늙은 어미를 업신여기지 말아라." (잠언 23:22)

조건에 따라 부모 공경을 하겠다는 사람도 있습니다. 부모로부터 사랑과 교육과 재산을 받아야, 부모가 도덕적·윤리적으로 인품이 출중해야, 부모가 허물이 없어야, 부모가 나에게 상처를 주지 않아야 공경할 수 있지 않겠느냐고 이야기합니다. 하지만 부모 공경은 무조건입니다. 낳아 주심 그 자체가 인정하고 공경해야 할 이유입니다. 만일 부모가 낳아 주시지 않았다면 어느 누구도 인생의 아름다움과 우주의 신비와 하느님을 알지 못했을 것입니다. 그러므로 부모님은 낳아 주심, 길러 주심, 곁에 계셔 주심 그 자체가 감사의 이유입니다.

세상에 완전한 사람은 없습니다. 우리의 부모님도 때로 허물이 있을 수 있습니다.

구약성경에 노아가 나옵니다. 그는 세상 모든 사람이 죄를 지었는데 노아만은 흠 없고 의로운 사람이라고 하느님에게 칭찬받은 대단한 사람이었습니다.(창세 6:9) 그러나 노아도 인간적 허물이 있었습니다. 포도주를 몹시 좋아했고, 술만 먹으면 옷을 벗고 자는 습관이 있었던 듯합니다. 둘째 아들 함은 그런 아버지의 허물을 들추어 냈고, 첫째 아들 셈과 셋째 아들 야벳은 아버지를 공경하여(창세기 9:18-27) 그 허물을 덮어 드렸습니다. 하느님은 부모의 허물을 덮어 드린 두 아들에게 복을 주셨습니다. 부모님의 인격적 완전성 여부를 떠나 자녀는 그 자체로 부모를 공경해야 합니다. 허물 없는 사람이 없듯이, 모든 면에서 완벽한 부모도 없습니다.

성경과 여러 현인들은 자녀들에게 부모님을 기쁘시게 해 드리라고 합니다. 부모님이 살아 계시다면 공경과 감사의 마음으로 부모님을 섬겨야 하고, 부모님이 이미 세상을 떠나셨다면 돌아가신 부모님이 지녔던 허물도 너그럽게 이해하고 공경하는 마음을 가져야 합니다. 중국 노나라 사상가 증자는 말하기를 "부모가 돌아가신 후에 황소를 잡아 드림이 살아 계실 때 닭 한 마리 잡아 드림만 하겠느냐?" 라고 했습니다.

공자께서는 어버이를 섬기는 길을 부모의 생의 과정에 따라 다섯 단계로 가르치셨습니다. 거즉치기경居則致其敬(부모님께서 함께 집에 기거하며 사실 때에는 공경을 다하여 모시고), 양즉치기락養則致其樂(부모님을 봉양하고 섬길 때에는 즐거운 마음으로 하여 모시고), 병즉치기우病則致其憂(부모님께서 병드셨을 때에는 근심을 다하여 돌보아 드리고), 사즉치기애死則致其哀(돌아가셨을 때에는 애통함과 슬픔을 다하여 정성껏 장례를 치르고), 제즉치기엄祭則致其嚴(제사로 모실 때에는, 기독교식으로 말하면 별세하신 분을 추모하고 기념할 때에는 경건하고 엄숙함을 다하여 모셔야 한다)을 가르치셨습니다.

예수님이야 말로 부모를 모시는 지극한 효의 길을 보여 주셨습니다. 예수님은 십자가 수난의 현장에서도 어머니 마리아의 노후를 살펴 드렸습니다.(요한 19:21) 부모 공경은 신앙인이 지극한 마음으로 임해야 할 하느님이 명하신 거룩한 사명입니다.

끝으로 자녀에 대한 말씀입니다.

성경은 부모로서 자녀들의 마음에 상처를 주지 말라 하셨습니다. "어버이들은 자녀의 마음에 상처를 입히지 말고 주님의 정신으로 교육하고 훈계하며 잘 기르십시오."(에페소 6:4)

자녀는 부모의 올바르지 못한 모습에서 상처를 받습니다. 부모의 무관심에서 상처를 받습니다. 자녀에게 일방적으로 부모의 생각이나 기준, 입장을 강요할 때에 상처를 받습니다. 그러므로 주님 안에서 부모로서 올바른 삶을 살기 위하여 노력하고, 주님 안에서 자녀를 꾸준하게 이해하고 사랑해 주고 대화가 이어지도록 해야 합니다. 또한 항상 자녀의 입장이 되어 생각하고, 자녀의 눈높이에서 바라보는 너그럽고 이해심 많은 자녀의 후원자요 응원자요 격려자가 되어야 합니다. 자녀에 대한 칭찬이 인색한 이유 가운데 하나가 다른 집 자녀와 비교하는 데 있습니다. 우리 집 자녀는 세상에서 우리 집밖에는 없는 유일무이唯一無二한 소중한 자녀입니다. 절대로 비교의 대상이 아닙니다. 잘하면 잘하는 대로 칭찬해 주고 감사하며, 안 되고 못 하는 것이 있으면 그런대로 받아 주고 인정해 주고 칭찬과 격려로 지지해 주면서 기도 가운데 기다려 주어야 합니다. 부모는 주님의 말씀과 기도로 자녀를 믿음의 길로 인도하며, 주님의 사랑으로 자녀에게 용기와 희망을 주어야 합니다.

가정은 참으로 소중하고 아름다우며 행복하고 거룩한 곳입니다.
가정은 행복의 보금자리요, 인생의 평온한 안식처입니다. 행복한 가정은 하느님의 뜻입니다. 행복한 가정은 가족 모두의 사명입니다. 가정의 주체인 부부 사이의 섬김, 부모에 대한 공경과 효도, 그리고 자녀에 대한 너그러운 사랑과 격려가 있어야 행복한 가정을 이룰 수 있습니다. 물론 조손祖孫 가정, 한부모자녀 가정, 혹은 소년소녀 가정일지라도 서로 배려하고 존중하는 가운데 이해와 지지, 사랑과 격려가 있다면 얼마든지 행복한 가정을 이룰 수 있습니다.

가정에는 자손들에게 물려주어도 될 긍정적인 영적 대물림의 유산인 '행복한 가정문화'가 있어야 합니다. 온 가족이 서로 사랑하고 존경하며 효를 실천하면서 사는 행복한 가정, 온 집안이 하느님을 예배하고 주님의 말씀을 중심으로 여기며 사는 믿음의 가정, 그리고 주님이 주신 축복과 사랑으로 어려운 이웃을 돕고 섬기며 사는 가정이 행복한 가정의 영적 유산입니다.

행복한 가정은 저절로 이루어지지 않습니다. 그 길은 올바른 부모, 행복한 부부, 효도하는 자녀가 되는 데 있습니다. 날마다 마음을 새롭게 하여, 화목과 사랑과 웃음이 넘치는 행복한 가정, 이 땅에 거하는 작은 천국을 가꾸어가는 행복 가정의 주인공이 되기를 기도합니다.

부활 신앙은
사랑의 삶을 사는 것

　많은 사람들이 5월은 신록의 달이라고 합니다. 온 들판은 형형색색의 아름다운 꽃으로 가득하고, 나무는 나무마다 신록 위에 생명의 기운이 충만합니다. 생명의 신비 가득한 5월은, 신앙인에게는 신비의 달이라 부르는 게 더 어울릴지 모릅니다. 인간사 모든 게 신비 아닌 게 없지만, 생명이 약동하는 5월은 분명 신비의 달입니다.

　생명의 신비 가득한 봄에 또 다른 우주적 신비인 예수 그리스도의 부활을 맞이하는 것 역시 하느님의 신비입니다. 부활에 관한 성경의 말씀을 읽고 묵상하지만, 해마다 봄과 함께 시작되는 사순 절기를 맞이하여 대재大齋 기간 내내 고행을 통하여 부활절을 맞이하지만, 부활은 언제나 신비입니다. 참 삶이 무엇인지 삶도 제대로 모르는 주제에, '죽음의 죽음'인 주님의 부활을 아무리 설명해 주어도, 설명해 주는 '이 사람'이나 아무리 들어도 도무지 머리에 이해가 되지 않는 '그 사람'이나 답답하기는 매한가지입니다. 그래서 부활의 신비는 언제나 그 신비를 알듯 말듯 합니다. 알면 모르고, 모르면 압니다. 보면 안 보이고, 안 보면 보입니다. 말하면 안 들리고, 침묵하면 들립니다. 육체의 감각에 의지하여 보고 믿으려면 안 믿어지고, 육체의 감각을 떠나 안 보고 믿으면 믿어집니다.(요한 20:29)

그러므로 부활의 신비에 대한 과학적 설명보다는—부활에 대한 지적 동의는 인간의 지적 영역 너머 신비의 영역에 맡겨 놓고—지금 여기서 부활의 의미와 부활 신앙의 실천에 대하여 살펴보고자 합니다.

부연하지만 부활을 머리로 이해한다는 것은 참으로 어렵습니다. 주님의 제자들조차 예수님께서 살아 계실 때에 부활에 대하여 여러 번 말씀하셨지만, 막상 주님이 십자가에 달려 돌아가시니 아무도 부활에 대한 기대를 하지 않았습니다. 처음에는 주님이 부활하셨다는 사실을 받아들이지 못했습니다. 그들은 주님의 부활을 믿을 수가 없었습니다. 더 정확히 말하면 한 번 죽은 사람은 다시 살아날 수 없다는 확고부동確固不動한 자신들의 고정관념과 세상의 경험적 사실들을 버릴 수 없었습니다. 그래서 자신들 앞에 나타나신 부활하신 주님을 보고도 단번에 알아보지 못했던 것입니다.

오늘날에도 주님의 객관적 부활에 대하여 제자들처럼 유보적 태도를 보이는 그리스도인들을 볼 수 있습니다. 이것은 교리를 들이대고 강압하면서 지금 당장 머리로 이해하고 믿으라고 할 수 없는 일이며, 부활의 신비와 성령의 인도에 남겨 두어야 합니다. 성숙한 그리스도인이라면 세상 사람들처럼 아직도 주님께서 부활하셨다는 부활의 사실성이나 부활의 객관적 진위眞僞 여부에 대한 의문에서 벗어나야 합니다. 부활의 진정성에 대한 물음이 아니라, 이 시대 우리 사회 속에서 부활의 의미意味를 물어야 합니다. 나아가 오늘 여기서 어떻게 '부활의 증인'으로 살아야 할지 '부활 신앙인의 삶'에 대하여 질문해야 합니다.

어떻게 사는 것이 부활 신앙인의 모습일까요?

부활하신 주님께서 세 번째 나타나시어 티베리아 호숫가에서 제자들 특히 베드로와 나눈 대화는(요한 21:1-19) 부활 신앙인의 모습과 관련하여 실마리를 제공해 줍니다.

주님은 주님의 부활을 보고도 믿지 않고 그래서 '사람을 낚으러, 즉 복음을 전하여 영혼을 구하러' 가지 않고, 다시 이전의 생업인 어부가 되어 고기를 잡으러 '옛 생활로 돌아간' 제자들을 찾아가십니다. 부활하신 주님은 제자들이 잡아 온 생선으로 함께 아침을 드십니다. 다시 부활의 확실성을 온 몸으로 보여 주신 것입니다. 이어 예수님께서는 베드로에게 매우 중요한 질문을 하십니다. "요한의 아들 시몬아 네가 나를 사랑하느냐?" 주님은 같은 질문을 세 번이나 하신 후 "내 양들을 잘 돌보라" 하시며 제자들에게 주님의 양들을 돌보라는 사명을 주셨습니다. 주님의 부활을 의심하고 믿지 못하는 제자들을, 주님께서 다시 나타나시어 부활 신앙의 길로 이끌어 내셨다는 게 성경이 말하고자 하는 내용입니다.

제자들의 마음에 어떻게 부활 신앙이 자리 잡게 되었는지 살펴보고자 합니다.

먼저 부활 신앙은 곧 새로운 삶으로의 변화입니다.
부활하신 주님을 만난 베드로는 주님의 양을 돌볼 '사랑의 사명'을 받은 부활 신앙인으로 변화되었습니다. 성경이 말씀하는 부활 신앙은 지적 이해나, 동의의 차원을 훨씬 넘어섭니다. 부활 신앙은 지적 이해를 넘어, 삶의 방식 자체가 전적으로 새로운 삶으로 변화되는 것을 의미합니다. 신앙의 차원에서 '죽은 사람이 다시 살아났음을 객관적으로 설명하고 증명하는' 부활의 기적에 대한 객관적 논증은 사실 큰 의미가 없습니다.

오히려 그보다는 오늘 '나'와 '너'가 우주 안에 함께 존재하고 있음이 훨씬 더 설명하기 어려운 신비요 기적입니다. 이보다 더 객관적이며 합리적인 설명으로 증명이 불가능한 '기적'적인 일은 없습니다. 그러므로 객관적 실체나 증명에 집착하는 것은 신앙의 길에 항상 요청되는 것은 아닙니다. 신앙의 신비는 이성과 객관은 물론 그것을 넘어선 초이성과 초객관을 통하여 만날 수 있습니다. 그렇기 때문에 신앙은 때로 '모름'이요 '알 수 없음'(不可知)입니다. 신앙은 때로 보이지 않음을 봄이요, 들리지 않음을 들음이요, 믿을 수 없음을 믿는 것입니다.

　부활하신 주님을 만나 '주님의 부활을 목격하고 체험한' 베드로는 새로운 사람으로 변화되었습니다. 예수께서 십자가를 지면 안 된다고 맞서던 사람이 스스로 십자가를 지는 사람으로 변합니다. 원하지 않는 곳으로 끌려가면서까지 주님의 부활을 증거하는 사람으로 바뀝니다. 죽음이 두려워 주님을 모른다고 주님을 부인하던 사람이 죽음이 기다리더라도 주님의 양떼를 섬기는 사람이 되겠다고 다짐합니다. 그는 예수님의 부활을 통하여 진리는 죽지 않음을, 사랑은 죽음이 없음을, 십자가의 삶이 죽음이 아님을 깨달은 것입니다. 그는 주님의 부활을 통하여 인간 세상의 가장 큰 두려움이요 절망이었던 '죽음의 죽음'을 보았던 것입니다. 부활은 곧 '죽음 권세'의 '죽음'입니다. 죽음의 죽음이 부활이요 영생입니다. 이러한 부활 신앙에서 일어난 체험이 그를 전적으로 변화시킨 것입니다. 더 이상 그에게 죽음은 죽음이 아니었습니다.

　주님의 부활을 믿는 부활 신앙은 논리적 언어로 설명하기 어렵습니다. 그러나 부활 신앙은 죽음도 두려워하지 않으며, 진리와 사랑의 영원함을 믿는 '삶의 변화'로 나타납니다. 부활하신 주님은 변화의 근원이십니다. 부활하신 주님의 말씀은 변화의 능력입니다. 누구든지 부활하신 주님의 진리의 말씀 안에서, 사랑의 말씀 안에서, 생명의 말씀 안에서 변화될 수 있습니다. 더 건강해지고, 더 성숙해지고, 더 선해지고, 더 사랑으로 충만하며, 더 평화의 사람으로 변화될 수 있습니다.

다음으로 부활 신앙은 곧 오늘 여기서 사랑의 사람으로 사는 것입니다.

부활하신 주님은 베드로에게 세 번이나 "네가 나를 사랑하느냐?" (요한 21:15, 16, 17) 하고 물으십니다. 참으로 중요한 질문입니다. 우리는 살아가면서 많은 질문을 하며 삽니다. 끊임없이 왜? 언제? 어떻게? 라는 질문을 하며 삽니다. 그러나 사실 일상의 삶 속에서 주고받는 질문의 대부분은 그리 중요하지 않은 경우가 많습니다. '어디 가요?', '밥 먹었니?', '언제와요?', '어디로 가나요?' 등등. 거기다가 질문의 대부분은 상대방을 배려하거나 상대방의 마음을 묻는 것보다는 대개가 나에게 필요한 정보를 묻는 것을 습관적으로 하게 됩니다. 질문을 할 때에도 '마음과 관심을 얹음' 없이 건성으로 하고, 대답 역시 '마음과 관심이 실리지 않은' 지극히 의례적이며 형식적인 대답을 할 때가 많습니다.

그러나 부모, 가족, 형제자매, 나라와 민족, 절대자 하느님 앞에서 우리가 물어야 할 질문이 있습니다. 또한 물음에 마음을 실어 진지하게 응답해야 할 대답이 있습니다. 그것은 곧 사랑에 대한 질문이요 사랑에 대한 대답입니다. 나는 진정 부모님을 사랑하는가, 나는 진정 아내(남편)와 자녀를 사랑하는가, 나는 주님을 사랑하는가? 이 질문에 대하여 마음을 담은 정직한 대답이 우리가 맺고 있는 관계의 진실성을 결정합니다. 사랑에 대한 질문이야말로 우리가 물어야 할 가장 근원적인 질문입니다.

"네가 나를 정말 사랑하느냐?"

부활하신 주님께서는 베드로에게 다른 것을 묻지 않으시고 오직 사랑에 대한 질문을, 그것도 세 번이나 같은 질문을 하셨습니다. 이 질문은 주님께서 오늘 우리에게 물으시는 것이기도 합니다. 주님께서 물으시는 사랑의 질문 앞에 정직하고 분명하게 답할 수 있어야 합니다. 사랑의 질문 앞에 정직하면 모든 것에 정직합니다. 아내를 사랑합니까? 남편을 사랑합니까? 부모를 사랑합니까? 자녀를 사랑합니까? 자신을 사랑합니까? 나의 직업을 사랑합니까? 교회를 사랑합니까? 사랑의 질문 앞에 정직하고 분명하게 대답할 수 있다면 그 사람은 진실하며 행복한 사람입니다.

왜 주님께서는 사랑에 대하여 물으셨을까요?

사랑이 모든 것의 시작이요 완성이기 때문입니다. 오늘날 많은 그리스도인들이 신앙생활 하면 먼저 축복을 떠올립니다. 하느님에게 받을 신체적·물질적 은총을 먼저 떠올립니다. 잘못되었다고 볼 수 없지만, 또한 바람직한 자세라고도 할 수 없습니다. 먼저 축복만을 생각하는 신앙이라면 달콤한 음료수에 빨대를 꽂고 음료수를 빨아 먹는 어린이와 같은 모습일 것입니다.

성숙한 신앙은 먼저 하느님을 사랑하는 믿음입니다. 오늘날 많은 사람들이 축복받기를 원하지만 무엇보다 중요한 것은, 더 먼저 있어야 할 것은 '주님을 사랑하는 것'입니다. 우리가 지금 가장 좋아하는 '그 무엇보다' 더 주님을 사랑해야 합니다. 인간적인 계산도 버려야 합니다. 계산하는 사랑은 변질된 사랑입니다. 사실 진정한 사랑은 받기보다는 주는 것을 더 좋아하는 사랑입니다. 성 어거스틴 교부는 사랑에 대하여 이렇게 말씀했습니다. "하느님을 사랑하십시오. 그 다음에는 아무 일이나 하십시오." 사랑의 온전성, 사랑의 순수성, 사랑의 거룩성에 대한 깨달음을 주는 말씀입니다.

끝으로 사랑이 모든 것의 시작입니다.

주님께서는 베드로에게 양들을 잘 돌보라는 사명을 주시기 전에 사랑에 대하여 질문하셨습니다. 주님의 양을 돌보기에 합당한 지식 여부도, 자격 여부도 묻지도 않으셨습니다. 오직 사랑을 물으셨습니다. 그것은 앞에서 말씀드린 바와 같이 사랑이 모든 것의 시작이기 때문입니다.

사랑이 모든 것의 시작입니다. 개미나 나비 같은 동물을 연구하는 곤충 학자들을 보면 그 풍부한 지식에 놀랍니다. 정말 개미나 나비에 대하여 모르는 게 없습니다. 그 많은 지식이 어디서 왔을까요? 대부분은 좋아함, 즉 사랑에서 옵니다. 대개는 개미나 나비를 좋아하고 그래서 자주 들여다보고 책을 통하여 연구하다 보니 많은 것을 알게 됩니다. 많은 것을 알게 되니 더 좋아하게 되고, 그러다 보니 전문가가 되었다고 합니다. 곤충을 좋아하고 사랑하는 마음이 곤충 전문가의 해박하고 전문적인 지식의 시작입니다. 사랑에서 앎이 나옵니다. 그리고 앎이 사랑을 더욱 깊게 합니다.

자녀 '사랑'에서 부모의 수고와 헌신이 나옵니다. 교회와 교우 '사랑'에서 섬김과 헌신이 나옵니다. 임진왜란 당시 조선의 강토와 백성을 사랑하는 '사랑'에서 이순신 장군의 백의종군白衣從軍이라는 정치적 모욕을 감수하면서까지 자신을 내놓는 살신성인殺身成仁의 충성이 나옵니다. 일제 식민지 시대 민족과 나라 '사랑'에서 나라를 구하려는 독립운동이 나옵니다. 오늘 이 시대 형제 '사랑'에서 나눔이 나오고, 환경오염 속에서 신음하는 풀과 나무와 물고기를 이웃이요 형제로 여기는 '사랑'의 마음에서 환경운동이 나옵니다.

사랑은 또한 모든 것의 샘(泉)이요 근원입니다.
이 시대 부활의 신비와 진리를 믿은 그리스도인으로서 주님으로부터 사명받기를 원하십니까? 교회와 세상 속에서 주님의 일꾼으로 쓰임받기를 원하십니까? 먼저 사랑의 사람이 되십시오. 자신을, 이웃과 형제를, 세상을, 하느님을 진심으로 사랑하는 사람이 되십시오. 반드시 하느님께서 생명을 살리고 평화를 세우는 일에 사용하여 주실 것입니다.

부활의 증인은 사랑의 사람입니다. 그것은 사랑이 곧 부활의 샘이기 때문입니다. 사랑에서 부활이 나온 것입니다. 예수께서 이 세상에 오심도 하느님의 사랑이요(요한 3:16), 주님의 복음 선포와 기적과 십자가에 달려 죽기까지 순종도 세상의 모든 사람을 향한 주님의 사랑이요, 참 사람의 모습으로 죽임을 당한 예수님을 죽음의 권세에서 다시 일으키심도 하느님의 사랑입니다. 부활의 기적은 사랑에서 나온 것입니다. 부활의 처음과 나중은 사랑입니다. 부활의 진정한 의미도 하느님의 사랑입니다. 사랑 없이는 세상의 아무것도 이룰 수 없고, 또한 사랑 없이는 아무것도 아니며(1고린 13:2), 사랑이 담겨 있지 않은 인간의 노력이나 성취는 아무 소용이 없습니다.(1고린 13:3)

모든 선하며 아름다운 일은 사랑에서 시작됩니다.

또한 사랑의 동기에서 시작해야 어려움 속에서도 그 일을 계속할 수 있습니다. 주님께서 사랑을 물어보신 이후에 "내 양을 돌보아라" 하는 사명을 주신 것도 이 때문입니다. 사랑 없이는 부활의 증인으로 살아갈 수 없습니다. 그러므로 진리와 사랑의 인생, 결코 죽음이 없음을 깨달은 부활 신앙은, 주님처럼 오늘 여기서 진리와 사랑의 삶을 사는 것입니다. 다시 말해 부활 신앙이란 우리가 깨달은 '영원한 생명의 진리'를 이웃에게 나누어 주고(feed), 우리가 받은 주님의 사랑으로 이웃의 삶을 돌보고(take care of), 우리의 모든 것을 들여 세상을 섬기는(serve) 사랑의 삶입니다.

"네가 나를 사랑하느냐?"

부활하신 주님의 이 물음은 부활의 진정한 의미가 사랑임을 아느냐는 질문입니다. 주님의 부활을 보고 확신한 사람은 사랑의 사람으로 살라는 말씀입니다. 하느님 사랑에서 세상을 향한 사랑과 섬김, 사명과 비전을 위한 용기와 헌신이 나옵니다. 부활하신 주님을 통하여 말씀하시는 것은 진리와 사랑의 인생은 결코 죽음이 없다는 것입니다. 사랑의 삶이 곧 부활 신앙이요, 부활 신앙이 곧 사랑의 삶입니다. 길이요 진리요 생명이신 주님을 사랑하는 사랑의 삶이 곧 죽음이 없는, 죽음의 권세를 초월한 영원한 생명을 사는 부활의 삶입니다.

II / 생명의 양식(밥)
한 그릇에 대한 묵상

진정한 리더십은
'다름'에서 옵니다

요즘 우리 사회에 '리더십leadership'이라는 말이 제법 많이 사용됩니다.

리더십은 경영이나 자기개발을 주제로 하는 책이나 각종 강연 주제로 매우 자주 사용되는 용어입니다. 리더십이란 우리말로 무리를 다스리거나 이끌어 가는 지도자로서의 능력을 말하며 '지도력'이나 '통솔력'과 같은 의미로 사용됩니다. 많은 사람들은 유능한 리더가 되기를 원합니다. 그러나 유능한 리더가 되는 것보다 더 중요한 건 리더가 되려는 바른 '동기'를 지니는 것입니다. 일반 사회는 물론 교회에서도 그러합니다. 요즘 올바른 지도자들을 찾아보기 어려운 우리 사회와 한국 교회의 단면들은 올바른 리더leader 즉 올바른 리더십이 얼마나 중요한지를 보여줍니다.

리더가 중요한 이유는 대개 리더가 그 사회나 공동체의 표준이나 기준이 되기 때문입니다. 그런 면에서 리더는 조직의 거울이라고 할 수 있습니다. 대개 사람들은 자신들의 사고방식, 행동방식을 결정하는 데 은연중 리더에게 영향을 받는다고 합니다. 내가 어느 정도 헌신해야 하는지, 얼마나 노력해야 하는지, 어느 정도 정직해야 하는지 등을 그 공동체 리더의 모습에 비추어 결정한다고 합니다. 그러므로 교회나 일반 공동체의 리더는 자신은 물론 다른 사람의 삶의 태도나 믿음에 지대한 영향을 주게 됩니다. 리더가 리더십에 대한 깊은 성찰을 해야 하고 올바른 리더십을 발휘해야 할 이유가 여기에 있습니다.

본래 교회 리더십의 본질은 '섬김'입니다.

성경에 나오는 최초의 섬기는 사람 즉 리더는 아담입니다. 하느님은 그에게 동산을 돌보는 일을 맡겨 주셨습니다.(창세 2:15) 출애굽의 지도자 모세와 아론 그리고 모세를 도와 하느님 백성 1천 명을 섬기는 사람, 1백 명을 섬기는 사람, 오십 명을 섬기는 사람, 열 명을 섬기는 사람도 리더입니다.(출애굽 18:21) 구약성경에 나오는 왕도 리더요, 예언자도 리더이며, 주님으로부터 부름받은 사도들도 리더입니다. 초대교회의 감독(주교), 원로(사제, 장로), 보조자(부제, 집사), 교사, 예언자 등도 모두 리더입니다. 오늘날 교회에서 직분을 맡은 모든 사람들 역시 리더입니다.

그러나 그 직분, 즉 리더의 자리는 교회의 머리되시는 주님의 몸된 교회공동체를 섬기기 위한 자리입니다. 교회의 모든 리더십은 섬김에 그 목적이 있습니다. 이는 오늘날 부제副祭 혹은 집사執事로 번역되는 신약성서의 '디아코노스' 혹은 '오이코노모스'의 의미를 살펴보아도 알 수 있습니다. 그 의미는 하인, 섬기는 자, 사역자, 심부름하는 사람이라는 뜻을 담고 있습니다. 영어로는 스튜어드steward의 의미를 담고 있지요. 이러한 섬기는 일꾼의 개념에 가까운 우리말 가운데 청지기라는 말이 있습니다. 예전에 주인을 대신하여 큰 집의 가사를 돌보는 사람을 집사, 혹은 청지기라 했습니다. 그러므로 하느님을 대신하여 세상과 교회의 일을 돌보는 사람을 교회의 청지기라고 할 수 있을 것입니다. 교회 리더십의 목적은 분명 섬김에 있습니다. 우리는 가장 완벽하고 충성된 섬김의 모범을 예수님에게서 볼 수 있습니다. 예수께서는 이 세상에 심부름하는 사람으로, 섬기는 사람으로 오셨다고 말씀하십니다.(루가 22:27)

직분을 맡은 리더는 교회공동체를 섬기는 사람이요, 리더십의 본질은 섬김입니다. 그럼에도 불구하고 많은 교회 지도자들이나 사회 지도자들이 거룩한 리더십의 개념을 '자기의 꿈이나 비전이나 야망을 실현하는 것'이나, '자기 확신을 뚝심 있게 독선적으로 관철시켜 가는 것'으로 오해하고 있어서 안타깝습니다. 모두 섬김과는 전혀 거리가 먼 잘못된 리더십에 대한 생각들입니다.

우리 모두는 하느님이 세우신 리더입니다.
주님의 몸인 교회의 모든 직분은 하느님으로부터 온 것입니다. 바울로 사도는 자신의 사도직 직분이 주님으로부터 온 것임을 분명히 고백합니다.(로마 1:5-6; 1디모 1:12) 넓은 의미로 보면 주님의 성령이 거하는 우리의 몸도 성령이 거하는 거룩한 성전이요(1고린 3:16, 6:19) 교회입니다. 그러므로 성령이 거하는 자신의 몸과 자신의 가정을 돌보는 사명을 받은 우리 역시 하느님께서 세워 주신 리더입니다. 리더는 맡겨 주신 것을 잘 돌봐야 합니다.

우리가 돌봐야 할 것은 적지 않습니다.

먼저 몸을 돌봐야 합니다.

몸을 건강하게 하고, 깨끗하게 하고, 정결하게 하고, 바르게 해야 하고, 거룩하게 해야 합니다. 성경은 우리 자신, 즉 우리 몸을 하느님께서 기뻐하시면서 받으실 거룩한 산 제물로 드리라고 말씀합니다.(로마 12:1) 그러므로 날마다 말씀과 성령 안에서 마음을 새롭게 하고, 경건한 생활에 힘을 기울이는(1디모 4:7) 자기 수행修行의 삶을 살아야 합니다.

다음으로 시간을 돌봐야 합니다.

하느님은 모든 사람에게 하루에 24시간이라는 시간 분량을 주셨습니다. 하느님은 이 땅에서 두세 번을 살 수 있는 이생二生이나 삼생三生이 아니라 단 한 번 사는 일생一生만을 허락해 주셨습니다. 그러므로 시간은 매우 소중하고 중요하게 돌봐야 할 인생의 크고 큰 자산입니다. 그렇기에 시간을 선하고 바른 일에 사용해야 합니다.

소중하게 사용해야 합니다. 아껴 써야 합니다. 감사한 마음으로 써야 합니다. 시간 약속을 잘 지킴으로 다른 사람의 소중한 시간을 빼앗지 말아야 합니다. 하느님을 위한 일, 거룩한 일에 사용해야 합니다. 예배, 말씀 묵상, 기도, 봉사, 섬김, 나눔, 교우 간의 친교, 정의와 평화를 세우는 일 등에 시간을 사용해야 합니다. 이것이 시간의 십의 일을 하느님께 돌려 드리는 거룩한 시간의 십일조十一租 예물입니다. 지나간 시간은 절대 다시 되돌아오지 않습니다. 한번 흘러가면 그만입니다. 그러므로 그리스도인들은 허락하신 시간의 소중함을 알아 그 날수를 제대로 헤아리는 지혜를(시편 90:12) 얻어야 합니다.

끝으로 물질 즉 자산資産을 돌봐야 합니다.

물질에 대하여 알아야 할 것은 그 소유권이 어디 있느냐 하는 것입니다. 진정한 그리스도인에게는 도무지 '내 것'이 없습니다. 이 말은 소유권이 없다는 말입니다. 세상에 내 것은 하나도 없습니다. 진정한 내 것이란 내 마음대로 주장할 수 있는 것인데, 사실 내 마음대로 주장할 수 있는 게 없습니다. 우리는 머리카락 하나도 내 마음대로 할 수 없습니다. 나이가 들어 찾아오는 백발을 막을 수 없습니다. 있다면 염색을 하여 잠시 가릴 뿐입니다. 자녀도 내 마음대로 할 수 없으며, 심지어 내 몸도, 내 마음도 내 마음대로 하기가 어렵습니다. 하늘 아래 내 것은 없습니다. 지금 내가 지니고 있는 것은 내 것이 아니요, 하느님께서 나에게 맡겨 주신 것입니다. 지금 내가 사용하는 것은 세상에서 잠시 빌려 쓰는 것입니다. 그러므로 물질이나 소유에 대한 끝없는 집착을 내려놓아야 합니다. 썩어 없어질 내 몸이나 체면이나 명예를 위하여 모든 것을 사용하려는 욕심을 내려놓아야 합니다. 다만 나에게 맡겨 주신 물질, 사회적 지위, 달란트 등을 일정 기간 사용하고 관리할 관리권은 나에게 있습니다. 우리는 다만 청지기입니다. 그러므로 선한 청지기가 되어 지금 나에게 맡겨 주신 것을 가지고 바르고(正), 옳고(義), 선하고(善), 거룩하게(聖) 사용하고 나누고 섬겨야 합니다.

리더는 리더십에 필요한 덕목을 지녀야 합니다.

교회공동체는 물론 일반 사회에서 '누가' 리더가 되는가보다 중요한 것은, '어떤 사람'이 리더가 되어야 하는가입니다. 다시 말해 리더가 되기에 합당한 사람 즉 리더에게 요구되는 리더의 덕목을 두루 갖춘 사람이 리더가 되는 것이 중요합니다.

19세기 말부터 미국과 유럽에서 경영학이나 군사학, 사회과학 분야에서 리더십에 대한 연구가 활발히 진행되었고, 그 이후 교회에도 리더십 개념이 들어왔습니다.

리더십에 대한 다양한 정의들이 있습니다. "리더십은 다른 사람과 함께 공동의 목표를 향하여 앞으로 나아가는 것이다." "리더십은 옳은 일을 하는 것이다." "리더십은 커뮤니케이션이다." "리더십은 조직을 만들고 유지하는 것이다." "리더십은 하느님으로부터 받은 소명을 함께 나누는 것이다." "리더십은 사람을 섬기는 것이다." "리더십은 변화를 통하여 조직의 목적을 성취해 가는 리더와 구성원 간의 영향력 과정이다."

방금 언급한 리더십을 정의한 문구에서 공통적으로 들어간 개념을 찾아보면 대략 다섯 가지로 요약할 수 있습니다. 그 다섯 가지는 영향력影響力, 목표目標 혹은 비전vision, 커뮤니케이션 혹은 소통의 능력, 상황狀況, 변화變化입니다. 결국 리더십은 영향력이라는 것이며, 상호 커뮤니케이션을 통하여 공동체의 목표나 비전을 실현하는 과정을 통해 공동체에 변화를 가져오는 것을 의미합니다.

그러므로 교회를 섬기는 리더는 리더십에 대한 올바른 이해를 통하여, 교회공동체의 리더십을 세워 나가야 합니다. 리더십은 결코 독불장군이나 고집, 독선이나 자기 확신이 아닙니다. 자기의 의지와 자기 방식을 고집하여 주위의 반대와 난관을 무릎 쓰고 비난이나 분열을 감수하면서 의지를 실현시키는 것은 더더욱 아닙니다. 진정한 리더십은 공동체 전체가 함께 새로운 공동체의 비전을 성취해 가는 것입니다.

《논어論語》를 보면 균형 잡힌 리더의 덕목을 일깨워 주는 내용이 나옵니다. 공자께서는 네 가지 태도를 취하지 않으시며 경계하셨는데 이를 절사絶四 혹은 4무四無라고 합니다. 사무란 곧 '무의無意', '무필無必', '무고無固', '무아無我' 입니다.(논어, 자한편) 무의란 자신의 주관만으로 억측하지 않는 것이요, 무필은 자신의 생각을 무리하게 관철시키려고 하지 않는 것이요, 무고란 하나의 의견이나 판단에 집착하지 않는 것이요, 무아는 다른 사람의 의견과 형편도 함께 고려하는 것을 의미합니다.

진정한 리더십은 '다름'에서 옵니다. 이것이 제가 강조해서 말하려는 내용입니다. 리더십이 '다름'에서 온다고 하면 혹 갸우뚱하는 사람도 있을 것입니다. 리더십에 소통疏通이 절대적으로 필요하고, 리더십이 함께 공동의 목표를 만들고 이를 실현시켜 가는 과정일지라도 궁극적으로 '더 낳은 것, 더 새로운 것, 더 높은 가치'를 지향하는 리더는 분명 '다름' 있어야 합니다. 다른 사람이나, 과거의 방식이나, 과거의 패러다임과 다르지 않고는 즉 '다름'이 없고는 결코 함께 '새로운 비전'을 담아내는 리더십이 나올 수 없습니다.

리더십은 '다름'에서 옵니다. 예수님은 제자들에게 세상 사람들의 가치관과 달라야 한다고 하시며 '다름'을 요구하셨습니다.(루가 22:26) 그래서 하신 말씀이 "너희는 그래서는 안 된다"라는 말씀입니다. 달라야 합니다. 달라야 달라지고 새로워집니다.

세상에서는 자신이나 조직의 성공을 위하여 때로 수직적垂直的 리더십이 중요하지만, 교회에서는 전적으로 수평적水平的 리더십이 중요합니다. 교회 안에 위계질서가 있다면 이는 성경적이 아닙니다. 교회는 주님 안에서 모두 하나요, 높고 낮음이 없는 수평적 공동체여야 합니다. 이것이 교회 리더십이 세상의 리더십과 다른 면입니다. 수평적 리더십을 다른 말로 파트너십partnership이라 할 수 있습니다. 그런데 이 교회의 수평적 리더십은 '다름' 속에서, '다양함' 속에서 일치와 통합을 추구합니다. 수평적 리더십은 수직적 리더십 이상으로 운영해 가기가 힘이 듭니다.

교회의 리더십은 '다름'을 잘 수용해야 합니다. 교회뿐 아니라 세상에서도 '다름'을 이해하고 인정하고 수용하는 것이 매우 중요합니다. 자연 세계를 보면 '다름'에서 세상을 움직이는 모든 에너지가 나옵니다. 다름에서 오는 '차이差異'가 있어야 물질이 움직입니다. 기압氣壓의 차이가 있어야 바람이 움직이고, 온도의 차이가 있어야 바닷물이 움직입니다. 다름 혹은 차이에서 나오는 움직임은 곧 모두를 살리는 역동적 에너지를 일으키게 됩니다.

종교 즉 신앙의 영적인 세계도 그렇습니다. '다름'을 수용할 줄 알아야 합니다. 세속과 구별되는 '다름'이 있어야 합니다. 영적 리더십은 다름에서 옵니다. 예수 그리스도께서 오시기 직전 하느님 나라를 준비하라고 선포한 세례 요한의 리더십은 분명 당시의 다른 예언자들과 달랐습니다. 심지어 옷차림도 달랐고, 먹은 음식도 달랐고, 선포하는 메시지도 달랐습니다. 젖과 꿀이 흐르는 땅을 미리 가서 살펴보고 온 여호수아와 갈렙도 나머지 열 사람과 달랐습니다.(민수 14장) 사물을 보는 관점이 달랐고, 사용하는 언어가 달랐고, 하느님 앞에서 태도가 달랐습니다.

어머니와 아버지가 집에서 자녀들에게 자연스럽게 가정의 리더로 받아들이는 것도 '다름'에 있습니다. 집의 일들을 바라보는 입장과 태도와 생각이 부모는 자녀와 다릅니다. 자녀들이 전혀 혹은 미처 생각지 못하는 측면을 부모는 봅니다. 부모의 생각은 어린 자녀의 생각보다 깊고 넓고 높습니다. 이것이 다름이요, 이 '다름'이 있어야 부모는 자녀에게 내적으로 존중받고, 가정 살림을 잘 이끌어 갈 수 있습니다.

교회공동체의 리더들도 '다름'이 있어야 합니다. 일반 교우들과 비교하여 믿음, 헌신, 생각, 교회 일에 대한 참여도, 교회를 향한 애정과 열정, 교회의 비전이 달라야 한다. 긍정적인 면에서 무언가 '다름'이 있어야 합니다. 하다못해 새벽기도 혹은 아침성찬례라도 한 번 더 나오는 '다름'이 있어야 합니다. 교회의 리더는 다른 사람이 보지 못하는 새로운 '다른 것'을 보아야 합니다. 그리고 소통을 통하여 그 다른 것, 즉 비전을 나누어야 합니다. 비전을 추구하는 삶도 달라야 합니다. 더 따듯하고, 더 관대하고, 더 수용적이고, 더 맑고, 더 헌신하고, 더 온유하고, 더 경건하게 살아야 합니다.

세상의 가치관과 다른 가치관을 보아야 합니다. 세상의 가치인 소유, 성공, 출세, 물질에 바탕을 둔 현 시대의 시대정신과 다른 하느님 나라의 가치를 보아야 합니다. 주님은 "너희는 이 시대를 본받지 말라"(로마 12:2)고 하셨습니다. 교회의 리더가 세상과 '다름' 즉 '차이'가 없으면 맛을 잃은 소금입니다. 세상에 짓밟혀 버려집니다. 교회공동체 또한 세상 조직과 '다름'이 없으면 죽습니다. 세상과 다른 하느님 나라를 추구하는 교회가 정작 세상과 '다름' 즉 '차이'가 없다면 이것은 곧 교회의 슬픈 종말終末입니다.

"너희는 그래서는 안 된다." 주님은 '다름'을 말씀하셨습니다. 좁은 길, 생명의 길, 섬김의 길, 용서의 길을 말씀하셨고 그 길을 가셨습니다. 주님은 세상과 본질적으로 다른 '다름'을 보여 주셨는데, 그것이 곧 십자가입니다. 오늘날 한국 교회가 빛과 소금이 되려면, 세상을 바꾸는 영향력 있는 공동체가 되려면, 이 '다름'을 찾아내야 합니다.

그러면 리더를 진정한 리더로 세워 주며, 한 공동체를 새로운 공동체로 변화 시키는 '다름'은 어디서 올까요? 성경은 그 '다름'이 하늘에서 즉 하느님에게서 온다고 말씀합니다. "그것은 권세나 힘으로 될 일이 아니라 내 영을 받아야 될 일이다." (즈가리야 4:6) 사람과 교회공동체와 세상을 새로운 변화, 새로운 세상으로 이끄는 '다름'은 곧 시대와 역사 속에서 내려 주시는 '하느님의 영'을 받는 것입니다. 날마다 마음을 새롭게 하여 깊은 기도와 말씀을 통하여 '하느님의 영'을 받는 사람이 이 시대를 섬기는 진정한 일꾼이요 리더입니다.

신앙은 지금 여기서
하느님 나라의 삶을 사는 것

"왜 신앙생활을 하세요?"

조금 생뚱맞은 질문입니다. 누구에게는 너무도 당연해서 질문 같지 않은 질문이기도 할 것이고, 누구에게는 도발적인 질문으로 들리기도 할 것이고, 누구에게는 뜬금없는 질문으로도 들릴 것입니다. 그래서 서로 너털웃음으로 넘어가는 경우가 많습니다. 사실 이 질문에 간단명료하게 자신의 신앙생활 이유를 설명하기는 여간해서 쉽지 않습니다. 어느 면에서 신앙은 신비이기 때문입니다. 그래도 한번쯤은 신앙이 무엇인가, 이 시대 신앙인으로 사는 것은 어떤 의미가 있는 것인지에 대해 생각해 볼 필요는 있다고 봅니다.

하나, 신앙은 인생을 살아가는 도리_{道理}요 길이라는 것입니다.

II
생명의 양식(밥)
한 그릇에 대한 묵상

인생을 어떻게 살 것인가 하는 인생에 대한 '물음'에서 신앙이 시작된다고 봅니다. 내가 누구인가? 인생이 무엇인가, 삶이란 도대체 무엇인가? 등등 '나'에 대한 인식에서 신앙이 시작됩니다. 그리고 그 신앙의 길은 '너'에 대한 즉 절대자에 대한, 진리에 대한, '이' 세상 너머 '저' 세상에 대한 자각과 믿음으로 이어집니다. 그리고 깨달음의 인생을 살아가려는 치열한 구도적 노력에서 신앙이 완성된다고 봅니다. 즉 나에서 또는 '여기' 상대의 세상에서 시작한 신앙이, '저기' 절대의 세상 다시 말해 하느님에 대한 믿음에서 신앙이 완성된다는 말이지요.

따라서 영적인 눈으로 보면 여기서 사는 우리 일상의 모든 삶이 곧 하느님의 부르심입니다. 때로 힘들고 지칠 때가 있지요, 세상의 눈으로 보면 고생되고 힘들고 원망스럽고 고통스럽습니다. 자녀 문제, 사업 문제, 건강 문제, 또는 미운 사람 고운 사람으로부터 오는 문제로 우리는 힘들 때가 많습니다. 그래서 힘들어하고, 실족하고, 죄짓고, 심지어 자살을 하기도 합니다. 그러나 믿음의 눈으로 보면 일상에서 기쁘고 슬프고, 행복하고 괴로우며, 만남과 헤어짐으로 이루어진 세상의 모든 일상사 日常事들이 우리를 믿음으로 부르시는 신앙의 시작입니다. 사시사철 계절이 주는 신비와 자연의 아름다움과 황홀함도 신앙의 시작입니다. 그러고 보면 세상의 모든 것이 신앙의 시작입니다. 하느님은 우리를 부르지 않으신 적이 없고, 부르지 않으시는 장소가 없으며, 부르지 않으시는 사람이 없습니다. 다만 우리가 세상에 마음을 빼앗겨 듣지 못하거나 듣지 않을 뿐입니다.

하느님은 다른 사람의 아름다운 인생을 통해서도 우리를 신앙으로 부르십니다. 2009년 2월 86세로 천주교의 김수환 추기경님이 별세하였습니다. 그분은 엄격하고 소박한 사제상, 천진난만하게 미소 짓는 어린아이의 얼굴, 이웃집 아저씨의 모습 등으로 따뜻하고 친근한 인상을 주었습니다. 그분은 세상을 떠나며 유언으로 "무의미한 연명치료는 말라. 안구를 기증하라. 고맙습니다. 서로 사랑하세요!" "사랑이 머리에서 가슴으로 내려오는 데 칠십 년 걸렸다" 등의 진솔한 말을 남겼습니다. 김 추기경님이 별세하신 후 장기를 기증하려는 사람들이 급증했고 사람들은 한 인생의 삶에서 나오는 삶의 향기로 따스함을 느꼈습니다.

2010년 3월에는 불교의 법정 스님이 78세로 별세하였지요. 무소유의 삶을 실천한 그분은 정말 무소유의 유언을 했습니다. "장례식을 하지 마라. 수의도 짜지 마라. 평소 입던 무명옷을 입혀라. 관棺도 짜지 마라. 강원도 오두막의 대나무 평상 위에 내 몸을 놓고 다비茶毘해라. 사리도 찾지 마라. 남은 재는 오두막 뜰의 꽃밭에 뿌려라." "내가 금생에 저지른 허물은 생사를 넘어 참회할 것이다. 내 것이라고 하는 것이 남아 있다면 모두 맑고 향기로운 사회를 구현하는 활동에 사용하여 달라. 이제 시간과 공간을 버리겠다." 그리고 마지막 선물로 평소 아끼며 읽던 책 6권을 40년 전 신문을 배달해 주던 소년에게 전달해 달라고도 하였다지요. 맑고 단출하며 자유로운 삶을 몸소 보여 주셨습니다.

그리고 바로 얼마 뒤인 3월 26일에는 성공회 초대 한인 주교이신

이천환(바우로) 주교님께서 87세로 하느님의 부르심을 받으셨지요. 세상을 떠나시기 전 병문안을 온 후배 사제들에게 "함께했던 모든 사람들 다 보고 싶다. 고맙습니다"라는 마지막 말씀을 남기셨습니다.

세 분 모두는 각기 자기가 신앙하는 종교의 진리 안에서 바른 구도자의 일생을 사신 분들입니다. 그리고 무소유로, 겸손으로, 사랑의 실천과 용서의 삶을 통하여 아름다운 삶의 향기를 내신 분들입니다. 세상의 한 모퉁이를 밝고 아름답고 훈훈하고 향기롭게 하신 분들입니다. 참으로 성실하고 진실하게, 겸손하고 거룩하게 세상을 사셨습니다. 세 분 모두 세상에서의 생生에 대한 욕심과 집착을 내려놓았고, 죽음을 맞이하면서도 죽음이 주는 두려움과 공포에서 벗어난 분들입니다. 이게 신앙인의 모습이지요. 종교의 가르침을 따라 일생을 마감한 이러한 소박하고 따뜻한 구도자의 삶 역시 세인世人을 진리와 사랑으로 부르시는 신앙의 시작입니다.

왜 신앙생활을 할까요?

지금 세상에서 남보다 더 많이 성공하고, 출세하고, 물질적 축복을 누리려는 마음이 전부일까요? 죽은 다음에 천국 가기 위해서도 아닐 것입니다. 신앙은 사후에 천국으로 들어가기 위한 조건이 아닙니다. 예수님을 믿고 천당에 가기 위하여 신앙생활 하는 게 아니라, 예수님을 통하여 지금 여기 이 세상에서 참된 인생, 진리와 사랑을 실천하는 인생이 되기 위하여 신앙생활 하는 것입니다. 장차 갈 내세來世부터가 아니라, 바로 여기 이 세상에서부터 천국의 삶을 살기 위하여 신앙생활을 하는 것입니다. 신앙생활을 하는 까닭은 지금 여기서 참 사람으로 살기 위해서입니다. 이 세상에서 참되고, 아름답고, 의미 있게 살기 위해서입니다. 그리고 하느님께서 맺어 준 모든 인연들과 서로 사랑하고 행복하고 평화롭게 살며, 지금 여기서 하느님 나라의 영원한 생명을 누리며 살기 위해서입니다.

왜 신앙생활을 합니까?
우리가 신앙생활을 하는 또 다른 이유나 목적이 없습니다. 이 세상에서 주님과 함께 하느님을 예배하고, 진리와 사랑의 삶을 실천하며, 행복한 인생을 살고, 모든 이와 평화롭게 살며, 모든 것을 비우고 감사의 마음으로 인생을 마치는 그 자체 이외에는 아무것도 없습니다. 신앙생활의 목적은 따로 없습니다. 신앙생활이 그저 자연自然한 일이요 본래적 일이요 영원한 생명을 사는 길이기에 신앙생활을 하는 것입니다. 천국은 올바른 신앙생활을 하는 사람에게 값없이 주시는 하느님의 은혜입니다. 그러므로 누가 우리에게 왜 신앙생활을 합니까? 하고 물을 때 우리는 〈남으로 창을 내겠소〉라는 시에서 '왜 사냐건 웃지요'라고 대답한 어느 시인처럼 말없이 그저 빙긋이 웃음으로 대답합니다.

둘, 신앙생활은 곧 날마다 새로워지는 것입니다.

신앙은 지금 여기 이 세상에서 '하느님 나라'의 삶을 사는 것이라

했습니다. '하느님 나라'는 예수님께서 알려 주시고자 했던 가장 중요한 내용입니다. 예수님의 첫 말씀이 '하느님 나라'였습니다. "때가 다 되어 하느님의 나라가 다가왔다. 회개하고 이 복음을 믿어라"(마르코 1:15)로 시작합니다.

그러나 주님께서 말씀하신 하느님 나라의 삶을 살기란 쉽지 않습니다. 우리는 너무 세상에 익숙해 있기 때문입니다. 하느님보다는 세상이 먼저고, 너보다는 내가 먼저고, 영적인 것보다는 육적인 일이 먼저고, 비움보다는 채움이 먼저고, 낮아짐보다는 높아짐이 먼저입니다. 그러기에 진리의 말씀과 성령으로 거듭나지 않으면 누구도 지금 여기서 하느님 나라의 삶을 살 수 없습니다.(요한 3:5) 거듭난다는 것은 위로부터 나는 것, 성령으로 새로 나는 것, 곧 말씀과 성령으로 다시 태어나는 것을 의미합니다. 생명의 본질은 새로워지는 데 있습니다. 생명은 새로 남이요, 새로 남은 멈춤이 없습니다. 그러므로 우리는 매일 성령 안에서 새로 난 자, 거듭난 자, 중생한 자의 삶을 살아야 합니다. 매일 성령 안에서 죽고 다시 살아나야 합니다. 옛 생활을 버리고 주님과 함께 새로운 삶을 살아야 합니다. 과거의 존재 방식을 버리고 새로운 존재 방식으로 살아야 합니다. 신앙생활은 지금 여기서 위로부터 난 사람답게 '날마다 말씀과 성령으로 새롭게' 사는 삶을 의미합니다.

셋, 새로 난 사람은 곧 '하나 됨'에서 오는 '일치一致'의 삶을 살아갑니다.

신앙은 간단히 말하면 하느님의 피조물인 우리 인생이 하느님과 하나 되는 것입니다. 달리 말하면 하느님의 본질을 그대로 보여 주신, 길이요 진리요 생명이신 주님과 하나 되는 것이 신앙입니다. 하느님(절대자, 일자一者, 진리)을 만나고 그 하느님과 하나 되는 것입니다. 예수님은 성경에서 '하나 됨' 즉 일치를 매우 강조하셨습니다.

"아버지와 내가 하나인 것 같이 이 사람들도 하나가 되게 하여 주십시오."(요한 17:11)

"아버지, 이 사람들이 모두 하나가 되게 하여 주십시오."(요한 17:21, 22)

하나가 된다는 것, 일치를 이룬다는 것은 매우 중요합니다. 모든 것이 '하나 됨'에서 나옵니다. 여러분 인생을 살아오면서 언제 가장 큰 기쁨과 행복을 느꼈습니까? 기다리던 자녀를 낳았을 때, 자녀가 대학에 붙었을 때, 결혼했을 때, 새 집을 샀을 때, 아름다운 곳을 여행 했을 때 등등 많이 있을 것입니다. 그러나 깊이 생각해 보면 우리가 진정 행복을 느낄 때는 그 누구와 혹은 그 무엇과 '하나' 되었을 때입니다. 진정한 행복은 '하나 됨', 즉 일치의 경험에서 나옵니다. 남편과 아내, 부부 사이의 진정한 행복도 서로 '생각과 마음과 뜻'이 하나 되었을 때입니다. 그때 비로소 '아, 이 사람이 정말 내 남편이구나', '아, 이 사람이 정말 내 아내구나' 하면서 마음에 '하나 됨'에서 오는 진한 울림이 울립니다. 부부가 서로 진정 하나임을 체험하면 고생도, 가난도, 실패도, 걱정도, 우환도, 질병도 문제가 되지 않습니다.

　부부 사이는 물론 부모와 자녀 사이도 그렇습니다. 언제가 가장 행복하고 기쁠까요? 물론 자녀가 부모의 기대대로 잘 자라 주고 김연아 선수처럼 세계적 스타가 되면 기쁘겠지요. 그러나 그때의 그 기쁨보다 진정 기쁠 때는 부모와 자녀가 서로 하나임을 깊이 확인하는 순간입니다. 부모와 자녀가 서로 이해하고, 존중하고, 받아들이고, 사랑으로 덮어 주고, 받들고, 인정할 때 즉 하나 될 때 행복합니다. 부모와 자녀가 하나 됨에서 오는 행복과 평화의 모습은 엄마 품에서 젖을 먹다가 잠든 아이에게서 발견할 수 있습니다. 그때는 정말 엄마와 아기가 하나입니다. 이는 세상에서 찾아볼 수 있는 일치에서 오는 행복과 평화의 지극한 모습니다. 거룩하기까지 합니다. 얼마나 거룩해 보이고 평화로워 보이는지 보는 사람마저 평화롭게 합니다. 이게 바로 '하나 됨' 즉 '일치'에서 오는 행복입니다.

　그 반대로 그러면 언제가 가장 슬프고 힘들까요? 서로 하나 되지 못할 때입니다. 우리 서로 너무 다르구나, 우리 서로 하나가 아니구나, 우리 서로 남남이구나, 저 사람이 나를 속였구나 할 때입니다. 사람 사이에 서로 하나라는 일치의 마음과 신뢰가 깨졌을 때가 가장 힘들고 마음이 아픕니다.

　다시 신앙생활로 돌아옵니다. 우리와 하느님 사이도 그렇습니다. 신앙생활하면서 언제 가장 큰 기쁨을 경험합니까? 기도가 응답될 때? 물질의 축복이나 건강의 축복을 받았을 때? 물론 기쁩니다. 그러면 기도에 응답이 없으면, 기도해도 몸이 아프면 그때는 슬픈가요? 그렇지 않습니다. 기도 생활, 특별히 관상기도 오래하신 분들의 공통된 경험은 하느님의 현존을 체험할 때 그때가 가장 황홀하고 기쁘고 행복하다고 합니다. 그때가 바로 나와 하느님, 나와 진리, 나와 성령님, 나와 주님, 나와 말씀 사이에 진정한 하나 됨을 경험했을 때입니다. "내 안에 주님이, 주님 안에 내가!" 이때의 행복감은 황홀 그 자체입니다.

주님이 말씀하신 '하나 됨'은 매우 중요합니다.
내가 주님과 하나 되지 않고는, 주님을 내 안에 모시지 않고는, 내가 주님의 현존 안에 들어가지 않고는 나는 그 누구와도 하나 되지 못합니다. 모두 남이며, 모두 경쟁과 투쟁의 대상이며, 모두가 이용의 대상이며, 모두가 수단입니다. 마르틴 부버Martin Buber가 말한 것처럼 나에게는 모두가 그것(It)이 됩니다. 그러나 내 안에 주님이 오시고, 주님 안에 내가 있으면 그때 우리는 비로소 세상의 다른 사람들과 서로 '하나' 될 수 있으며, 심지어 원수와도 '하나' 될 수 있습니다. 물아일체物我一體의 마음이 여기에서 나옵니다.
나와 주님이 하나 되는 영적 일치의 체험이 중요합니다. 모두와 일치를 이루는 첫 시작은 '나와 주님이 하나구나!' 하는 영적 체험, 신비적 일치에서 출발합니다. 이것이 가장 기본적이고 가장 큰 하나의 경험, 일치의 신비입니다. 세상에 와서 이거 하나만 깨닫고 가도 태어난 보람이 있습니다. "나와 하느님이 하나이구나!" 궁극적 일치를 경험하는 이 '하나 됨'에 대한 진정한 체험이 있을 때 비로소 우리는 나와 이웃, 나와 남, 나와 직장의 동료, 나와 교회의 형제자매가 서로 하나임을 알게 됩니다. 나와 자연만물, 나와 우주가 진정 하나임을 깨닫고 지금 여기서 기쁨과 자유와 참 행복을 누릴 수 있습니다.

넷, 하나 됨에서 오는 기쁨과 행복을 맛보려면 어떻게 해야 할까요?

그 길은 내가 누구인지 '나'를 아는 데 있습니다. 나, 즉 '나의 나'인 '참나'(眞我), '성령으로 새로 난 나'를 알아야 합니다. 내가 누구인지 '나'를 모르고는 다른 사람과 하나 될 수 없습니다. 나를 아는 길은 자신의 인생에 대한 깊은 자각과 성찰에 있습니다. 나는 어디서 왔는가? 나는 왜 사는가? 죽음이란 무엇이며 죽어서는 어디로 가는가? 등등에 대하여 생각하는 것이 인생에 대한 자각이며 성찰입니다.

인생을 돌아보면 우리는 무상無常한 세상을 사는 인생임을 알 수 있습니다. 세상은 어느 하나도 변함없이 '늘 그렇게' 있는 것은 없습니다. 물질세계의 모든 것은 항상 변합니다. 흙으로 빚어진 우리의 몸 역시 영원하지 않습니다. 물질은 영원하지 않기 때문입니다. 언젠가는 흙으로 돌아갑니다. 성경은 흙에서 왔으니 흙으로 돌아가는 인생이라고 말씀합니다. 아무리 건강관리를 잘 해도 기껏해야 100

년을 전후해서 우리의 육신은 노쇠해지고 이내 세상에서 사라집니다. 그림자 같습니다. 물거품 같습니다. 우리의 몸도, 머리카락도, 시간도, 집도, 물질도, 명예도, 도대체 영원한 것은 없습니다. 성경은 이러한 인생을 아침 안개와 같다고 말씀합니다.(야고보 4:14)

그럼에도 우리는 아침 안개처럼 짧은 인생을, 미워하는 데, 죽을 힘을 다하여 경쟁하는 데, 자기 욕심 채우는 데 사용합니다. 절대 내놓지 못하겠다, 움켜쥐고 삽니다. 절대 용서할 수 없다, 미워하며 삽니다. 저 사람에게는 절대 질 수 없다, 질투하고 경쟁하며 삽니다. 잠시도 머무름이 없는 무상한 세상 속에서 우리의 삶은 미워하며 살기에는 너무 아깝고, 사랑하며 살기에도 너무 짧습니다.

그럼에도 무상한 육신에 집착하고, 미련을 두고, 욕심을 두고 삽니다. 그것이 곧 고통이요 어리석음이요 아픔입니다. 인생을 괴롭히는 탐욕과 분노와 무지의 어리석음이 여기서 나옵니다. 물거품처럼 사라질 세상의 것에 인생의 목적을 두는 사람이나, 곧 사라질 세상의 영광을 위하여 자기 목숨을 거는 사람은 참으로 어리석은 인생입니다. 성경은 이러한 인생을 가련한 인생이라고 말씀합니다. "만일 그리스도를 믿는 우리가 이 세상에만 희망을 걸고 있다면 우리는 누구보다도 가장 가련한 사람일 것입니다."(1고린 15:19)

무상한 세상을 살아가는 우리가 반드시 해야 할 일이 있습니다. 그것은 하느님께서 주신 유한한 세상, 무상의 바다 속에서 감사한 마음을 지니고 진지하고 아름답고 행복하고 거룩하게 사는 것입니다. 무상無常의 법칙을 거슬러 가면서 오래오래 살려는 장생長生에 대한 욕심을 내려놓아야 합니다. 영원할 수 없는 몸의 늙어 감을 괴로워하지 말고, 살아가면서 찾아오는 '늙어 감'을 담담하게 받아들여합니다. 불로不老의 몸부림이 아니라, 담담하게 '늙어 감'을 맞이하는 수로受老의 지혜를 터득해야 합니다.

나이 듦을 받아들이는 '수로'란 나이 먹음을 거부하지 않고 담담한 가운데 적극적으로 받아들이는 것입니다. 여기 수로의 지혜가 있습니다. 수로의 지혜란 나이가 들수록 몸과 마음을 깨끗하게 하고(clean up), 옷을 잘 입고 다니며(dress up), 참석이 필요한 집안 모임이나 크고 작은 행사에 잘 참석하며(show up), 가족들과 모든 사람들에게 마음의 문을 열고(open up), 다른 사람들의 말을 잘 들어 주고(listen up), 잔소리로 들릴 필요하지 않은 말은 가급적 참고(shut up), 노욕을 부리지 말고 웬만한 것은 포기하고(give up), 늘 즐거운 마음과 기분 좋은 얼굴을 지니려고 노력하고(cheer up), 모두를 즐겁게 하는 일과 가치 있는 일에 돈 내는 것을 즐기고(pay up), 자신의 몸과 마음의 건강을 위하여 노력하며(health up), 예배와 기도 가운데 기쁨과 감사로 하느님 나라 본향으로 불러 주실 하느님 맞을 준비를 하는(heaven up) 것입니다.

이 땅에서 무의미하게 오래 사는 장생이 아니라, 나이 듦과 노화를 거부하고 서운해 하는 삶이 아니라 단 하루를 살더라도 가치 있게 사는 참 생명을 살아야 합니다. 그것이 곧 영원한 생명(永生)을 사는 길입니다. 무상無常의 바다에 빠져 허무나 체념의 사람으로 사는 것도 옳지 않습니다. 결국 썩어 없어질 것을 구하느라 소중한 인생을 허비하지 말아야 하며, 무상한 세계 속에서 썩어 없어지지 않을 영원한 것, 즉 말씀과 진리와 영원한 생명에 우리의 모든 것을 걸어야 합니다. 그것이 믿음입니다.

모든 인생은 사랑에서 와서, 사랑 안에서 살다가, 사랑으로 되돌아갑니다.

무상한 세상을 이야기하면 그것이 곧 인생이 허무하고 무상한 것 아니냐고 여기는 사람들이 있습니다. 그렇지 않습니다. 무상한 세상과 인생무상人生無常은 다릅니다. 물질로 이루어진 세계의 법칙은 무상無常입니다. 끊임없이 생성生成과 소멸消滅이 없으면, 기운의 모임과 흩어짐 즉 집산集散이 없으면, 기운의 오고가는 순환이 없으면, 움직임과 멈춤이 없으면, 나고 죽는 생로병사生老病死가 없으면 물질세계는 존재할 수 없습니다. 무상은 그저 물질세계의 법칙일 뿐입니다. 그렇다고 무상의 법칙이 곧 인생무상을 의미하지는 않습니다. 인생은 무상할 수도 있고 무상하지 않을 수도 있습니다. 무상한 세계의 바다에 빠져서 그것이 전부인 줄 알고 살면 그 인생은 무상한 인생입니다. 그러나 무상한 세계 속에서 살면서 무상을 넘어 '오고 감이 없는, 시작도 끝도 없는, 없이 계시는' 영원하신 하느님을 바라보며 살면 그 인생은 영원한 인생입니다. 그러므로 무상한 인생과 영원한 인생의 여부는 나의 궁극적 결단 즉 나의 믿음에 달려 있습니다.

하느님 안에서, 진리 안에서, 사랑 안에서 인생은 무상하지 않습니다. 모든 인생은 하느님의 사랑에서 와서, 하느님의 사랑 안에서 살다가, 하느님의 사랑으로 되돌아갑니다. 모든 생명은 하느님의 사랑의 증거입니다. 세상에서 사랑 없이 빚어진 존재는 없습니다. 사랑 없이 태어난 인생은 없습니다. 그러므로 우리는 무상에서 오는 절망감을 넘어, 하느님의 영원한 사랑을 보아야 합니다. 무상이 주는 일시적 허무감을 넘어, 상대세계의 유한을 넘어, 영원한 하느님의 사랑을 깨달아야 합니다. 하느님과 함께하는 인생은 무상하지 않습니다.

모든 인생은 근원적 아픔과 불안 속에서 살고 있음을 알아야 합니다.

세상을 살다보면 인간의 악惡하고 추醜하고 독毒한 모습을 자주 접하게 됩니다. 기독교에서는 이것을 보통 원죄原罪 때문이라고 이야기합니다. 현대인들은 원죄라고 말하면 받아들이기 거북해 합니다. 라인홀드 니버Karl Paul Reinhold Niebuhr나 폴 틸리히Paul Johannes Tillich 같은 신학자는 원죄를 현대적 의미로 교만驕慢, hubris이라고 이해합니다. 교만은 유한한 존재로 태어난 인간이 지니는 자기중심적 관심을 말합니다. 이 근본적인 자기중심적 관심은 인간이 태어나면서 경험하는 소외疏外와 분리分離의 아픔에서 기인한다고 이야기합니다. 사람들은 출생할 때 모체로부터 분리되는 분리의 아픔으로 인하여 무의식적으로 불안해하고, 자기중심적이 되고, 소외감을 지니게 된다는 것입니다. 그리고 이러한 소외감에서 벗어나고자 자기를 채우고 확장하기 위한 욕심을 부린다고 합니다. 그러다 보니 결국 일생토록 이기적인 존재로 살게 되며, 분리적인 존재가 되어 끊임없이 남과 비교하고 경쟁하며 불안한 존재로 살아간다는 것입니다.

분리에서 오는 아픔과 불안을 그대로 마음에 가지고 있으면 일생을 분리적 존재로 살게 됩니다. 그런 사람에게는 나는 나, 부모는 부모, 세상은 세상입니다. 모두가 그것(It)이요, 남이요, 경쟁 상대입니다. 일생을 이기적이고 자기중심적이며, 자기 방어의 굴레 속에서 사는 것이지요. 도무지 이웃이 없고, 모두가 남남이요 모두가 경쟁자입니다. 그러니 여기서 나오는 모든 말은 상처 주는 말이요, 폭력이요, 부정적 언어입니다. 그런 인생은 곤고하고 피곤한 인생입니다. 근원적 아픔과 불안에서 벗어나는 길은 새로운 존재가 되는 데 있습니다.

새로 난다는 것은 물과 성령으로 우리 내면의 '분리적 아픔과 불안'을 씻어내고, 나는 본래 하느님과 하나라는 근원적 일치로 나아가는 인생을 의미합니다. 이때 비로소 내가 혼자가 아니라는 깨달음을 얻습니다. 이때 비로소 눈에 다른 사람이 들어옵니다. 부모의 고마음과 사랑이 보입니다. 나와 부모를 하나로 보게 됩니다. 누가 말하지 않아도 마음에 효심이 자라게 됩니다. 이웃이 보이고 하느님이 보이며 세상만물이 모두 하나라는 일치에서 오는 기쁨과 행복을 맛보게 됩니다.

다섯, 모두와 하나 되는 길은 사랑의 삶에 있습니다.

모두와 하나 되는 길로 두 가지를 들고자 합니다. 하나는 사랑이요, 다른 하나는 자기 비움 곧 자기 낮춤입니다.

모두와 하나 되는 첫 번째 길은 사랑에 있습니다. 사랑하지 않고는 그 누구와 절대로 하나 될 수 없습니다. 그래서 예수께서는 사랑을 강조하셨습니다. "'네 마음을 다하고 목숨을 다하고 뜻을 다하여 주님이신 너희 하느님을 사랑하라.' 이것이 가장 크고 첫째가는 계명이고, '네 이웃을 네 몸같이 사랑하라'는 둘째 계명도 이에 못지않게 중요하다. 이 두 계명이 모든 율법과 예언서의 골자이다."(마태 22:37-40)

남편을 혹은 아내를 사랑하지 않고는 절대로 부부가 진심으로 하나 될 수 없습니다. 이웃을 사랑하지 않고는 절대로 이웃과 하나 될 수 없으며, 하느님을 사랑하지 않고는 도대체 하느님과 하나 될 수 없습니다. 사랑이 나와 너를, 이곳과 저곳을, 사람과 하느님을 하나 되게 합니다. 참으로 하나 되는 길은 사랑에 있습니다.

모두와 하나 되는 두 번째 길은 자기 낮춤이요, 자기 비움이요, 자기 버림입니다. 고집스러운 사람이 자기 고집을 버리지 않고는 다른 사람과 하나 되지 못합니다. 내 주장을 양보하지 않고서는 교회의 형제자매와 하나 되지 못합니다. 자기주장, 자기 고집, 자기 방식, 자기 이익을 낮추고 내리고 버려야 진정 서로 하나 될 수 있습니다.

그러고 보면 신앙의 본질 가운데 하나가 '비움'이요 '버림'입니다. 어떤 사람들은 무엇을 얻으려고 주님 앞으로 옵니다. 제베대오의 두 아들과 어머니는 높은 자리를 얻고자 예수님 앞으로 나왔습니다.(마태 20:20) 오늘날에도 물질, 출세, 대학이나 직장 합격, 승진, 치유, 건강을 얻기 위하여 주님 앞으로 오는 사람들이 있습니다. 그럴 수 있습니다. 그러나 우리가 조금 더 성숙해지려면 주님에게서 무엇을 '얻는 것'보다, 주님 안에서 버리는 '버림'을 아는 신앙인이 되어야 합니다. 영원한 생명 이외에 모든 것은 버려야 합니다. 예수께서도 버림을 강조하셨습니다. "나를 따르려는 사람은 누구든지 자기를 버리고 제 십자가를 지고 따라야 한다."(마르코 8:34-38) 예수께서 강조하신 진리의 길은 버림에 있다는 가르침은 노자老子의 가르침에도 나타납니다.

위학일익爲學日益 - 배움을 행하면 날로 보태지고, 배우는 일은 날마다 보태고

위도일손爲道日損 - 도를 행하면 날마다 덜어진다. 도를 닦는 일은 날마다 덜어내고 비우는 일다.(도덕경 48장)

자기를, 자기 욕심을, 자기 교만을, 자기 아집을, 자기 이익을 버리지 않으면 절대로 자기 십자가를 지고 주님을 따를 수 없습니다. 자기 낮춤과 자기 비움과 자기 버림이 없으면 결코 이웃이나 세상이나 하느님과 하나 되지 못합니다.

신앙은 곧 지금 여기 이 세상에서 하느님의 피조물인 우리 인생이 하느님과 하나 되는 것입니다. 신앙은 하느님 안에서 성령 안에서 사랑과 진리와 영원과 하나 되는 것입니다. 신앙은 영원한 생명을 살아가는 것입니다. 하나 됨의 진리를 깨달을 때, 나와 이웃이 하나요, 생과 사가 하나요, 나와 만물이 하나요, 나와 하느님이 하나입니다. 예수님은 하나 됨을 강조하셨습니다.

　물과 성령으로 새로 난다는 것은 날마다 일상의 삶 속에서 기도와 묵상을 통하여 자기를 낮추고 비우고 버리는 것입니다. 날마다 새로 난다는 것은 말씀과 성령으로 자신을 새롭게 하여 하느님 안에 있는 자신, 자신 안에 있는 하느님을 발견하는 것입니다. 그때 비로소 나와 이웃, 자연만물과 하느님이 서로 둘이 아니요 하나임을 자각하며 사는 영원한 생명을 살게 되는 것입니다. 날마다 사랑의 실천과 자기 버림의 실천을 통하여 무상한 세상 속에서 '하나 됨'의 기쁨과 행복을 누리는 영원한 생명을 살게 되기를 기도합니다.

3부

따뜻한 밥 한 그릇 되어 주는 삶

우리의 몸은
우리에게 밥 되어 준 공기와 물과 채소와 오곡백과의
힘으로 살아갑니다.
우리의 마음과 영혼은
생명의 밥으로 오신(요한 6:35)
예수 그리스도께서 주시는 진리와 사랑을 먹음으로 살아갑니다.
지구별에 태어나 공으로 밥을 먹었으니,
생명의 밥으로 오신 주님을 닮아
우주와 세상 모든 존재의 밥이 되어야 합니다.
따듯하고 고운 말로 밥이 되어야 합니다.
너그러움과 용서와 사랑과 섬김으로 모든 이의 밥이 되어야 합니다.
정의롭고 평화로운 세상을 위하여 밥이 되어야 합니다.
밥을 먹었으니,
기쁜 마음으로 다른 사람에게 '따듯한 밥 한 그릇' 되어 주어야 합니다.
이것이 세상에 영원한 생명의 양식으로 오신
예수께서 몸소 세우신 성찬식과 몸소 지신 십자가 본래의 뜻입니다.
자신을 비우고 자신을 내어 밥 되어 주는 것이
곧 모든 진리와 사랑의 본체요,
생명과 우주의 존재 방식입니다.
세상과 우주는 '밥'으로 유지됩니다.
밥으로 오신 주님을 따라,
만나는 모든 이들에게 따듯한 밥 한 그릇 되고 싶습니다.

요한 4:32-34

예수께서는 "나에게는 너희가 모르는 양식이 있다" 하고 말씀하셨다.
이 말씀을 듣고 제자들은 "누가 선생님께 잡수실 것을 갖다 드렸을까?" 하고 수군거렸다.
그러자 예수께서는 "나를 보내신 분의 뜻을 이루고 그분의 일을 완성하는 것이 내 양식이다."

야고보 2:14-17

어떤 형제나 자매가 헐벗고 그 날 먹을 양식조차 떨어졌는데
여러분 가운데 누가 그들의 몸에 필요한 것은 아무것도 주지 않으면서 "평안히 가서 몸을 따듯하게 녹이고 배부르게 먹어라" 하고 말만 한다면 무슨 소용이 있겠습니까?
믿음도 이와 같습니다. 믿음에 행동이 따르지 않으면 그런 믿음은 죽은 것입니다

말,
사람을 살리는 마음의 '밥'

생명이 신비이듯이 말 역시 신비입니다. 성경 창세기는 우주가 하느님의 '말' 즉 '말씀'에서 나왔다고 전합니다. 우주와 세상이 '말'로 이루어졌다고 해도 지나친 말이 아닐 것입니다. 공기 없이 살 수 없듯이 말 없이 하루도 살기 힘듭니다. 하루에도 수많은 말을 듣고, 무수한 말을 하고 삽니다. 어쩌면 우리는 말을 먹고 산다고 볼 수 있습니다. 그런 면에서 말 역시 사람을 살리는 '밥'입니다.

우리는 매일 말 속에서 살아갑니다. 누군가의 말을 들으며 그 말에서 힘을 얻어 살아갑니다. 다시 말해 말을 '밥' 삼아 먹으며 삽니다. 말 때문에 기뻐하고 용기를 얻다가도, 때로 말 때문에 아파하고 힘들어 합니다. 매일 누구에겐가 말을 건네고, 말 한 마디로 천 냥 빚을 갚기도 하고, 말 한 마디 잘못하여 평생 지녀온 우정을 그르치기도 합니다. '내 뱉는 말에는 지우개가 없다'는 말처럼 불쑥 말 한 번 잘못하여 개인은 물론 가정이나 온 교회가 오랫동안 고통을 당하기도 합니다.

그런가 하면 시대적 비전이나 국민의 마음을 담은 말 한 마디는 시대를 살리기도 하고, 민심을 담은 말 한마디는 선거를 승리로 이끌기도 합니다. 6·25라는 동족상잔의 전쟁 위기에서 이승만 대통령은 '뭉치면 살고 흩어지면 죽는다'는 말로 대한민국을 하나로 만들어 위기를 극복하기도 하였습니다. 이어령 박사는 말의 힘은 군사력·경제력에 이어 '제3의 파워'라는 표현을 통하여 말의 중요성을 강조합니다. 말은 우리 정신과 삶을 이루는 중요한 요소입니다.

우리의 일상에서 말처럼 고맙고, 필요하며, 중요한 것도 없습니다. 내가 입이나 신체를 통하여 누구에게 말을 한다는 게 얼마나 고마운 일인지 모릅니다. 내가 귀나 눈을 통하여 들을 수 있다는 게 얼마나 감사한지 모릅니다. 말을 통하여 마음의 생각이나 감정을 전할 수 있습니다. 말을 통하여 다른 사람의 생각과 마음을 알 수 있습니다. 말이 있기에 고마움도, 기쁨도, 진심도, 행복도, 위로도, 격려도, 용서도, 고백도 나눌 수 있습니다. 말이 있기에 생각도, 학문도, 믿음도, 꿈도, 희망도 나눌 수 있습니다. 말이 있기에 때로 서운함도, 아픔도, 속상함도, 답답함도, 오해도 서로 나눌 수 있습니다. 말이 있기에 하늘로부터 오는 진리의 기쁨을 나누며 하느님께 경배와 찬양도, 예배도, 기도도 드릴 수 있습니다.

말은 우리 존재의 집이고, 말은 우리의 모든 것이며, 말은 함께 살아가는 모든 관계를 이어 주는 존재의 만남입니다. 말은 사랑과 행복을 불러오는 행복의 문을 여는 열쇠일 수도 있고, 아픔과 불행을 불러 오는 불행의 문을 여는 열쇠일 수도 있습니다. 말은 인생을 성공으로 인도하는 길잡이도 될 수 있지만 그 반대로 실패와 좌절로 인도하는 길잡이도 될 수 있습니다. 말은 그 사람 인생, 그 사람 삶의 전부에 영향을 줍니다. 이 말은 어떤 말을 사용하느냐에 따라 그 사람의 인생이 달라진다는 뜻입니다. 거짓말하는 사람이 정직한 인생을 살 수 없는 것과 같은 이치입니다. 말은 우리 인생의 행복과 불행을 결정하는 인생의 디엔에이DNA입니다. 말은 우리의 인격人格이고 우리의 인성人性이며, 우리의 인생人生입니다. 어떤 언어를 사용하는가를 보면 그 사람을 알 수 있습니다. 어떤 말을 주로 사용하는지를 보면 그 사람의 오늘과 내일도 알 수 있다고 합니다.

일상의 지혜들 가운데 말의 소중함을 일깨워 주는 향기 가득한 말들이 많이 있습니다.

- 말에 대하여 묵상하라.(우파니샤드)
- 남의 입에서 나오는 말보다 자기 입에서 나오는 말을 잘 들어라.(탈무드)
- 군자는 행동보다 말이 앞서는 것을 부끄러워한다.(공자)
- 험담은 세 사람을 죽인다. 말하는 사람, 험담의 대상자 그리고 듣는 사람.(미드라시)

· 말이 입힌 상처는 칼이 입힌 상처보다 깊다.(모로코 속담)
· 한 마디의 말이 들어맞지 않으면 천 마디의 말을 더 해도 소용이 없다. 사리에 맞고 중심에 맞는 말을 해야 한다. 사리에 맞지 않는 말, 참이 없는 말은 차라리 입 밖에 내지 않는 게 좋다.(채근담)

말은 단순한 소리가 아닙니다. 말은 나의 마음이고 진실이고 뜻입니다. 말은 곧 나입니다. 그러므로 말 앞에서 맑고 고운 마음, 곧고 진실한 자세, 배려와 주의 깊은 경청의 태도가 요구됩니다. 이처럼 소중한 말은 여러 가지 의미를 담고 있습니다.

말은 하느님으로부터 왔습니다.
생명의 기원이 신비이듯 언어 또한 신비입니다. 인류가 언제부터 오늘날처럼 말(언어)을 사용하였는지 언어의 기원에 대하여 인류학적으로 명확한 연구가 아직 충분하지 못합니다. 기독교 신앙은 언어 역시 하느님으로부터 왔다고 받아들입니다. 언어 즉 말은 하느님으로부터 온 것일 뿐 아니라, 이 우주도 하느님의 '말'(말씀)로 창조되었다고 믿습니다. 태초에 하느님께서 "빛이 생겨라!" 하고 '말씀' 하시자 빛이 생겨났다고 창세기(1:3)는 전하고 있습니다. 하느님의 모든 지음(창조)은 하느님의 '말씀'을 통하여 비로소 우주 안에서 구체적으로 생겨났다는 것입니다. 구약성경은 태초에 하느님과 함께 말(말씀)이 있었음을 전제합니다. 신약성경 역시 "말씀은 한 처음 천지가 창조되기 전부터 하느님과 함께 계셨다"(요한 1:2)고 말씀합니다.

이는 곧 말은 하느님의 형상 혹은 하느님의 모습 가운데 하나임을 의미합니다. 이 점에서 우리는 말 앞에서 진실해야 하고, 말 앞에서 거룩해야 하고, 말 앞에서 순수해야 하고, 말 앞에서 책임적이어야 합니다. 우리는 말을 하기에 앞서 '하느님에게서 나온 말의 숨' 즉 '말씀'을 바르게 쉬어야 합니다.

말은 자기 자신입니다.

말에는 거짓이 없어야 합니다. 말은 자기 마음의 표현이요 자기 자신이기 때문입니다. 좋은 나무가 좋은 열매를 맺듯이, 선한 마음에서 선한 말이 나옵니다. 마음이 악한 사람은 선한 말을 할 수 없습니다. 마음에 가득한 것이 입으로 나오는 법입니다.(마태 12:34) 마음과 말은 둘이 아니라 하나입니다. 마음에서 말이 나오고, 말이 인격을 형성합니다. 그러므로 마음과 말은 서로 하나요 또한 자기 자신입니다. 말은 자기 내면의 얼굴이며, 마음의 향기입니다. 그러기에 말 한 마디 허투루 할 수 없는 일입니다. 말에 진실이 담겨야 하고, 절제가 함께해야 하며, 책임이 있어야 합니다. 어찌 남자의 말만 그렇겠습니까마는 '남아 일언 중천금'은 바로 모든 사람이 말에 진실과 책임감을 두고 하라는 말입니다. 자신이 한 말은 반드시 지켜야 하며(신명 23:24), 자신의 입에서 나오는 말은 모두 옳은 말이어야 하며 잘못이나 거짓이 없어야 합니다.(잠언 8:8) 말이 곧 '자기 자신임'을 알 때 다른 사람을 향한 내 말 한 마디 함부로 할 수 없으며, 내게 건네는 다른 사람의 말 한 마디 가볍게 들을 수 없습니다.

말은 힘이 있습니다.

말은 눈에 보이지 않고 만져지지 않지만 놀라운 힘이 있습니다. 말이 하느님으로부터 오는 것이기에 그렇습니다. "빛이 생겨라!, 창공이 생겨라!, 해와 달과 별이 생겨라!" 하느님은 말(말씀)의 힘으로 우주를 창조하셨습니다. 예수 그리스도께서도 "깨끗하게 되어라" 하시니 나병환자가 깨끗이 나았으며(마태 8:3), "에파타(열려라)" 하시니(마르코 7:34) 청각과 언어 장애를 함께 지니고 있던 장애인의 귀가 열리고 입이 열렸습니다.

말은 힘이 있습니다. 말에는 사람을 살리는 힘이 있고 죽이는 힘이 있습니다. 말에는 인생을 흥하게 하는 힘이 있고, 망하게 하는 힘이 있습니다. 말에는 일을 되게 하는 힘이 있고, 안 되게 하는 힘이 있습니다.

이처럼 말에는 힘이 있습니다. 말에는 창조의 능력이 있고, 구원의 능력이 있고, 치유의 능력이 있으며, 새로운 존재로 바뀌는 변화의 능력이 있습니다. 말에는 각인력刻印力이 있고 견인력이 있으며, 성취력이 있습니다. 그러므로 말은 귀로 듣지만 귀가 듣는 것이 아닙니다. 우리의 마음이, 우리의 가슴이, 우리의 머리가, 우리의 인격이, 우리의 존재 전부가 말을 듣습니다. 그러기에 그 안에서 놀라운 변화가 일어납니다. 인생과 삶의 변화를 원하십니까? 먼저 마음에 변화를 꿈꾸며 말을 바꾸어 보십시오. 긍정의 언어, 감사의 언어, 희망의 언어를 사용하여 보십시오. 반드시 놀라운 변화가 일어날 것입니다.

물론 '말 없음' 곧 침묵도 하나의 말임을 알아야 합니다.

비록 '말함이 없는 말'이지만, '침묵'도 언어입니다. 한때 침묵을 강조하여 '침묵은 금이요, 웅변은 은이다'라는 말이 유행했던 일이 있었습니다. 아마도 사람들이 불필요한 말로 화를 자초하는 설화舌禍를 경계하여 생긴 말일 것입니다. 요즘은 신중하고 성찰적인 침묵보다는 끊임없는 이야기를 나누는 다변多辯 혹은 달변達辯에 많은 관심을 갖는 듯합니다. 많은 사람들이 아이에게 어려서부터 웅변을 가르쳐 말을 잘하는 훈련을 시키기도 합니다. 자신의 의견을 조리 있고 분명한 발음으로 말을 잘하는 것은 중요합니다. 또한 말할 수 있는 기회가 주어지면 자신의 의견을 주눅 들지 않고 당당하게 표현하는 것 또한 필요합니다. 그러나 '말 없음' 곧 침묵도 하나의 말임을 알아 사람 앞에서, 하느님 앞에서 침묵할 줄도 알아야 합니다.

하느님의 '말씀'으로 우주가 생겼습니다.

말씀은 존재의 근원입니다. '말씀'은 하느님이십니다. 말씀과 하느님은 하나이십니다. 이는 우리에게도 해당됩니다. 말은 곧 우리 자신입니다. 이 점이 우리가 옳은 말, 바른 말, 은혜로운 말, 책임 있는 말, 진실한 말을 해야 하는 이유입니다. 자신과 남을 속이는 거짓말이나 마음을 아프게 하는 상처 주는 말은 합당하지 않습니다.

이런 말이 있습니다.

"'된다, 된다' 하는 사람은 '된다라는 인생 정거장'에 내리고, '안 된다, 안 된다' 하면 그 사람은 결국 '안 된다라는 인생 정거장'에 내린다." 말은 단순히 정보를 전달하는 소리가 아닙니다. 말은 그 안에 환경과 인생을 변화시키는 능력(power)을 담고 있는 '살아 있는 기운'입니다.

마음과 세상을 살리는 바른말

요즘 길거리를 다니거나 인터넷을 하다 보면 거친 말이나 험한 말 그리고 속어들을 자주 듣게 됩니다. 막말을 함부로 내던지고, 폭언을 밥 먹듯 하며, 심지어 근거 없는 음해성 글과 폭력적 악성 댓글들이 범람하고 있습니다. 어떤 사람은 이로 인하여 마음에 상처를 입기도 하고, 사회적으로 매장되기도 하고, 심지어 자살에 이르기까지도 합니다. 우리 사회에서 바른말, 고운 말이 점점 사라지고 있는 것 같아서 안타깝습니다.

어느 TV 방송국 인기 코미디 프로그램에서 할머니 역 개그맨이 손자 역 개그맨에게 '… 너무 컸어, 이새X …' 같은 말을 그대로 사용하고 청중은 폭소를 터트립니다. 어떤 연예인들은 아예 '막말'을 상품으로 내세워 인기를 얻기도 합니다. 연예인뿐만 아닙니다. 경기도의 ○○시장은 동사무소 순시 중 주민들 앞에서 '여러분, 국회에서 지랄하는 거 보시잖아요…'라고 말한 것으로 알려져 주민들로부터 비난을 받았다고 합니다. 일부 정치인에서부터 어른들, 어린 학생들까지 공적, 사적 장소를 불문하고 막말을 합니다. 시위 현장, 학교 교실, 인터넷 게시판에 이르기까지 막말과 막글들이 홍수입니다. 최소한의 예의마저 잃은 사회가 된 것 같아 입맛이 쓰디씁니다.

지금까지 우리 사회는 삶과 말이 일치하는 진실한 언어를 강조하고, 어려운 형제와 이웃을 배려하며, 가능하면 상대방에게 상처를 주지 않으려고 따듯한 말 문화를 가꾸어 왔습니다. 우리의 올바른 말 문화와 바른 말에 기초한 품격 있는 삶이 그립습니다. 막말이나 폭언, 허언虛言이나 교언巧言은 사라져야 합니다. 진정성을 담는 참말, 고운 말, 바른말이 가득한 밝은 사회가 되었으면 하는 생각을 합니다.

바른말을 해야 하는 이유는 말의 가치가 바름(正)에 있기 때문입니다.

많은 말이나 미사여구美辭麗句보다 중요한 것은 바른말(正言)을 하는 것입니다. 요즘 교회의 가르침이나 세간의 대화법을 다룬 책을 보면 말을 너무 '수단'으로 여기는 것 같아서 조금 씁쓸합니다. 얼핏 보면 말은 의사소통의 매개 역할을 하는 도구처럼 보이지만, 도구가 아닙니다. 말은 도구나 수단으로 보는 용用이 아니라, 그 자체를 목적으로 이해하는 체體로 보아야 합니다. 우리의 얼굴이요 우리 자신이기도 한 말이 자칫하면 무엇을 이루기 위한 수단으로 도구화될 수 있습니다. 그러면 말이 변질되고 말이 가벼워지고 말에 믿음이 실리지 않습니다. 그러므로 성공이나 행복을 가져오는 수단으로서의 말에 대하여 말하고 가르치고 교육하기 이전에 '바른말'을 하는 데 마음을 다해야 합니다.

누구의 마음을 사로잡거나 인기를 끌기 위하여 혹은 성공하거나 행복하기 위하여 말만을 의도적으로 바꾸는 것은 옳지 않습니다. 개인적 목적을 위하여 말을 '수단'으로 사용하는 것입니다. 말은 무엇을 위한 수단에만 머물지 않습니다. 말에 마음이 담길 때, 말에 진실이 담길 때, 말에 친절이 담길 때, 말에 믿음이 담길 때 그때 비로소 인정이 오고 인기가 오고 성공이 오고 행복이 옵니다. 마음을 담은 말은 도구가 아니라 목적입니다. 말을 있는 그대로 소중히 여기고, 마음을 다하여 언제나 누구에게든 바르고 합당한 말을 할 때 소통의 기쁨을 누리고 성공과 행복의 열매를 맛봅니다.

그러면 어떤 말이 바른말(正言)일까요?

물론 예의에 맞으며 말법 혹은 어법語法에 맞는 말이 바른 말일 것입니다. 그래야 최소한의 의사소통이 될 테니까요. 그렇다고 말을 하려면 반드시 국어학자나 문법학자의 수준이 되라는 말은 아닙니다. 대략 바른말의 의미를 생각해 본다면 의사소통이 잘 이루어지고, 말하는 내용이 바르고 옳으며, 말하는 의도가 속임이나 거짓이 없고 진실하며, 말을 주고받을 때 서로 기분 상하지 않고 유쾌하며,

말을 함으로 서로에 대한 이해가 넓어지고, 사물과 종교적 진리에 대한 사유와 성찰의 폭이 깊어지는 대화를 말합니다.

바른말의 첫 번째 기준은 '바름'(正)과 '곧음'(直)에 있습니다.

말은 정직, 즉 바르고 곧아야 합니다. 바르다는 것은 말에 잘못이나 틀림 혹은 거짓이나 왜곡 없이 '말하려는 바를 있는 그대로' 객관적 사실과 정황에 맞게 이야기하는 것을 의미합니다. 곧다는 것 역시 '말하려는 바를 있는 그대로' 자기가 자신의 인식체계 안에서 느끼고 생각한 대로 친소親疎나 상하上下 관계에 얽매임 없는 가운데 가감하거나 꾸미지 않고 이야기하는 것을 의미합니다.

말에 정직이 없으면 그 말은 무게가 없습니다. 말에 정직이 없으면 그 말은 바로 설 수 없습니다. 말에 정직이 없으면 인간관계나 조직이나 사회도 오래가지 못합니다. 하느님은 거짓말하는 입술을 미워하시고 정직한 마음과 정직한 입술과 정직한 사람을 사랑하십니다.(잠언 12:6, 12:19, 12:22)

바른말의 두 번째 기준은 참(眞) 즉 진심眞心과 진실眞實입니다.

말은 거짓(僞)이나 속임(詐)이나 간사함(邪)이 없어야 합니다. 이런 것은 진정한 소통을 막고 서로 간의 신뢰를 무너뜨리며 상대방에게 피해를 가져옵니다. 참 혹은 진심이란 사랑의 마음이며 참으로 위하는 마음입니다. 성경은 사랑이 없는 말은 울리는 징이나 요란한 꽹과리와 같다고 합니다.(1고린 13:1) 참으로 위하는 마음인 사랑 없이 하는 말, 진심 없는 말은 사랑과 진리의 울림이 없습니다. 진실이란 말한 바를 반드시 이루려는 말하는 사람의 마음과 정성이 들어간 말입니다. 진실은 성실과 통하는 말입니다. 진실과 성실이 없는 말은 힘이 없으며, 오래가지 못합니다.

바른말의 세 번째 기준은 옳음(是)이 있는 말입니다.
'옳다'는 말은 도리에서 벗어남이 없는, 틀림이나 아님(非)이 없는 말을 의미합니다. 말은 인간의 도리에 맞고, 사물의 이치에 맞아야 합니다. 꼭 길어야 할 필요도 없고, 꼭 미사여구이어야 할 이유도 없습니다. 참과 진실 그리고 위하는 마음과 옳음이 있으면 됩니다.
일찍이 노자老子는 '진실한 말은 아름답지 않고, 아름다운 말은 미덥지 않다'라고 하였고 또《예기禮記》에는 '군자는 말이 적고 소인은 말이 많다'고 하였습니다.
말은 대화를 통하여 진심眞心이 담긴 마음을 나눔으로 올바른 인간관계를 맺어 가고, 토론을 통하여 지식과 진리의 세계를 풍성히 하는 데 소용됩니다. 그러므로 말하려는 바가 옳은지 아닌지를 아직 제대로 알지 못하면, '옳음'에 대한 확신이 들 때까지 기다린 후에 말해야 합니다.

바른말의 네 번째 기준은 화평和平 즉 평화平和를 세움에 있습니다.
말의 기능은 마음의 느낌이나 감정 혹은 객관적인 지식이나 논리를 주고받는 의사소통에만 있지 않습니다. 말은 나와 너의 이해와 일치, 나아가 개인적 차원에서의 화평과 공동체 사이에서의 평화를 지향해야 합니다. 말은 대화를 통하여 나와 너 사이의 존재의 간격을 좁혀 가는 일이며, 가족이나 일상의 인간관계 속에서 화목과 화평을 열어 가는 길이며, 지역이나 국가 혹은 종교나 민족들 사이에서 서로 평화의 관계를 맺어 가는 것입니다. 그러므로 누구를 소외시키는 말이나, 서로의 사이를 헐뜯어 갈라서도록 이간離間하는 말이나, 갈등이나 분열 혹은 싸움이나 전쟁을 부추기는 말은 바른말이 아닙니다.

오해나 미움을 거두어 내고 다시 관계를 회복하도록 이끄는 말이나, 화목과 화평을 권유하는 말, 싸움을 거두고 양보와 대화를 통하여 평화로 나아가게 하는 말이 바른말이며 좋은 말입니다. "마음에 소금을 간직하고 서로 화목하게 지내라"(마르코 9:50)는 말씀이나 "모든 사람과 화평하게 지내며 거룩한 사람이 되도록 힘쓰시오"(히브리 12:14)라는 말씀은 화목과 화평을 이끄는 말이 얼마나 필요하고 소중한지를 보여 줍니다. 주님께서는 부활하신 후 부활 사실을 믿지 못하는 아둔한 제자들을 질책하지 않으시고 가장 먼저 평화의 언어를 사용하셨습니다. "너희에게 평화가 있기를!"(요한 20:19) 또한 제자들에게 누구를 만나든지 "평화를 빕니다!"(마태 10:12)라는 인사를 하게 함으로, 사람들을 대할 때 가장 먼저 평화의 언어를 사용하게 하셨습니다.

가끔 화평과 평화의 가치를 외면하는 분열적이고 호전적이며 전투적인 구호들이 언론 매체에 등장합니다. 이 시대 우리 사회를 다시 하나 되게 하고, 우리 모두와 우리 사회를 화목과 화평의 세상으로 이끄는 평화의 언어가 세상을 가득 채우기를 희망합니다.

끝으로 바른말은 말하는 때(時)나 경우에 합당한 말입니다. 성경은 "경우에 닿는 말은 은쟁반에 담긴 황금사과"에 비유합니다.(잠언 25:11) 이와는 반대로 아무리 좋은 말이라도 장소나 때에 합당하지 않으면 오해를 사거나 웃음거리가 될 수 있습니다. 장례식장이나 결혼식장에서 하는 이야기가 같을 수 없습니다. 성공한 사람과 실패한 사람 앞에서 하는 말이 같을 수 없습니다. 십년지기 벗과 나누는 대화와 몇 번 만난 사람 사이에 나누는 대화의 내용이 같을 수 없습니다. 장소와 분위기와 사람에 맞게 말하려면 세심한 배려와 감수성이 필요합니다. 그러므로 좋은 말은 따듯한 배려와 민감한 감수성에서 나옵니다.

좋은 말, 바른말은 듣는 자의 마음 안에서 하늘처럼 오래가고 천둥처럼 크게 울립니다. "하늘과 땅은 사라질지라도 내 말은 결코 사라지지 않을 것이다."(마르코 13:31) 왜 하늘과 땅은 사라질지라도 주님의 말씀은 사라지지 않을까요? 주님께서 여기저기 다니시며 말씀을 많이 하셔서일까 아니면 주님께서 소리(볼륨)를 높여 외치셔서 그렇다는 뜻일까요? 혹은 제자들이 여기저기 책에다 확실하게 옮겨 써 놓아서 그렇다는 뜻일까요? 주님의 말씀이 사라지지 않는다는 것은 그 말씀이 바르기 때문에, 진리이기 때문에 그렇다는 것입니다. 입에서 나온 '소리'는 이내 사라져 버리지만, 바름과 곧음과 참과 진심과 옳음이 담겨 있는 사랑과 진리를 담은 '바른말'은 영원합니다. 시대를 꿰뚫는 바르고 밝은 말씀이 곧 진리이고, 진리는 사라지지 않기 때문입니다.

Ⅲ / 따뜻한 밥 한 그릇
되어주는 삶

생명을 살리는
긍정肯定의 말

'말 한 마디에 사람이 죽고 산다'는 속담이 있습니다. 말 한 마디에 웃기도 하고, 울기도 합니다. 살리는 말 한 마디가 일생을 붙잡아 주는 삶의 든든한 기둥이 되기도 하고, 죽이는 말 한 마디가 평생을 옥죄는 바위처럼 무거운 마음의 짐이 되기도 합니다.

촌철살인寸鐵殺人이라는 말이 있습니다. 한 치의 쇠붙이로도 사람을 죽일 수 있다는 뜻으로, 간단한 말로도 남을 감동시키거나 남의 약점을 찌르거나 상대방의 허를 찌르는 것을 의미하는 말입니다. 중국 남송의 유학자 나대경의 저서 《학림옥로鶴林玉露》에 등장하는 말로 그 배경은 이렇습니다.

종고선사가 선善에 대해 논한 대목에서 이렇게 말합니다. "어떤 사람이 한 수레의 무기를 싣고 왔다고 해서 사람을 죽일 수 있는 것이 아니다. 나는 한 치도 안 되는 칼만 있어도 곧 사람을 죽일 수 있다." 촌寸이란 보통 성인 남자의 손가락 한 개 폭을 말하며, 철鐵은 쇠로 만든 무기를 뜻합니다. 즉 촌철寸鐵이란 한 치도 못 되는 무기를 의미하지만 사실은 작은 혀에서 나오는 말의 위력을 뜻한다고 보아야 합니다. 달리 표현하면 촌철이란 대화를 할 때 상대방의 허를 찌르는 한 마디 말을 의미합니다. 한 마디의 말 안에 사람을 죽이거나 살릴 수 있을 정도의 엄청난 힘이 있음을 뜻하는 말입니다. 촌철살인이란 말에서 보듯이 말 한 마디가 상대방의 논리적 허점을 찔러 일순간에 말문을 닫게도 하지만, 또한 뼈 있는 말 한 마디로 듣는 사람의 마음에 회복할 수 없는 상처를 주어 그 사람을 죽일 수도 있습니다.

이처럼 말의 힘은 엄청납니다. 때로 말은 사람을 죽이기도 하지만, 말에는 사람을 살리는 힘이 있습니다. 말은 창조 곧 지어내는(創造) 힘과 북돋워 주는(培養) 힘과 치유하는(治癒) 힘과 기르는(敎育) 힘과 변화시키는(變化) 힘이 있습니다. 그 힘은 곧 생명을 살리는 '살림'의 힘입니다.

세상을 창조하신 하느님의 말씀에서 창조의 힘을 봅니다. 예수 그리스도를 통하여 보듯이 하늘의 말씀은 치유하고, 회복하고, 다시 살려내는 힘이 있습니다. 우리의 말에도 이러한 살림의 힘이 있습니다.

그러므로 말을 할 때에는 '죽이는 말'이 아니라 '살리는 말'을 해야 합니다. 아무리 좋은 의도로 말을 하고, 아무리 원칙을 이야기해도, 아무리 정의를 외쳐도 그로 인하여 듣는 사람이 오히려 마음에 상처를 받아 기가 꺾이고 의기소침하게 된다면 그러한 말은 사람을 살리는 말이 아니라 오히려 '죽이는 말'입니다. 어떠한 말이 살리는 말일까요?

먼저 긍정肯定의 말입니다.

긍정은 존재存在 즉 듣는 사람에 대한 긍정이요, 말이 필요한 상황과 환경環境에 대한 긍정이요, 내일 즉 미래에 대한 열림과 희망希望을 뜻합니다. 말이 아무리 정확할지라도 부정否定의 언어가 많으면 좋은 말이라고 할 수 없습니다. 모든 말의 밑바닥에는 긍정이 자리하고 있어야 합니다. 말에 긍정이 없으면, 그 말은 듣는 사람에게 아무런 울림을 주지 못합니다. 울림을 주지 못하는 말은 바른말이 아닙니다. 마음을 열어 말을 건네거나 마음을 기울여 상대방의 말을 듣는 것은, 단순한 의사소통을 넘어 서로 울림을 주고받는 것입니다.

부정의 언어, 가시 돋친 말, 뼈 있는 말, 분노의 말, 저주의 말은 듣는 사람에게 나의 감정과 의사는 정확히 전해 줄지 몰라도 긍정의 울림을 주지 못합니다. 마음의 문을 닫게 할 뿐이며, 마음의 상처만 더욱 자라게 할 뿐입니다. 그런 말을 함으로 오히려 말하지 않는 것보다 못한 결과를 가져옵니다. 그럴 바에야 차라리 말하지 않는 것이 나을지 싶습니다.

긍정의 언어에는 인정認定이 담겨 있습니다. 칭찬과 격려가 가득 담겨 있습니다. 희망과 성공과 꿈이 그 속에 있습니다. 타박하는 말이나 질책하는 말이 아니라, 무시하는 말이나 절망하는 말이 아니라, 인정하고 격려하며 희망이 가득한 긍정의 언어가 모든 사람의 입에 가득한 날을 기대합니다.

교류분석 상담이론에 스트로크stroke라는 말이 있습니다. 스트로크는 '가벼운 터치', '애무', '어루만지고 쓰다듬다'는 의미를 가지고 있습니다. 쉽게 말해 나의 말을 듣는 '상대방의 존재를 인정하는 표현'을 가리키는 말입니다. 스트로크에는 상대의 존재를 인정하는 긍정적 스트로크와 부정적 스트로크가 있습니다. 예를 들면 반가운 목소리와 표정과 몸짓으로 '역시 당신이야!', '넌 참 멋져', '참 잘했군요', '너를 보면 힘이 나', '참, 훌륭하십니다', '와, 어쩌면 그렇게 잘할 수 있니!', '당신을 사랑해' 등을 나타내는 것은 긍정의 스트로크입니다. 이런 표현들은 상대방의 존재를 긍정적으로 인정하고 있음을 보여 줍니다. 그런가 하면 거친 목소리와 사나운 표정을 지으면서 '당장 나가, 이놈아!', '네가 태어나지 않았더라면 좋았을 것을', '네가 사내아이였더라면', '너 같은 놈이 뭘 한다고', '그럼 그렇지 당신이', '당신, 잘하는 게 뭐야' 등의 표현을 하는 것은 부정적인 스트로크입니다. 상대방이 형편없고 소중하지 않기 때문에 이 세상에 존재하지 말아야 한다는 매우 부정적인 표현입니다.

대개 자신감이 넘치고 항상 밝은 사람은 살아오면서 긍정적인 스트로크를 많이 받으며 자란 사람이고, 늘 소극적이고 위축되어 있는 사람은 부정적인 스트로크를 많이 받는 환경 속에서 자란 사람이라고 합니다. 그러므로 앞으로 자녀가 밝고 자신감과 도전의식이 있는 사람으로 살게 하고 싶다면 긍정적 스트로크를 많이 주어야 합니다. 만일 자녀를 강하게 가르친다고 부정적인 스트로크를 많이 준다면, 자녀는 인생의 실패자로 살게 될 확률이 높습니다.

아름답고 풍성한 인생을 사는 사람들은 대부분 성장 과정에서 사람을 살리는 말을 많이 듣고 자란 이들입니다. 반대로 인생을 부정적이며 파괴적으로 살아가는 사람들은 부정적이고 폭력적인 언어, 즉 죽이는 말을 많이 들으며 자란 경우가 많다고 합니다.

긍정의 언어는 사물과 사람을 낙관적이며 수용적으로 보는 긍정의 마음에서 나옵니다. 비가 오면 비관적이거나 부정적인 사람은 땅이 질척거릴 것이라는 생각이 들어 마음이 불편해집니다. 낙관적이고 긍정적인 사람은 비가 오면 먼지가 가라앉고, 물이 필요한 생물들에게 좋은 일이 될 것이라고 생각하여 오히려 얼굴에 웃음이 돌고 마음에 여유가 깃듭니다. 긍정적인 사람은 지금 살아 있는 것을 기쁘다 하고, 비관적이거나 부정적인 사람은 사람이 죽어야 하는 사실이 슬프다고 합니다. 긍정의 태도, 긍정의 마음, 긍정의 믿음에서 긍정의 언어가 나옵니다.

다음으로 따뜻한 말입니다.

말은 매사에 분명하고 조리 있어야 하지만 이것만으로는 부족합니다. 말은 그 안에 따뜻함이 있어야 합니다. 따뜻한 말은 사랑이고,

부드러움이며, 겸손함입니다. 어머니의 말씀이 선생님의 말씀보다 유식하거나 논리적이지 않아도, 일생 우리의 마음에 남아 있는 것은 사랑에서 오는 따듯함이 있기 때문입니다. 살아 있는 사람과 죽은 사람을 구별하는 기준은 '따듯함'입니다. 체온에서 오는 따듯함은 살아 있음의 증거입니다. 사람을 '살리는 말' 역시 따듯함과 부드러움이 있어야 합니다. 찬바람 가득 찬 냉랭한 말은 잘못을 지적은 해 줄지언정, 그 잘못에서 뉘우쳐 돌아오게 하지는 못합니다. 엄한 말, 질책하는 말, 짜증을 담은 말이나 잔소리는 사람을 살리거나 변화시킬 수 없습니다. 사람은 말을 듣고 내적 감동이나 울림이 있을 때 변화합니다. 그러므로 진심으로 위하는 마음과 아무것도 바라지 않는 순수한 마음과 그 무엇도 내세우지 않는 겸손의 마음에서 나온 따듯하고 부드러운 말만이 상대방으로 하여금 잘못을 알게 하고, 그 잘못을 뉘우쳐 스스로 돌아오게 합니다.

　따듯한 말, 부드러운 말은 대개 상대방인 '너'를 중심으로 말하는 'You 메시지' 보다는, 말하는 '나'를 중심으로 표현하는 'I 메시지'로 표현됩니다. 우리 사회는 주로 'You 메시지' 중심의 언어 습관에 익숙합니다. 이러한 언어 습관으로 대화를 나눌 때 말하는 사람은 다분히 직설적이고 공격적으로 되기 쉬우며, 듣는 사람 역시 반발심과 거부감을 갖기 쉽습니다. 예수 그리스도께서는 루가복음 15장에서 '잃었던 아들' 혹은 '잃었던 아들을 기다리는 아버지'의 비유를 통하여 'I 메시지'의 모범을 보여 주셨습니다. 아버지는 돌아온 아들에게 "너 도대체 어디에 가서 무엇을 하다가 이제야 돌아오는 거나!" 하고 'You 메시지'로 엄하게 질책하지 않았습니다. 아버지는 탕자의 생활에서 돌아온 아들을 측은한 마음으로 꼭 끌어안고 "…죽었던 내 아들이 다시 살아 왔다. 잃었던 아들을 다시 찾았다" 하며 아들이 돌아와 너무 기쁘고 좋다는 마음을 'I 메시지'로 말합니다.

긍정의 말은 이웃을 춤추게 하는 칭찬과 격려의 말입니다.
긍정은 말 이전에 상대방에 대한 인정의 태도입니다. "당신이 최고예요", "참 잘했네", "너, 이 일에 소질이 있구나", "다음에는 더 잘 하겠구나" 하는 말들입니다. 칭찬은 고래도 춤추게 한다는 말이 있습니다. 맞는 말입니다. 칭찬과 격려는 사람과 만물을 살리는 말입니다. 사람은 강한 것 같지만 실상은 약합니다. 인간의 마음 역시 강할 때도 있지만, 실상은 참으로 섬세하고 예민합니다. 말 한 마디에 기운이 충만하여 기대 이상으로 놀라운 성과를 내기도 하고, 말 한 마디에 기운을 잃어 평소에 잘하던 일도 제대로 못하기도 합니다. 한 사람의 애정을 담은 칭찬이 한 사람의 인생을 바꾸어 놓기도 합니다. 그러므로 기왕이면 질책보다는 칭찬의 말을, 비난보다는 격려의 말을 많이 해야 합니다. 이것이 긍정과 인정에서 나오는 말의 힘입니다.

밥이 몸에 기운을 주어 몸을 살린다면, 말은 마음과 정신에 기운을 주어 사람을 살립니다. 말에는 사람을 살리는 힘이 있습니다. 말에는 우리 안에 들어와 새로운 인생을 빚어가는 지어내는(創造) 힘과 북돋워 주는(培養) 힘과 치유하는(治癒) 힘과 기르는(敎育) 힘과 변화시키는(變化) 힘이 있습니다. 말에는 생명을 살리는 '살림'의 힘이 있습니다. 그러므로 우리는 한 마디의 말 앞에서 말에 성의를 담았는지 자신을 돌아보지 않을 수 없으며, 말에 때가 묻지 않았는지 조심하지 않을 수 없으며, 말에 순수와 따듯함과 맑은 향기가 부족한지 되돌아보지 않을 수 없으며, 이 말이 참으로 생명을 살리는 말인지 분별하지 않을 수 없습니다. 그러기에 한 마디 말도 함부로 할 수 없습니다. 그러므로 한 마디 말을 하기에 앞서 말하는 자의 진지한 성찰이 필요하고, 듣는 자에 대한 따듯한 배려가 필요하며 생명을 살리는 선한 입술을 위한 거룩한 기도가 있어야 합니다.

"함부로 뱉는 말은 비수가 되지만, 슬기로운 사람의 혀는 남의 아픔을 낫게 한다." (잠언 12:18)

생명을 부요케 하는 감사의 말

"어떤 처지에서든지 감사하십시오." (1데살 5:18)

감사는 진리를 깨닫고 은혜를 아는 하늘 사람이 살아가는 방식입니다. 우리의 몸을 비롯하여 일상의 모든 일들이 '감사'를 받아들이는 통로요, 감사의 마음을 내보내는 대문입니다. 특별히 말은 감사의 마음이 들어오고 나가는 감사의 항구입니다. 매일 받아들이는 모든 일에 '감사'의 우표를 붙여 우리 마음 안에 받아들여야 하며, 매일 내보내는 우리의 말에 '감사'의 향기를 담아 세상의 바다로 내보내야 합니다.

'고맙습니다', '감사합니다', '덕분입니다' '수고하셨습니다', '잊지 않겠습니다'.

진정한 감사의 말은 세상을 훈훈하게 하고 향기롭게 하며 인생을 아름답게 합니다. 근래에 따뜻한 삶과 맑은 향기로 세상을 살다가 떠나신 종교계의 어른들이 계십니다. 천주교의 김수환 추기경님이나 불교의 법정 스님이나 성공회의 이천환 주교님이 그러한 분들입니다. 세 분 모두 세상을 마치고 먼 길을 떠나시며 같은 말씀을 남기셨습니다. '고맙습니다.' 너무나 평범하고 짧고 단순한 말이었지만, 우리가 사는 세상을 천둥처럼 울렸습니다.

감사의 말이기 때문에 그렇습니다. 감사의 말은 따듯하고, 맑고, 밝으며, 짙은 향기가 우러납니다. 고마운 사람, 정다운 사람, 스쳐 지난 얼굴이나 이름 석 자 기억해 준 사람, 그저 옆에 있어 준 사람에게 할 수 있는 가장 어울리는 말은 감사의 말입니다. 아니 그뿐 아니라 때로 나에게 무시와 차별, 여러 가지 손실과 상처를 준 사람, 심지어 배신이나 일생 용서하기 어려운 고통을 준 사람에게 용서의 말과 함께 해줄 수 있는 유일한 말 역시 감사의 말입니다. 역설 같지만 그 사람이 아니면 상처와 고통이 얼마나 아픈 것인지를 몰랐을 것입니다. 이루 말할 수 없는 번민과 괴로움의 눈물 속에서 진주조개처럼 상처와 고통을 끌어안고 용서와 감사와 은총으로 승화시킨 '성숙하고 아름다우며 행복한 인생'을 경험하지 못했을 것입니다.

감사感謝는 행복의 첫걸음

사람들은 모두 행복하기를 원하며 성숙한 삶을 살기를 원합니다. 행복의 시작과 건강하고 성숙한 인간의 모습은 감사에 있습니다. 그러므로 성경은 모든 일에 하느님께 감사하라고 말씀합니다. 감사는

'내가 받은 것을 당연히 받은 게 아니라 은혜로 받았음을 고백하는 것'입니다. 우리는 우리 일상 가운데 살아가면서 모든 것을 주고받습니다. 대개 사람들은 많은 돈이나 선물을 받거나, 특별한 명예나 지위를 얻을 때, 간절한 소원이 이루어질 때 감사합니다. 이는 조건적이며 외적인 감사입니다. 사실 진정한 감사는 '살아 있음' 그 자체입니다. 행복한 마음, 행복한 삶은 감사의 마음에서 시작됩니다.

탈무드 역시 감사와 행복은 둘이 아님을 말하고 있습니다. "세상에서 가장 현명한 사람은 배우는 사람이며, 세상에서 가장 강한 사람은 자기를 이기는 사람이며, 세상에서 가장 행복한 사람은 범사에 감사하는 사람이다."

행복은 멀리 있지 않으며, 밖에 있지 않습니다. 행복은 감사하는 마음 안에 있습니다. 감사와 행복은 한 몸이요 한 뿌리입니다. 외부의 환경이 만족스러워 행복한 것이 아닙니다. 행복한 일들이 계속하여 일어나기 때문에 감사한 것도 아닙니다. 감사의 마음이 있기 때문에 행복한 것입니다. 감사는 행복을 여는 열쇠입니다. 감사는 행복으로 들어가는 대문입니다.

성경은 바르게 살며 늘 감사의 마음으로 사는 사람이 일상의 삶 속에서 하느님의 구원의 은총을 누리리라고 말씀합니다. "감사하는 마음을 제물로 바치는 자, 나를 높이 받드는 자이니, 올바르게 사는 자에게 내가 하느님의 구원을 보여 주리라." (시편 50:23)

감사의 언어가 주는 유익

이처럼 감사는 행복을 여는 열쇠입니다. 또한 감사의 마음에서 나오는 감사의 말은 말하는 자와 듣는 자를 함께 따뜻하고, 훈훈하고, 행복하게 합니다.

먼저, 감사의 말은 말하는 자의 마음을 풍성하게 합니다.
사실은 이미 마음이 따뜻하고, 공손하고, 겸손하고, 맑고, 긍정적이며, 풍성하기 때문에 감사의 말을 하는 것입니다. 그런데 분명한 것은 말과 관련해서는 그 반대도 가능하다는 것입니다. 즉 아직 마음에 감사의 마음이 충분히 생기지 않았을지라도, 감사의 말을 하면 우리 안에 감사의 마음도 따라 들어온다는 것입니다. 그러므로 마음에서 늘 감사가 넘치는 사람은 그대로 감사의 말을 하면 될 것이고, 그렇지 않은 사람일지라도 힘써 감사의 언어가 나오도록 노력하고 훈련해야 합니다. 분명한 것은 감사의 언어와 감사의 마음은 서로 하나이며, 앞서거니 뒤서거니 하면서 감사의 삶으로 이끌어 줍니다.

둘째, 감사의 말은 감사의 환경을 만들어 냅니다.
이것은 '말이 씨가 된다'는 우리말에도 그대로 나타납니다. 말에는 힘이 있습니다. 그러므로 감사의 언어를 많이 사용할수록 감사의 환경으로 변화됩니다. 환경이 저절로 마음에서 감사가 나오게 하지 않습니다. 감사의 말이 환경을 바꿉니다. 칼 힐티 Carl Hilty라는 분은 그의 저서 《행복론》에서 행복의 첫 번째 조건으로 감사를 꼽았습니다. "감사하라. 그러면 젊어집니다. 감사하라. 그러면 발전이 있습니다. 감사하라. 그러면 기쁨이 있습니다." 감사가 먼저입니다. 환경이나 조건이 먼저가 아니라 감사가 우선입니다. 그러므로 우리의 마음에서는 늘 감사가 넘쳐야 하며, 우리의 입술에서는 늘 감사의 언어가 나와야 합니다.

그러면 감사의 말을 잘하려면 어떻게 해야 할까요?

먼저, 감사의 마음이 가득해야 합니다.

몸에 신경이 잘못되어 통증을 느끼지 못하면, '아픔'을 알지 못합니다. 통증을 모르기 때문에 아프다는 감정을 느끼지 못합니다. 감사도 이와 같습니다. 마음에서 이것이 감사이구나 하고 알아차려야 감사의 마음을 갖게 됩니다. 그러므로 감사를 아는 마음이 가득해져야 감사의 말문이 열리게 됩니다.

감사의 마음을 아는 길 가운데 하나는 나에게 일어나는 모든 일들이 당연하다는 당연지심當然之心을 내려놓는 것입니다. 세상의 모든 일 가운데 당연한 것은 하나도 없습니다. 태어남도, 자람도, 부모와 자녀로 만남도, 부부로 만남도, 스승과 제자의 만남도, 직장에서 동료로 만남도, 친한 벗과의 만남도 어느 만남 하나도 당연한 것은 없습니다. 부모로서 자녀를 낳아 사랑을 주는 것은 무한히 고맙고 감사한 일이지, 당연한 것이라고 볼 수 없습니다. 자녀로서 길러 주신 자신의 부모를 공경하는 것 역시 고맙고 아름다운 일이지만, 당연하다고는 볼 수 없습니다. 모든 만남은 하느님의 신비요 은총입니다.

그러기에 오직 서로 고맙고 감사할 뿐입니다.

하늘이 하늘에 있고, 땅이 땅에 있는 것 역시 당연하지 않습니다. 오늘 아름다운 저녁노을을 만들며 서쪽으로 졌던 해가 내일 다시 동쪽에 힘차게 솟아오르는 것 역시 반드시 당연하지 않습니다. 오늘 하루를 건강하게 살았다고 내일도 그렇게 하루를 살아가리라는 생각 역시 당연하지 않습니다. 모든 인생과 존재는 그저 '지금 여기서' 하느님의 은총 가운데 있을 뿐입니다. 그러기에 당연하게 여기는 마음을 내려놓고 지금 여기의 삶에 충실해야 합니다. 세상에 당연한 만남이나 당연한 일은 없습니다. 당연지심을 내려놓는 게 기도이며 종교입니다. 당연지심을 내려놓을 때 일상의 범사와 우주의 운행은 오직 신비이며 값없이 주어진 은총이 됩니다. 그러므로 어떤 처지에 서든지 감사의 고백이 있을 뿐입니다.

다음으로 모든 일을 감사로 맞이하는 것입니다.

감사에 대하여 오해하고 있는 것이 있습니다. 잘될 때에는 감사하지만, 어렵고 힘들 때에는 불평을 한다는 것입니다. 이는 잘못된 생각입니다. 좋고 즐거운 일에도 감사해야 하지만, 예기치 않게 찾아오는 고난과 역경에도 감사해야 합니다. 모든 일에 감사해야 합니다.

예쁘지 않은 꽃이 없듯이, 믿음의 눈으로 보면 감사가 없는 일은 없습니다. 일상에서 맞이하는 일 하나에 일희일비─喜─悲하는 자세에서 벗어나야 합니다. 새옹지마塞翁之馬라는 고사 성어에서 보듯이 이제 우리는 모든 범사를 조급해하지 말고 멀리 그리고 깊이 보아야 합니다. 사실 믿음의 눈으로 보면 좋은 일이건, 슬픈 일이건, 어렵고 힘든 일이건 그 안에는 인생의 의미를 알게 하는 깊고 오묘한 '가르침 · 깨달음 · 은총'이 있음을 알게 됩니다. 인생을 송두리째 뒤흔드는 엄청난 비극이나 고통을 비롯하여 하늘 아래 일어나는 모든 일 가운데 '의미' 없는 일은 없습니다. 우리가 깊은 의미를 모를 뿐이요 찾지 않을 뿐입니다. 우리는 쉽게 남의 탓으로 돌려 원망하거나, 세상에서 나에게만 닥쳐 온 불행이나 저주나 운명으로 돌려 한숨짓고 체념하거나, 때로 하느님을 원망하거나 의심하기도 합니다. 그러나 믿음의 길을 가는 사람이라면 고난과 역경 가운데서도 깊은 의미를 찾아내고, 그 속에서 함께하시는 하느님의 자비와 사랑의 손길을 발견해야 합니다.

구약성경에 나오는 욥이 그러한 사람입니다. 욥은 많은 재산을 잃고, 사랑하는 자녀들을 잃고, 건강과 사회적 명예를 잃는 참으로 말할 수 없는 인생의 삼중고三重苦를 당하면서도, 끝내 하느님을 향한 믿음의 끈을 놓지 않았습니다. 결국에는 고난 가운데서 무한한 하느님의 자비와 사랑을 경험하는 은총을 받았습니다.

성경은 인생 가운데 온갖 역경과 시련을 만날지라도 오히려 이를 다시없는 기쁨으로 여기고, 그 속에서 하느님의 섭리와 영적 은총을 찾으라고 말씀합니다.

"고난당한 것이 내게 유익이라 이로 인하여 내가 주의 율례를 배우게 되

었나이다."(시편 119:71)

"내 형제 여러분, 여러 가지 시련을 당할 때 여러분은 그것을 다시없는 기쁨으로 여기십시오."(야고보 1:2)

"어떤 처지에서든지 감사하십시오."(1데살 5:18)

신앙인은 고난과 역경을 마주대하여 담대하고, 인내하고, 심지어 기뻐하고 감사할 수 있어야 합니다. 하느님께서는 고난과 역경 가운데 우리와 함께하시고, 우리를 도우시고(로마 8:37), 인생을 살아갈 인내력을 주시고(야고보 1:3), 극복하고 벗어날 길을 마련하여 주시기(1고린 10:13) 때문입니다. 세상의 눈으로 볼 때 견디기 힘들고 어렵 겠지만, 고난과 역경 또한 그 안에 은총이 있습니다. 태양 아래에서 그림자 없는 물건이 없듯이, 하느님 안에서 믿음의 눈으로 바라보고 믿음으로 참고 견딜 때 은총과 감사 아닌 것이 없습니다. 그러므로 하느님의 사람들은 모든 사람과 모든 일을 심지어 고난까지도 감사로 맞이해야 합니다.

끝으로 늘 감사의 언어를 입에 올리며 감사를 표현하는 것입니다. 종鐘은 울리기까지는 종이 아니라는 말이 있습니다. 감사의 마음도 그렇습니다. 감사의 마음을 지니는 것도 중요하지만, 일상의 삶 속에서 감사의 마음을 말이나 행동으로 표현하는 것이 매우 중요합니다. 예전에 우리나라를 의미하는 동방예의지국東方禮義之國이라는 말을 잘못 이해하는 경우가 있습니다. 예의를 곧 과묵한 절제로만 여겨 웃지도 않고, 말수도 적어야 하고, 표현도 절제해야 하는 것으로 생각합니다. 그러나 감사만큼은 우러나오는 대로 표현해도 좋습니다. 감사는 표현할수록 좋습니다. 감사의 말을 하면, 내 마음에 더욱 감사가 넘치고, 감사의 말을 듣는 사람 역시 감사에서 나오는 향기로 마음이 가득해지며, 내 주변이 감사의 환경으로 변화됩니다. 그러므로 어떤 처지에서든지 감사의 말이 나와야 하며, 우리의 표정과 몸짓에서도 감사가 우러나와야 합니다. 감사의 언어가 인색하면, 행복도 줄어듭니다. 반대로 감사의 언어가 풍성해지면, 행복감도 풍성해집니다.

일상의 언어뿐 아니라, 하느님께 드리는 기도의 언어 역시 감사가 되어야 합니다. 예수님께서는 늘 하느님께 감사의 기도를 드리셨습니다. 오천 명이 먹어야 할 음식이 필요한데, 겨우 다섯 명이 먹기에도 부족할 오병이어五餠二魚를 앞에 놓고도 하느님께 '감사의 기도'를 드리셨습니다.(루가 9:16) 이는 결국 오천 명이 먹고도 남는 풍성한 기적으로 나타났습니다. 감사의 언어는 감사의 열매를 가져오고, 감사의 기도는 감사의 응답을 가져옵니다. 그러므로 우리의 입에서는 감사의 말이 나와야 합니다. 깊은 산속 옹달샘이 늘 맑은 물을 내놓듯, 우리의 입술에서 늘 따듯하고 향기로운 감사의 말이 나와야 합니다.

감사는 자기 자신을 알아보는 지혜의 창입니다. 감사를 모르고서는 도무지 참 자신을 알 수 없습니다. 감사가 없는 곳은 없습니다.

감사는 행복으로 가는 대문입니다. 감사의 말은 함께 행복을 나누는 행복의 메아리입니다. 감사의 언어는 절망과 고난의 밭에서도 탐스러운 행복의 열매를 열리게 합니다.

'고맙습니다', '감사합니다', '덕분에 행복했습니다'라는 감사의 말은 인생의 길을 걸으면서 만나고 헤어질 때 서로 주고받아야 할 아름답고 진실한 인사말입니다. 기도와 수행 가운데 드리는 감사의 언어는 하느님을 부르는 가장 겸손하며 우렁찬 목소리입니다. 감사의 언어는 모두가 서로에게 고마운 존재요, 인생의 모든 일들이 더 없이 소중하고 신비로운 은총임을 고백하는 모든 구도자의 거룩하고 진실한 하늘의 방언方言입니다.

생명을 이어 주는
고백의 말

이런 말이 있습니다.
"말하지 않아도 알아들으면 친구 사이요, 말을 해야 알아들으면 평범한 사이요, 말을 해도 못 알아들으면 원수 사이다." 말과 인간관계를 나타내는 상징적 표현입니다. 우리 사람들의 삶은 곧 관계關係입니다. 태어나면서 부모와 자녀의 관계, 형제자매의 관계, 친척이나 인척의 관계가 만들어집니다. 요즘은 인터넷에서도 '일촌 맺기'처럼 관계를 나타내는 촌寸이라는 용어를 사용합니다. 혈연이나 지연이나 학연 혹은 같은 종교나 직장 등을 통하여 이루어진 관계들은 말을 통하여 촘촘하게 관계의 밀도와 거리가 이루어집니다.

바른말, 따뜻한 말, 살리는 말, 긍정의 말, 감사의 말, 칭찬과 격려의 말은 우리의 관계를 더욱 돈독하게 해줍니다. 그러나 세상을 살다보면 인간관계가 늘 좋을 수는 없습니다. 친구관계나 믿음의 형제자매 관계는 물론 심지어 부모자녀 간이나 부부간, 같은 동기同氣인 형제자매 간에도 관계 악화나 단절의 위기가 올 수 있습니다. 우리의 말은 관계를 돈독하게도 하고, 관계를 악화시키기도 하고, 악화된 관계를 다시 회복시키기도 합니다. 그러기에 말처럼 좋은 것도 없고, 때로 말처럼 원망스러운 것도 없고, 또 말처럼 그렇게 필요한 것도 없습니다.

악화된 인간관계를 다시 회복시켜 주어, 이전의 구김 없고 행복한 관계로 돌려주는 말 가운데 고백告白의 언어가 있습니다. 고백의 언어를 제대로 말하는 사람은 인생 가운데 소중하고 좋은 사람을 많이 얻으며 살고, 이 언어에 인색한 사람은 많은 사람들에게 아픔을 주거나 좋은 벗을 잃으며 살게 됩니다.

고백의 언어

고백의 언어는 두 가지입니다. 하나는 긍정에 대한 고백입니다. 대표적으로 사랑의 고백이 여기에 해당합니다. 긍정의 고백은 좋은 것입니다. 신중한 생각과 책임감 가운데 이루어진 사랑의 고백은 일생을 함께 사는 부부의 인연을 맺게 합니다. 부부간에 이루어지는 사랑의 고백은 부부애를 더욱 공고하게 하며 행복감을 높여 줍니다. 부모가 자녀에게 들려주는 사랑의 고백은 자녀의 자존감을 높여 주고 매사에 긍정적으로 임하게 합니다. 자녀가 부모에게 해드리는 사랑의 고백은 부모의 마음에 보람과 행복을 가져옵니다. 이러한 긍정에 대한 고백의 말은 자주 할수록 좋습니다.

또 다른 고백의 언어는 자신의 잘못에 대한 고백입니다.

대표적인 것이 자신의 잘못이나 실수에 대한 고백입니다. 자신의 잘못을 인정하는 고백을 하기란 그리 쉽지 않습니다. 자신의 잘못을 빨리 고백하지 못하는 이유는 두 가지로 들 수 있습니다. 하나는 매우 둔하여 아직도 마음에서 자신의 한 일이 잘못인지 아닌지 알아차리지 못하였기 때문입니다. 아니면 아직도 마음에서 자신의 잘못에 대하여 인정이 안 되는 경우입니다. 잘못에 대한 고백에서 중요한 것은, 빨리 자신이 한 일이 잘못한 일이었음을 마음에서 알아차리는 것입니다. 자신이 무엇을 잘못했는지 모르면 잘못을 고백하지 못합니다. 이러한 경우는 어린이들에게서 간혹 볼 수 있는데, 선생님에게 야단을 맞으면서도 자신이 무엇을 잘못했는지 미처 모르는 경우가 있습니다. 이럴 때 선생님이나 어른은 무엇을 잘못했는지 분명히 알려주고 야단을 쳐야 교육적 효과가 있습니다. 그러므로 하느님의 자녀라면 일상의 삶 속에서 말이나 행동으로 다른 사람에게 잘못을 하여 불편이나 아픔 혹은 다양한 형태의 손해를 끼치지는 않았는지 늘 자신을 살펴보아야 합니다.

잘못을 제대로 고백하지 못하는 두 번째 이유는 분명히 자신이 잘못했음을 알고 있으면서도 고백을 하지 않고 미루고 있는 경우입니다. 대부분은 자존심 때문인 경우가 많습니다. 사과는 단지 '잘못 그 자체'에 대한 사과인데도, 마치 '자기 자신'을 사과하는 것으로 잘못 생각하기 때문에 그렇습니다. 세상에 잘못이 없는 사람은 없습니다. 자신의 '잘못'에 대한 사과는 미루어서는 안 됩니다. 자신의 잘못을 알아차리면 곧바로 자신의 잘못에 대한 고백과 사과를 해야 합니다. 사과는 '자신의 잘못'을 고백하는 것이지, '자신의 못남'을 고백하는 것이 아닙니다. 자신의 잘못에 대한 솔직한 고백은 나의 가치나 품위를 떨어트리기보다는 오히려 나의 인간미와 내면의 도량을 보여줌으로 더한층 크고, 넓고, 깊은 사람으로 다가서게 합니다.

그러므로 자신의 잘못에 대한 진솔한 고백은 더욱 향기로운 인간관계로 우리를 이끌고, 더욱 겸손한 품격과 아름다움을 간직한 사람이 되게 합니다. 잘못을 고백하는 것이 자신의 자존심을 상하게 하는 행동이라는 생각에서 벗어나야 합니다. 잘못에 대한 고백은 고백을 듣는 상대방으로 하여금 마음의 응어리를 풀게 하고 스스로에 대하여 존중감을 심어 줍니다. 동시에 나에 대한 이해와 용서와 지지를 통하여 나를 한층 더 '신뢰하고 소중한 사람으로' 바라보고 친밀하게 대하게 합니다. 자신의 잘못에 대한 진솔한 고백인 사과야말로 자신의 자존심을 해치는 게 아니라, 오히려 사과하는 자와 받는 자 서로 간에 서로의 '자존감'을 높이는 선연善緣을 지어 가는 일입니다.

잘못에 대한 고백에서 늘 걸려 넘어지기 쉬운 것이 '순서'에 대한 고집입니다.

'저 사람이 먼저 사과하면 나도 사과할 텐데' 하며 사과의 순서를 상대방에게 돌립니다. 사과가 서로 간에 선연을 쌓는 일이라면 순서는 의미가 없습니다. 잘못의 고백은 오히려 먼저 하는 사람이 향기가 많고, 공이 크며, 그릇이 넓다고 볼 수 있습니다. 저 사람이 먼저 사과하고 나면 해야지 하는 마음은, 사과의 주체와 시기를 내가 아닌 '저 사람'에게 의지하는 것입니다. 만일 저 사람이 일생 사과하지 않으면, 나도 사과하지 않을 것입니다. 이는 자신이 마음의 주인임을 포기하는, 자신의 행복의 열쇠를 다른 사람 손에 맡기는 어리석은 일입니다. 부부간에 다투고 나면 말을 잘 안 하는 경우들이 간혹 있습니다. 어느 누가 먼저 잘못을 고백해야 하는데 자존심을 내세우고 서로 신경전을 벌이다 보면, 부부지간에도 며칠 동안 말을 안 하고 지내는 경우도 있습니다.

이런 일이 있었습니다.

어느 노부부가 무슨 일인가로 다투었습니다. 어찌나 서로 실망했는지 6일 동안 서로 아무 말도 안 했습니다. 얼마나 충격이 컸는지 할머니의 입이 도무지 열리지를 않았습니다. 매일 도란도란 정다운 말을 주고받던 노부부가 얼마나 불편했겠습니까? 드디어 7일째 되는 날이었습니다. 할아버지가 갑자기 부산하게 방과 거실과 주방을 다니며 문이란 문은 다 열며 무언가 찾기 시작하였습니다. 장롱문도 열고, 문갑도 열고, 책상 서랍도, 주방의 찬장 문도 열었습니다. 거실에서 말은 안 하고 못마땅하게 팔짱을 끼고 지켜보기만 하던 할머니가 드디어 볼멘소리로 묻습니다. "아니, 뭘 그렇게 찾아요?" 그러자 할아버지가 기다렸다는 듯이 할머니를 쳐다보며 반갑게 소리쳤다고 합니다. "아 뭘 찾긴? 엿새 동안 잃어버린 당신 목소리!" 할아버지는 유머를 통하여 먼저 말을 건넸습니다. 아마도 곧 이어서 할머니에게 자신의 잘못에 대한 고백도 했을 것입니다.

　거듭 말씀 드리지만 잘못을 고백할 때 순서는 아무런 의미가 없습니다. 저 사람이 '먼저' 사과하면 나도 해야지 하며 순서에 매달리는 것은 좋지 않습니다. 그러다가 사과와 용서의 시기를 놓치게 됩니다. 사과나 용서의 시기가 늦으면 늦을수록 서로의 인간관계는 악화될 것입니다. 불편한 관계가 이어지면 서로의 마음 안에는 불편의 무게가 더해질 것이고, 악화된 관계에서 오는 무시와 외면 그리고 상처에서 오는 아픔과 악취는 이내 주위의 다른 사람들에게로 번질 것입니다. 사과의 고백은 순서를 기다릴 필요가 없습니다. 스스로의 잘못임을 알아차리는 사람이 먼저 자신의 잘못을 고백하는 것입니다. 사과의 고백은 빠를수록 좋으며, '나중' 보다 '먼저' 하는 게 좋습니다.

　'아무개야 너를 사랑한다', '나에게는 당신이 최고입니다', '나는 당신을 믿습니다'. 긍정의 고백은 듣는 사람에게 사랑받음에서 오는 깊은 충족감을 주고 일상의 삶 속에서 자존감과 자신감을 주며, 기운이 넘치게 합니다. 말하는 자와 듣는 자가 사랑과 믿음 안에서 하나 되게 합니다.

　'제가 잘못했습니다', '저의 잘못입니다', '죄송합니다'. 잘못에 대한 사과나 고백은 말하는 사람과 듣는 사람의 마음에 자존감을 심어 주며, 이해와 용서를 통하여 악화된 관계를 회복시켜 줍니다. 먼저 자신의 잘못을 인정하고 사과하는 자신의 잘못에 대한 고백은 서로를 다시 하나로 이어 주는 맑은 향기 가득한 선연과 행복으로 나아가는 길목입니다.

마음을 다시 이어 주는
용서의 말

'너를 용서한다', '당신을 용서합니다', '이미 다 잊었습니다'.

악화된 인간관계를 다시 회복시켜 주어, 이전의 구김 없고 행복한 관계로 돌려주는 말 가운데 용서容恕의 언어가 있습니다. 잘못된 글자를 바르고 반듯하게 다시 쓸 수 있게 해주는 것이 지우개라면, 마음의 상처를 지우고 잘못된 인간관계를 다시 바르게 돌려놓는 마음의 지우개가 용서입니다.

용서容恕의 글자를 나누어보면 용서란 너그럽게(容) 다른 사람을 자기와 같이(如) 생각하여 이해하고 받아들이는 마음(心)을 뜻합니다. 용서는 너그러움이요, 이해요, 받아들임이요, 다시 되돌림이요, 새로운 시작이요, 품어 안음이요, 잊어 줌입니다. 용서는 서로 하나임에 대한 선언이요, 자기 내어 줌이요, 용서를 청하는 자에 대한 자비와 공경의 실천입니다. 그러므로 용서는 일상의 삶에서 모든 관계를 바르게 유지시켜 주는 핵심 고리입니다.

용서 없이 유지되는 관계는 없습니다.

모든 인생은 용서 앞에 열려 있습니다. 인생을 살면서 누구나 용서받을 경우를 만나며, 또한 용서를 해주어야 할 때를 만납니다. 때로 용서받고, 또 때로 너그럽게 용서해 주며 사는 것이 인생입니다. 후진 기능이 없는 자동차가 불편하듯이, 용서 없는 인간관계는 자연스럽지 못합니다. 늘 아픔과 멀어짐과 단절만이 있습니다. 용서는 세상을 아름답고 향기롭게 살아가라고 우리 마음에 넣어 주신 하느님의 마음입니다. 그러므로 진정한 용서를 주고받는 경험 없이는 참 자신도 알지 못합니다. 용서 없이는 부모와 자녀, 형제자매와 이웃의 아름다운 인연도 오래가지 못합니다. 용서를 모르고는 하느님의 자비와 사랑도 알지 못합니다.

용서의 마음은 언어로 나올 때 향기롭습니다.

'너를 용서한다', '당신을 용서합니다', '이제 괜찮습니다', '이미 다 잊었습니다'. 용서의 말은 깨어진 관계를 회복하고, 다시 살아나게 합니다. 용서의 말을 통하여 내 마음 안에서 외면했거나 사라졌거나 죽었던 사람들이 다시 돌아오고 살아납니다. 그러므로 일상의 언어와 기도 가운데 자비와 생명의 언어인 용서의 말이 우리의 입에서 자주 나와야 합니다. 예수께서는 제자가 '형제가 잘못하면 몇 번이나 용서해 주어야 합니까? 일곱 번이면 되겠습니까?' 하고 묻자 '일곱 번뿐 아니라 일곱 번씩 일흔 번이라도 용서하여라' 하고 말씀하셨습니다. 용서의 횟수와 용서의 언어는 한계가 없다는 말씀입니다. 주님께서는 '주님의 기도'를 통하여 일상의 언어뿐 아니라 기도 중에도 늘 용서의 기도가 있어야 함을 가르쳐 주셨습니다.(마태 6:12)

악화된 관계를 회복하고, 인생의 깊은 의미를 알게 하며, 마음 안에 죽었던 존재를 살아나게 하는, 하느님의 언어인 용서의 말을 가로막는 것들이 있습니다. 자신에게 고통을 준 상대방에 대한 미움과 아직도 아물지 않고 있는 상처에서 오는 아픔입니다. 내면의 상처와 아픔을 이겨내려는 의지와 노력 그리고 하늘의 도움을 구하는 기도 없이는 용서의 언어가 나오지 못합니다.

또 다른 망설임은 용서를 청하는 상대방의 진정성에 대한 불신입니다. 건성으로 청하는 용서만큼 받아 주기 어려운 것도 없습니다. 그러나 진정성이 부족하다고 생각되어도 용서는 해야 합니다. 진정성은 그 사람의 몫입니다. 진정성 없는 사과는 그 사람의 인생에 어떠한 도움도 되지 못합니다. 결국 그 사람은 마음 없이 입술로만 용서를 청한 것이고, 그 사람은 진정성 없는 사과로 '용서를 통한 깊은 마음의 자유'를 경험하지 못하게 됩니다. 결국 그는 진정한 사과를 하지 않았기에, 진정한 용서의 경험을 하지 못한 것입니다. 그러나 진정성이 부족함에도, 자신이 혼내 주거나 그대로 갚아 주거나 복수하지 않고 하느님의 손길에 맡기고(로마 12:19), 마음으로부터 진정한 용서를 해주었다면 그 사람은 언젠가 진정한 용서의 축복을 경험합니다.

진정한 용서에서 나오는 은총과 자유함은 용서하는 자의 마음에 달려 있지, 용서를 청하는 사람에게 달려 있지 않습니다. 용서는 주는 것이지 요구하는 것이 아닙니다. 그러므로 나에게 아픔을 준 사람이 진정한 잘못의 고백이나 사과나 참회의 눈물을 보이지 않더라도 용서는 할 수 있습니다. 용서의 열쇠는 나에게 있습니다. 용서는 용서를 청하는 사람이 아니라, 전적으로 용서를 해줄 나에게 달려 있습니다. 내가 마음을 열어 용서하는 것이지 꼭 그 사람이 용서받을 일을 해서 용서하는 것은 아닙니다.

진정한 용서는 조건이 없습니다. 루가복음서에서 보듯이 아버지를 버리고 집을 나가 탕자로 살다가 돌아온 잃었던 아들을 맞이한 아버지의 용서 역시 조건이 없습니다.(루가 15:11) 십자가에 달리신 예수님께서는 "아버지, 저 사람들을 용서하여 주십시오. 저들은 자기가 하는 일을 모르고 있습니다"(루가 23:34) 하시며 자신을 십자가에 매단 사람들을 위하여 조건 없이 용서의 기도를 드리셨습니다. 주님은 지금 자기들이 무슨 잘못을 하는지도 모르는 사람들을 용서하셨습니다. 용서는 나에게 달려 있습니다. 상대방의 진정 어린 사과나 이에 합당한 행동이 있으면 더없이 좋겠지만, 이것이 용서의 필요조건은 아닙니다. 용서는 내가 하는 것입니다. 진정성 있는 사과가 없어도 내가 한 용서 그 자체로 충분합니다. 진정성 없는 사과는 그 사람 몫이지만, 진정성 있는 용서, 조건 없는 용서, 그것은 내 몫입니다. 용서받은 사람이 받아야 할 응보應報는 하늘에 맡겨야 합니다. 진정한 용서라면 그 사람이 받아야 할 세상의 질책이나 하늘의 응보로부터 벗어나는 조건 없는 용서여야 합니다.

용서의 말을 잘하려면

헤엄을 잘 치려면 물에 빠져야 합니다. 영어를 잘하려면 영어의 바다에 빠지라는 말도 있습니다. 용서의 말을 잘하려면 어찌해야 할까요? 용서의 바다에 빠지는 것입니다. 온전하고 충만한 사랑의 경험 없이 온전한 사랑을 줄 수 없듯이, 용서의 경험 없이는 진정한 용서를 줄 수 없습니다. 조건 없는 용서는 조건 없이 용서를 받아 본 용서의 경험에서 나옵니다. 용서의 경험은 여러 관계를 통하여 옵니다. 부모로부터 받은 용서의 경험, 부부간에 주고받은 용서의 경험, 선생님으로부터 받은 용서의 경험, 벗이나 주위 사람들로부터 받은 용서의 기억들이 있습니다. 누군가로부터 용서받았을 때의 따뜻하고 평화로우며 자유로운 마음 상태의 경험은 다른 사람을 위한 너그러운 용서의 사람으로 우리를 인도합니다.

용서하는 순간 우리는 오랜 원한과 상처와 고통의 굴레로부터 벗어나게 됩니다. 용서하는 사람은 용서를 통하여 마음에 평화가 가득해지고, 몸은 건강해지며, 정신적으로 행복해집니다. 그러므로 용서는 타인을 위한 것이기도 하지만 실제로는 자기 자신을 위한 것입니다.

진정한 용서는 궁극적 용서의 체험으로부터 옵니다.

우리를 조건 없는 용서의 사람으로 인도하는 궁극적 용서의 경험은 하느님 안에서 맛보는 용서의 체험입니다. 궁극적 용서의 체험은 곧 하느님 체험입니다. 궁극적 용서의 체험은 곧 욕심과 허물에서 자유롭지 못한 자기 자신이 자비와 용서의 하느님 안에 받아들여졌음을 의미합니다. 그러므로 하느님의 현존을 경험하는 사람은 하느님 안에서 궁극적 용서를 경험합니다. 이러한 경험은, 곧 자기 자신에 대한 발견이며 동시에 하느님에 대한 눈뜸입니다. 하느님과의 만남은 곧 궁극적 용서와의 만남이며, 용서는 하느님의 형상입니다. 하여 하느님 안에서 궁극적 용서를 경험한 사람만이 진정한 용서, 조건 없는 용서의 사람이 됩니다. 하느님의 자녀는 날마다 하늘로부터 오는 궁극적 용서의 기쁨과 감동이 마음에 살아 있습니다. 궁극적 용서의 경험만이, 자기 스스로에 대한 용서를 가능하게 합니다. 궁극적 용서의 기쁨이, 일상의 삶을 살면서 크고 작은 아픔과 상처와 고통을 준 사람들을 조건 없이 용서하게 합니다. 하늘로부터 오는 궁극적 용서에서 오는 깊은 감동이, 원수까지도 용서하여 원수도 사랑하게 합니다.

용서는 하느님의 마음입니다.

용서는 일상의 삶에서 잘못된 모든 관계를 바르게 잡아 주는 마음의 지우개입니다. 용서는 병들고 갈라진 관계를 다시 회복시키고 치유케 하는 하늘 반창고입니다. 용서 없이 유지되는 관계는 없습니다. 부모와 자녀의 천륜도 용서 없이는 유지되기 어렵습니다. 모든 인생은 용서 앞에 열려 있습니다. 용서를 구하고, 용서를 받고, 용서를 해야 합니다. 용서의 말은 궁극적 용서의 경험에서 나옵니다. 날마다 하느님의 현존에서 오는 용서의 감동과 기쁨 안에 있을 때, 용서의 바다에 마음과 몸을 담글 때 우리의 입술에서는 용서의 언어가 나옵니다. 용서의 말 역시 천사의 언어요 하늘의 방언입니다.

교회는
올곧은 세상을 이야기해야

설날을 보내고 나니 미세하지만 봄기운이 느껴집니다. 춘분이 지난 어느 날 성공회 신부님들이 모인 자리에서 새로운 사회를 여는 연구원 이사장이신 손석춘 님의 특강을 들은 적이 있습니다. 그분의 글과 말은 늘 그 음성이 낮으나 단호하고, 그 글이 간결하나 힘이 있으며, 그 글의 본새에 집요함이나 강권이 없지만 읽는 이로 하여금 스스로 문제 앞으로 나아오게끔 합니다. 그래서 그 글을 읽고 나면 스스로 주인의 마음으로 사회적 모순을 마주하게 합니다.

글에는 특히 한국 사회의 언론과 종교가 우리 사회의 갈등에 대하여 비판적 기능이나 혹은 예언자적 사명을 다하지 못함을 안타까워하는 내용이 나와 있습니다. 특별히 세계화로 대변되는 신자유주의에 담겨 있는 탐욕성, 비인간성, 한계성 등을 언론과 종교가 제대로 인식하지 못하였고, 따라서 견제와 비판을 제대로 하지 못하였다는 것입니다. 이는 고스란히 우리 사회에 역기능으로 작용하여 대다수의 사회 구성원들로 하여금 신자유주의의 개념이나 그것이 지닌 문제점을 제대로 인식하지 못하게 한다는 것입니다. 그 결과 국민 대다수로 하여금 신자유주의에서 오는 사회갈등 현상들을 불가항력적 흐름으로 대안 없이 받아들이게 하였고, 오히려 이러한 현상들을 '글로벌 스탠더드global standard'로 자연스럽게 인식하게 하는 결과를 가져왔다는 것입니다.

글은 한국 사회에서 첨예하게 불거지는 갈등을 진정시키는 길로 진실과 공정 그리고 올바른 정보와 주체적 판단에 의한 사회적 소통疏通을 제시합니다. 건강한 사회적 소통은 진실과 시대와 민의를 반영한 올곧은 여론을 형성하게 될 것이고 이는 곧 민주적 제도화를 통하여 모든 사회 구성원들이 자아를 실현하며 사는 '사람이 사람답게 사는' 참여적 민주사회를 이룬다는 것입니다. 글은 또한 언론과 시민사회와 종교의 역할은 소통과 사랑의 이어짐을 통하여 사회적 갈등을 해소해야 한다고 말하고 있습니다. 글은 또한 종교의 역할과 책임을 언급하면서 종교 역시 사람과 사람 사이에 소통과 사랑의 다리를 놓고 있는지를 넌지시 묻습니다. 종교는 정의롭지 못한 권력이나 잘못된 정책 앞에서 비판자의 역할을 해야 하며, 사회적 약자들과 함께해야 하며, 사람답게 사는 새로운 사회를 향한 상상력을 제시해야 하며, 시대의 여론을 형성하고 사회의 소통에 기여해야 한다는 것입니다.

글은 또한 종교인들의 신앙심에서 나오는 개인적 차원에서의 사랑의 실천과 함께 사회 안에서 '체제를 통한 사랑의 실천'이 중요하다는 지적을 합니다. 뒤틀린 민주주의 체제, 탐욕의 체제, 신자유주의 체제를 그대로 둔 채 종교에서 외치는 사회와 유리된 개인적 사랑이 지닌 사랑의 순수성에서 오는 한계를 지적합니다. 종교인이 조금 더 사회적 성찰을 하여 법제화나 제도화에 마음을 쓴다면 사회 복지나 경제 정의 차원에서 사회 구성원 모두를 위한 '더 큰 사랑의 실천'을 할 수 있다고 조근조근 제안합니다. 강연을 듣고 우리 사회의 여러 사회적 갈등을 세계화나 신자유주의처럼 사회체제와 관련하여 보는 법을 배웠습니다.

그러고 보면 주위에서 체제와 무관하지 않은 안타까운 죽음을 대할 때가 적지 않습니다.

며칠 전 대학교에 다니는 저의 딸 학교의 같은 과科 학우가 군에서 자살한 사건이 텔레비전 시사프로그램에 나왔습니다. 딸아이는 그 학우의 자살을 도저히 이해할 수 없다고 제게 이야기했습니다. 학교에서 행동이 그리 빠르지는 않지만 큰 덩치에 조용하고 순하여 친구들에게 한 번도 거칠거나 모진 모습을 보여 주지 않은 사람이라고 합니다. 그런데 군대에 가서 힘든 훈련과 군대 문화에 적응하지 못하고 정신 장애를 일으켜 치료를 받다가 자살을 했다고 합니다. 자살을 택한 그 학생을 두둔할 생각은 없지만, 죽음을 택할 수밖에 없었던 그 학생이 내면에서 겪었던 고통의 과정을 생각하면 연민의 눈물이 흐릅니다. 개성에 대한 존중을 외면할 수밖에 없는 군대 문화임을 알면서도, 군대 문화라는 사회적 체제와 그 청년의 자살을 무관하다고 할 수 없는 죽음입니다.

어디 그뿐인가요? 2010년 백령도 근처에서 수십 명의 젊은이들의 고귀한 생명을 앗아 간 천안함 사건이나 같은 해 11월 군인과 민간인 4명이 숨진 북한군의 연평도 폭격사건 등은 남북한의 분단과 냉전체제가 아니었다면 일어나지 않을 수도 있는 죽음이었습니다. 우리 사회의 체제 모순에서 오는 안타까운 희생입니다.

전통적으로 교회는 그리스도인으로 개인의 도덕성과 윤리를 중요하게 여기고, 이를 신앙인의 실천적 덕목으로 강조해 왔습니다. 이제 교회는 사회체제에도 관심을 가져야 합니다. 나쁜 사회체제는 사람들을 고통과 절망으로 몰아갑니다. 그런가 하면 좋은 사회체제는 사람들에게 자신의 가치를 발휘할 여건을 제공해 줍니다. 평화를 제약하는 사회체제, 사람의 가치와 개성을 제약하는 사회체제, 무한경쟁으로 내모는 사회체제, 힘없는 자를 내리누르는 사회체제는 사랑과 평화와 정의의 이름으로 몰아내야 합니다. 교회가 비인간적, 비평화적, 반생명적 사회체제에 대하여 계속하여 주님의 소리인 '하늘소리' 내기를 침묵한다면, 어쩌면 돌들이 소리칠지도(루가 19:40) 모를 일입니다.

강사분은 특강에서 오늘날 탐욕의 경제체제에서 하루 40여 명 이상이 자살하는 눈물 가득한 우리 사회의 사회적 갈등에 대하여 무감각한 종교에 대하여 이야기했습니다. 강사분은 이야기 속에서 이 시대의 종교인들에 대하여 비난이나 질책보다는 묵언默言의 방식으로 메시지를 전하고자 했습니다. 그러나 그 묵언默言에서 오는 울림이 오히려 마음에 천둥소리처럼 들렸고, 몸에는 회초리를 맞는 듯한 전율을 느끼게 했습니다. 저절로 다시금 마음과 옷깃을 여미고 종교 본연의 자리, 종교인 본래의 마음으로 돌아가 마음 비우고 귀를 열어 하늘과 땅의 소리를 듣습니다.

신앙인으로서 종교 본래의 역할(本來之役)과 종교인 본래의 마음(本來之心)은 한시도 내려놓을 수 없는 종교인의 화두입니다. 이것이 모든 종교와 신앙인의 전부입니다. 예배와 경건, 사랑과 헌신, 섬김과 나눔, 수행과 실천이 여기서 나옵니다. 하느님의 사랑과 정의에 근거한 성공회를 비롯하여 모든 종교의 올곧은 사회적 책임에 대한 성찰도 여기에서 나옵니다. 종교의 진지한 사회 참여도 여기에서 나옵니다. 그러므로 한국 사회 갈등의 현장과 일부 한국 기독교의 혼탁하고 부정적인 현실 속에서 한국 성공회와 한국 교회가 참되게 '하느님의 사랑'을 전하고 '하느님 나라의 정의'를 세우는 길은 다시 '처음'으로 돌아가는 데 있습니다. 모든 것의 '처음'인 하느님 앞에서 본래의 마음을 회복하고, 하늘로부터 받은 본래의 역할을 찾는 데 있습니다.

처음을 찾는다는 것은 다른 말로 마음과 정신의 새벽 혹은 개벽을 의미하기도 합니다. 함석헌 님은 새벽과 개벽을 이렇게 말합니다. "새벽이란 무엇인가? 가슴에 해가 뜨는 것이다. 개벽이란 무엇인가? 감은 눈을 뜨는 것이다." 그리스도인 마음에 사랑과 정의의 빛이 비춰 오는 새벽이 오고, 한국 교회 안에 하느님 나라의 정의와 평화를 향하여 눈을 크게 뜨는 개벽이 일어나야 합니다.

우리가 본래의 마음, 첫 마음, 새로운 마음을 회복하는 것은 오고 감이 없으신 본래本來이신 하느님, 늘 처음이시며 언제나 새로움이신 하느님 앞에 서는 일입니다. 본래의 마음을 찾는 길을 생각해 봅니다.

첫째, 성경으로 돌아가 '하느님의 본성'을 발견해야 합니다. 한국 교회의 예언자적 사역은 여기서 시작합니다.

교회의 모든 사역은 하느님의 본질과 계시에서 출발해야 한다는 의미에서 '처음'으로 돌아가자는 말을 사용하였습니다. 성경은 이 세상이 하느님으로부터 시작하였다고 말씀합니다. 성경에 나오는 하느님 백성의 모든 역사도 역시 하느님으로부터 시작합니다. 아브라함의 부르심이나, 출애굽이나 예수님의 구원 사역이 그러합니다. 특별히 성서에 나오는 모든 예언자의 활동 역시 하느님으로부터 시작합니다. 시대와 역사 속에서 하느님을 만났고, 음성을 들었고, 하느님 나라의 비전을 보았고, 그 시대에 필요한 사명과 그 일에 적합한 은사를 받았습니다.

성경에 나타난 하느님은 어떤 하느님입니까? 하느님은 세상과 무관하게 개인을 부르지 않으셨습니다. 모든 부르심은 시대와 역사 가운데 '복음' 곧 '하느님 나라'를 위한 부르심이었습니다. 또한 '말씀이 육신이 되신' 하느님은 성육신成肉身 하심으로 스스로 물질로 이루어진 인간의 몸을 입고, 인간과 자연만물이 사는 세상에 오셨습니다. 이는 곧 하느님은 사회적이며, 참여적인 분임을 말해 줍니다. 우리가 하느님의 본성으로 돌리는 사랑, 평화, 정의라는 개념도 세상 곧 사회를 전제로 한 말들입니다. 성령께서 주시는 아홉 가지 은사의 덕목인 사랑, 기쁨, 평화, 인내, 친절, 선행, 진실, 온유, 절제(갈라 5:22-23)도 함께 사는 세상, 곧 사회 속의 그리스도인을 전제로 하고 주시는 은사입니다.

성공회는 스스로 육신을 입고 오신 사회적 하느님, 참여의 하느님에 신학적 기초를 두고 있습니다. 영국 성공회 사제인 케네스 리치 Kenneth Leech는 자신의 저서 《사회적 하나님》에서 기독교는 본질적으로 사회적이며, 참여적이라고 주장합니다. 그러므로 이러한 하느님의 본성에 근거한 교회 역시 사회적이고 참여적일 수밖에 없다고 이야기합니다. 세상을 위한 교회의 섬김과 봉사 그리고 사회적 불의에 대한 예언 사역도 '새 하늘, 새 땅' 곧 '하느님 나라'를 향해 부르시는 사회적 하느님, 참여적 하느님의 본성에 대한 응답에서 나오는 것입니다. 한국 성공회와 한국 교회의 사회 참여의 역동적 재점화는 다시 처음으로 돌아가, 성경의 인물들처럼 사랑의 하느님 안에 계시된 사회적 하느님, 참여의 하느님을 만나는 데서 시작해야 합니다.

둘째, 깊은 신학적 성찰과 통전通全적 영성으로 돌아가는 것입니다.

성공회를 비롯하여 한국 교회의 사회 참여 역시 힘없는 자가 당하는 고통에 대한 개인적 자비나 일시적 충동 혹은 사회의 모순적 현실에 대한 단순한 비분강개悲憤慷慨만으로 되지 않습니다. 내면의 나와 사랑의 하느님과 이웃과 만물의 하나 됨에 대한 깊은 영성이 없는 사회 참여는 그 깊이가 얕고 난폭해질 수 있습니다. 다시 말해 통전적 영성에 대한 성찰이 있어야 합니다. 그동안 한국 교회와 성공회의 역사를 보면 기도와 지적 탐구 안에서 이루어진 신학적 성찰이 없는 사회 참여는 구체성을 결여하거나 편협해질 수 있으며 오래가지 못했습니다.

그러므로 성공회를 비롯하여 한국 교회의 사회 참여는 통전적 영성과 신학적 성찰에서 시작해야 합니다. 세계 성공회 안에는 사회 영성과 적지 않은 사회 참여의 전통과 신학이 있습니다. 특별히 몸과 물질을 경시하지 않고 긍정적으로 여기는 성육신成肉身, Incarnation에 근거한 성공회 신학은 성공회의 신비주의적 영성과 사회 참여의 신학적 근거를 이루고 있습니다. 그러므로 성공회 영성은 세상이나 정치와 단절된 영성이 아닙니다. 사회의 근본 가치에 대한 물음 없이 내면의 추구와 체제 안에서 적응만을 강조하는 영성이나, 개인의 치유에만 집중하여 체제 안에 숨겨진 악마적 속성을 간과하거나 오히려 사회 변화를 위하여 일하는 세력을 마귀라고 간주하는 은사운동은 성공회가 추구하는 통전적 영성과는 거리가 멉니다. 성육신에 근거한 성공회 신학은 하느님과의 일치를 지향하는 신비주의적 속성과 육체와 물질과 세상에 대한 긍정과 모든 것 안에 현존하는 사회적 하느님에 뿌리를 두고 있습니다.

성공회의 신학적 기초를 다진 리처드 후커Richard Hooker나 성공회 사회 신학을 전개한 옥스퍼드 운동가들, 프레더릭 데니슨 모리스Frederick Denison Maurice, 윌리엄 템플William Temple 등의 신학적 성찰은 여기에 근거합니다.

이러한 신학적 성찰은 영국 성공회 안에서 노예제 폐지운동(복음주의운동, 성공회 평신도-윌리엄 윌버포스)으로, 노동자 권익운동으로, 수도원을 통한 가난한 이웃 섬김으로, 교회선교회(CMS) 설립으로, 남아프리카공화국에서 투투 주교의 비폭력적 유색인종 격리정책 반대운동으로, 윌리엄 템플 주교의 노동쟁의 중재와 각종 기독교 사회운동으로, 미국 성공회의 민권운동으로 나타났습니다. 한국에서는 1970년대 대한성공회의 도시산업선교로, 1980년대 말 나눔의집 운동으로, 1987년 대한성공회의 6·10 민주화운동 참여로, 토픽TOPIK을 통한 남북평화운동으로 나타났습니다. 그리고 세계 성공회 차원에서는 1998년 가난한 채무국 부채탕감 결의안(1998, 람베스 회의)으로 나타났습니다.

셋째, 교회의 사회 참여는 성패成敗를 떠나, 기도 가운데 오직 '하느님의 뜻'을 찾는 일입니다.

교회가 세상에서 사회 참여를 할 때 고민되는 일 가운데 하나가 성패에 대한 예측입니다. 일을 시작할 때 해도 되지 않을 것 같으면, 즉 실패할 것 같으면 아예 시도하지 않으려는 오류에 빠질 때가 많이 있습니다. 그런가 하면 참여를 했는데 소기의 목적을 달성하지 못하면 실패했다고 절망에 빠질 때가 있습니다. 시민운동도 그렇듯이 교회 역시 성과주의나 그 반대로 패배주의에 빠질 때가 있습니다. FTA 반대 집회가 그렇고, 미국산 쇠고기 수입반대 촛불집회가 그렇고, 현재 진행되고 있는 4대강 문제가 그렇습니다.

그러나 하느님의 일이라면 성패를 떠나서 해야 합니다. 구약의 예언자들이 언제 성패를 염두에 두고 예언을 했습니까? 세상의 눈으로 보면 예언자들의 사회 참여 곧 예언 사역은 당시에는 이스라엘 백성들로부터 외면과 조롱을 받았으며 세속의 눈으로 보면 실패에 해당합니다. 그러나 그들은 성패를 걱정하지 않고, 실패를 초월하여 예언을 했습니다. 그것이 곧 '하느님의 뜻'이라 여겼기 때문입니다. 교회의 사회 참여도 이와 같습니다. 사회 참여 가운데 '어떻게 해야 성공할 것인가'보다 '어떤 것이 하느님의 뜻인가'를 먼저 물어야 합니다. 진정 하느님의 정의와 사랑에 합당한 일이라면 참여하고 외쳐야 합니다. 성공회를 비롯하여 한국 교회의 사회 참여의 핵심은 성패가 아니라, 기도와 묵상 가운데 이 일이 참으로 하느님의 뜻과 정의에 맞는 일인지를 식별하는 데 있습니다. 그리고 그 뜻에 맞으면, 즉 옳고 바르며 곧은 일이면 '오직 할 뿐'입니다.

저도 나름대로 생명의 터전인 4대강을 보전하는 것이 창조질서를 보전하는 일이요 정의로운 세상을 만드는 일이라고 굳게 믿고 일을 하다가 그 뜻을 이루지 못하여 힘을 잃고 깊은 실의에 빠진 적이 있었습니다. 마음에 원망과 미움이 가득하여 몹시 힘든 적이 있었습니다. 그러던 가운데 주님의 말씀과 기도를 통하여 다시 마음을 추스른 적이 있습니다. 그때 만난 《맹자》의 구절이 아직도 생각납니다. 대인은 말을 할 때에는 반드시 상대방이 내 말을 듣고 믿어야 한다는 고집을 부리지 말고, 일을 도모할 때에도 반드시 성공적인 결과가 나와야 한다는 고집을 부리지 말고, 오직 옳고 바른 일이라면 따르는 사람이어야 한다는 글귀입니다.

"대인자大人者는 언불필신言不必信 행불필과行不必果요 유의소재惟義所在니라." (맹자, 이루장구하離婁章句下)

성공회가 추구하는 교회는 하느님 안에(in) 그리고 이웃과 함께(among)하는 교회입니다. 성공회는 하느님을 통하여 자신과 이웃과 세상을 알고, 이웃과 세상을 통하여 하느님을 섬기는 교회입니다. 우리가 이웃을 통하지 않고, 세상을 통하지 않고 어떻게 하느님께 나아갈 수 있겠습니까? 바울로 사도가 말했듯이 '사랑'이 없으면 모두 아무 소용이 없습니다. 그러나 이웃이 없다면, 세상이 없다면 어떻게 누구에게 '하느님으로부터 받은 사랑'을 내보일 수 있겠습니까? 그러므로 성공회는 세례성사를 거행하면서 세례받기를 원하는 자에게 "이웃을 내 몸같이 사랑하고 그리스도처럼 섬기겠는지"와

"그대는 정의와 평화를 위하여 힘쓰며 인간의 존엄성을 지키겠는지"를 물으며(성공회기도서, 313쪽), 견진예식 때 다시 묻습니다. 그것은 신앙인의 삶은 이웃과 함께 사는 삶이어야 하고, 교회는 세상과 함께하는 교회이어야 한다는 것을 의미합니다.

성공회를 통하여 신자나 성직자로 부르심은 시대와 역사를 위한 부르심입니다. 성공회는 세상의 소금과 빛으로의 교회를 추구하며, 성공회는 하느님 나라를 위한 선교를 지향합니다. 그러므로 개인의 영혼 구원에 대한 관심은 물론이요 전인全人적, 전 사회全社會적, 전 자연적全自然 사회 참여는 성공회 선교의 기본 축입니다.

성공회와 한국 교회의 기독교 신앙인은 복음의 은총을 마음에 담고, 이웃과 함께 사랑을 나누며 맑고 밝고 따듯하게 살아가는 신앙인입니다. 성공회는 정의롭고 평화로운 사회 곧 올곧은 세상을 위하여 나아가는 교회입니다. 그러므로 신앙인으로서 이웃을 섬기고 나눔을 실천하는 마음은 하느님 앞에서 신앙인 본래의 마음(本來之心)입니다. 또한 교회공동체로서 사회 참여와 사회 소통을 이루어 내는 일은 교회 본래의 일(本來之役)입니다.

교회의 사회 참여와 사회적 소통의 처음과 나중도 들음 곧 경청傾聽에서 시작합니다. 사람 사이에서 경청은 매우 중요합니다. 경청이란 먼저 통째로 다 듣는 것을 뜻합니다. 통째로 듣는다는 것은 자기가 듣고 싶은 내용만 골라서 듣는 것이 아니라 상대방의 이야기 전체를 듣는 것입니다. 경청이란 또한 정확하게 듣는 것을 의미합니다. 정확하게 듣는다는 것은 이야기에 담겨 있는 객관적인 사실, 화자話者의 생각과 감정을 있는 그대로 듣는 것을 의미합니다. 끝으로 경청이란 음성이나 말만이 아니라 말하려는 사람의 말 속에 담긴 마음이나 아픔까지도 모두 듣는 것을 의미합니다. 그러므로 경청하는 사람이야말로 곧 들을 귀가 있는 사람입니다.

경청은 또한 하늘의 소리를 듣는 것입니다.

마음을 기울여 하늘의 음성을 들어야 세상과 나눌 수 있고, 귀를 기울여 땅의 음성을 들어야 하늘로 올릴 수 있습니다. 하늘의 음성, 하느님의 뜻하심을 들어 마음에 담지 않고는 누구와도 진정한 소통을 할 수 없으며, 땅에서 들리는 미세한 음성을 듣지 않고는 소통의 자리에 설 수조차 없습니다. 모든 것의 처음이요 새로움의 근원이신 본래의 하느님 앞에, 마음을 삼가고 기울여 들음이 모든 소통과 참여의 시작입니다. 성공회가 지향하는 참 교회는 곧 시대와 역사 속에서 마음과 마음을, 이웃과 이웃을, 하늘과 땅을 이어 주는 소통의 통로가 되는 것입니다.

구제역으로
수많은 동물을 떠나보내며

올 겨울은 유난히 마음이 추웠습니다.
전 세계적인 기상 이변은 물론 우리나라 기상 관측 이래 최고의 한파寒波로 기록되는 기록적인 영하의 온도나 폭설이 그렇습니다. 그런가 하면 구제역과 조류독감으로 수많은 동물들이 살殺처분되는 악몽 같은 현실과 정든 가축을 땅에 묻으며 쏟아내는 축산업자들의 눈물과 멍든 농심에서 나오는 한숨이 더욱 그러합니다. 지난 2010년 12월 발생한 구제역 사태로 2011년 2월 8일 현재 전국의 소와 돼지 1,500여만 마리 중 20%가 넘는 317여만 마리가 살처분되었고 전체 보상금액은 약 8,000억 원에 육박하는 것으로 집계되었습니다.

며칠 전에는 몇몇 사진들을 보고 왈칵 눈물을 쏟았습니다. 구제역으로 살처분 지시가 떨어지자 기르던 정든 소를 땅에 묻기 전 마지막 여물을 먹는 소의 순박한 모습과 자신의 죽음을 아는지 모르는지 말없이 여물을 먹는 소를 내려다보며 눈물짓는 축산 농가 아주머니의 모습이었습니다. 또 다른 사진은 굴삭기로 깊게 판 구덩이 속으로, 살아 있는 돼지들을 몰아대는 사진이었습니다. 아마 현실세계에 지옥이나 아수라阿修羅장이 있다면 바로 이런 것일지 모른다는 생각이 들었습니다. 살처분되어 매몰되는 수많은 동물들의 말없는 절규 앞에 아무 힘도 되어 주지 못함에 죄스럽고 몸 둘 바를 몰랐습니다. 안타깝고 고통스러운 것은 가축만이 아니었습니다. 어떻게든 구제역을 막아내기 위하여 동분서주 있는 힘을 다하느라 지친 방역요원 분들이 부지기수였고, 동물들을 살처분하는 과정에서 마음에 부담을 느끼거나 과로로 아깝게 희생당한 분들이 적지 않았습니다.

사실 구제역으로 죽어 가는 동물들을 볼 때 이것은 결코 우리 사람과 무관한 일이 아닙니다. 성경은 하느님 안에서 사람과 동물이 서로 남남이 아니요 관계적 존재임을 말하고 있습니다. 모두가 하느님 말씀으로 창조되었고, 노아 시대 홍수 이후에는 사람과 함께 숨 쉬는 모든 짐승들이 새로운 축복의 계약을 받았습니다.(창세 9:15) 마르코복음에 따르면 예수님께서 공생애를 시작하시기에 앞서 광야에서 유혹을 받을 때에 들짐승들과 함께 계셨다고 말씀합니다.(마르코 1:13) 동물 없는 사람만의 삶은 가능하지 않으며, 사람 없는 동물만의 세상 역시 온전하지 않습니다. 사람과 동물이 함께 살아가는 상생相生의 삶은 하느님 동산의 창조질서이며 생명을 주관하시는 하느님의 뜻입니다.

　그러므로 이번 구제역 파동은 가축 분야나 동물 세계만의 일이 아니요, 경제적 손실 차원만의 일이 아닙니다. 구제역 파동을 통하여 우리 모두의 삶의 방식을 되찾아가야 합니다. 이번 구제역을 계기로 과연 어떻게 하는 것이 바르게 가축을 기르고 사람이 동물과 함께 살아가는 것인지에 대한 진지한 논의가 각계에서 일어났으면 합니다. 인간의 삶의 방식에 대한 진지한 성찰이 필요합니다.

　먼저 가축을 기르는 방식을 다시 한 번 생각해 보는 계기가 되었으면 합니다.

　축산 농가에서 가축을 기를 때에는 비록 이익을 내기 위하여 기르는 것이겠지만 가축들의 자연적인 본능을 최대한 존중하면서 길러야 할 것입니다. 동물일지라도 어느 정도 운동도 할 수 있는 공간에서 자라야 하며, 가축일지라도 깨끗한 초지에서 자란 먹이를 먹어야 할 것입니다. 현재처럼 좁은 공간에서 충분한 활동도 없이 자라고, 전국의 가축들이 여러 가지 인위적 성분이 들어간 거의 같은 성분으로 된 사료를 먹고 자란다면 가축전염병은 언제든 다시 일어날 수 있을 것입니다. 비록 말을 못 하는 짐승이지만 가축도 '가축답게 살 수 있도록' 환경을 만들어 주어야 할 것입니다.

　다음으로 가축이 지닌 동물권動物權에 대한 깊은 이해가 있어야 할 것입니다. 어느 지역에 구제역이 발생하였다고 반경 수 킬로미터 내 모든 가축을 예외 없이 무조건 살처분하여 땅에 묻는 일은 재고되어야 할 것입니다. 가축 전염병 방역防疫에는 문외한이지만 그렇게 했어도 결국 전국으로 구제역이 퍼지는 것을 봅니다. 무조건 일정 지역의 모든 가축을 살처분하여 매장하는 것보다는 먼저 엄격한 '격리' 제도가 어떨지 싶습니다. 구약성경을 보면 전염병 환자들은 철저한 격리를 통하여 매우 신중하게 방역과 치료의 과정이 이루어졌습니다.(레위 13:4) 비록 동물일지라도 생명에 대한 신중함이 있어야 할 것입니다. 구제역이 발생하였다고 아직 구제역에 걸리지 않는 가축들도 함께 살처분되어 매장되는 것을 볼 때 매우 가슴이 아픕니다. 격리를 통한 방제가 사회적 비용이 더 들고 힘들지 몰라도, 동물권 역시 하느님의 창조에서 비롯된 '하늘로부터 온 권리'임을 볼 때 동물권에 대한 이해와 존중에 바탕을 둔 친동물적 방제가 이루어져야 한다고 봅니다.

또한 죽은 동물을 다루는 일도 세심하고 신중해야 합니다. 우리나라는 현재 거의가 다 땅을 깊이 파고 매몰의 방식을 택하는데 이것 역시 가장 좋은 방법인지 생각해 보아야 합니다. 급하다고 산채로 매몰하는 것은 매우 잔인하고 동물권에 대한 몰이해를 보여 줍니다. 대규모 매몰은 자칫 침출수 유출이나 지하수 오염을 통하여 제2의 전염병을 가져올 수도 있습니다. 만일 구제역이 자주 발생한다면 앞으로 매몰할 부지도 부족할 것입니다.

유럽의 다른 나라들은 화장이나 다른 방식으로 죽은 동물을 처리한다고 합니다. 속히 이에 대한 세밀하고 자세한 연구를 통하여 죽은 동물들의 '주검'을 최대한 생명의 차원에서 품위 있고, 위생과 환경 차원에서 안전하게 처리하는 방법이 나와야 할 것입니다.

끝으로 지나친 육식肉食 문화에 대한 절제도 있어야 합니다.
물론 육식 그 자체가 꼭 나쁘다고는 할 수는 없으나 지나친 육식 문화는 여러 가지 생각할 점이 많습니다. 가축을 기르는 과정에서 나오는 과도한 온실가스 배출문제도 고려해야 합니다. 또한 육식을 많이 할 경우 비만이나 성인병 증가 등 지구의 생태계와 우리의 건강 생활에 그리 바람직하지 않은 점이 있습니다.

진정으로 구제역을 예방하는 길은 어쩌면 동물이 아니라 바로 우리 인간의 '삶의 방식에 대한 성찰'에서 나올 수 있다는 생각을 합니다. 구제역의 진정한 해법은 동물을 우리와 함께 살아갈 '동물권'을 지닌 존재로 여기는 친동물적 마인드에서 시작되리라고 봅니다. 그리고 인간 중심적 가축 사육 방식의 개선이나 과도한 육식 문화의 절제 등 우리 삶의 방식을 친생명적으로 바꾸는 데서 찾아야 할지 싶습니다. 이와 함께 우리의 생명사상 전통인 여물餘物사상과 호생지덕好生之德의 마음을 회복하는 것도 필요하리라고 봅니다.
구제역의 재앙 가운데 들리는 가축들의 울부짖음이(요엘 1:18) 인간 중심적, 반생명적 삶의 방식을 돌이키라는 하늘의 소리로 들립니다.

'한 사람'의 옳은 행동이 세상을 바꾼다

'하나'(一)의 가치는 결코 적지 않습니다. 하나는 결코 하나가 아닙니다. 하나는 둘로, 둘은 셋으로, 셋은 넷으로 이어집니다. 결국 하나는 전체 즉 모든 것과 맞닿아 있습니다. 모든 것은 하나로 시작되며, 다시 하나로 돌아갑니다. 세상의 경제를 이끌어 가는 거부巨富의 많은 재산도 '한 푼'에서 시작합니다.

우리가 많이 들어 알고 있는 도덕경의 말이 생각납니다.
"도는 일을 내고(道生一), 일은 이를 살리며(一生二), 이는 삼을 기르고(二生三), 삼은 만물을 이룬다(三生萬物)."(도덕경 42장) 깊고 심오한 의미를 담고 있기에 해석이 분분하지만, 일 즉 '하나'의 개념과 원리가 매우 중요함을 말하고 있습니다.

하나는 단순한 수리적 의미의 낱개인 하나가 아닙니다. 하나는 전체에 비하여 그 의미와 가치가 결코 적지 않습니다. 하나는 전부요, 전부가 하나입니다. 예수께서 말씀하셨듯이 한 사람이 곧 천하요 우주이며(마태 16:26) 우주가 한 사람입니다. 예수님은 '잃었던 양 한 마리'의 비유에서 아흔아홉 마리 양의 소중함과 잃어버린 한 마리 양의 소중함을 다르게 보지 않으셨습니다. 우리가 일상의 삶 속에서 하나, 한 번, 한 사람을 소홀히 할 수 없는 이치가 여기에 있습니다.

'한 사람'이나 '한 개' 혹은 '한 번'은 지극히 작아 보여 무시하거나 가볍게 볼 때가 많습니다. 그래서 단 한 번 때문에 큰 아픔이나 손실을 당하는 경우를 종종 봅니다. 생각 없는 말 한 마디나, 나 하나쯤이야 하는 행동이 그런 낭패를 가져옵니다.

인류의 역사를 보면 성현으로 지칭되는 한 사람의 지혜 덕분에 지성과 영성의 괄목할 진보가 일어나기도 하고, 한 사람의 독재자 때문에 수많은 고통과 희생자가 생기기도 합니다. 인생을 살다 보면 한 사람 때문에 몹시도 마음이 아프고 힘들어 쩔쩔맬 때가 있습니다. 한 사람의 발명 덕분에 하늘을 날기도 하고, 멀리 떨어진 보고 싶은 사람과 얼굴을 보며 이야기를 나누기도 하고, 한 사람의 훈훈한 선행으로 감동을 받기도 합니다. 한 사람이, 한 사람의 진보가, 한 사람의 말과 행동이 세상을 바꿉니다.

생각 없는 말 한마디가 가져온 가슴 아픈 이야기입니다.
1970년대 후반 미국의 베트남 참전 전쟁에서 돌아온 한 군인의 이야기입니다. 한 미군 병사가 베트남전에서 양쪽 다리를 다쳐 본국으로 돌아왔다고 합니다. 갑작스러운 장애로 정신적 충격을 받은 그는 세상을 살 자신이 없어졌습니다. 부모님이 장애가 된 자신을 잘 받아 주실지도 자신이 없었습니다. 하여 그는 미국에 와서도 곧바로 시골에 사는 부모님에게 이 사실을 알리지 못하고 먼저 전화를 했다고 합니다. "부모님 전쟁터에서 돌아왔습니다. 그런데 양 다리를 잃은 한 친구를 데리고 왔습니다. 오갈 데가 없어서 평생 제가 데리고 있어야 할 텐데, 집에 데리고 가도 괜찮을까요?" 부모님의 목소리가 들렸습니다. "그런 장애인을 데리고 오면 안 된다. 너 제정신이니? 우리가 어떻게 평생 그런 장애인을 데리고 살 수 있겠니? 우리에게 평생 짐이 된다. 나는 못 한다. 너만 와라." "그렇지요……" 아들의 기어들어가는 목소리와 함께 전화가 힘없이 끊어졌습니다. 장애인은 평생 짐이 될 거라는 부모님의 생각 없는 말 한 마디에 이 병사는 집으로 돌아갈 용기를 얻지 못하고 결국 스스로 죽는 길을 택했습니다.

그런가 하면 나 하나쯤이야 하는 생각이 가져온 낭패를 잘 설명해 주는 우화가 있습니다.

어느 날 왕이 나라의 큰 축제를 앞두고 각각 집에서 술을 가져다가 커다란 항아리에 부으라는 명을 내렸다지요. 그런데 모두가 술을 가져다 부은 다음 축제를 시작하기에 앞서 술 맛을 보던 신하의 얼굴이 찡그려졌습니다. 이건 술 맛도 맹맹한 물맛도 아니더라는 것입니다. 이유는 하나입니다. 나 하나쯤 물동이를 갖다 부어도 괜찮겠지 하는 생각으로 많은 사람들이 맹물을 가져다 부었기 때문입니다.

한 사람이 보여 준 말 한마디나 행동이 이처럼 소중합니다.

노아 시대 온 세상이 죄악으로 가득 차고, 사람마다 못된 생각만 할 때(창세 6:5) 하느님은 '한 사람' 노아를 부르시어 구원의 방주方舟를 만들게 하셨습니다. 그 한 사람 덕분에 인류는 홍수의 멸망에서 구원받습니다. 바울로 사도 역시 '한 사람'의 가치와 의미에 대하여 깊은 통찰을 보여 줍니다. 아담 '한 사람'이 죄를 지어 세상에 죄가 들어 왔고(로마 5:12), 예수 그리스도 '한 사람' 덕분으로 많은 사람들이 풍성한 은총을 거저 받았다고(로마 5:15) 말씀합니다. '한 사람'의 불순종으로 온 세상에 죽음을 가져올 수 있으며, '한 사람'의 순종으로 온 세상에 생명과 평화를 가져올 수 있다고 말씀합니다. 그런가 하면 보잘것없는 한 사람에 대한 착한 행동이 곧 하느님 나라의 상을 결정하기도 합니다.(마태 10:42)

오늘날 기독교 역사에서도 '한 사람'의 옳은 신념이 세상의 역사를 바꾼 경우를 많이 볼 수 있습니다. 당시 인간의 탐욕과 비인간적인 사회의 상징인 노예무역과 노예제를 폐지하는 데 공헌한 성공회 복음주의자 윌리엄 윌버포스William Wilberforce(1759-1833, 영국 정치가·박애주의자)가 그 '한 사람' 입니다. 당시 영국은 노예무역으로 얻는 이익이 국가 재정의 절반을 차지했던 시기로 노예무역과 노예제는 '절대 포기할 수 없는' 상황이었습니다. 노예무역과 관련된 사람들은 물론 부유층 역시 노예제 포기를 받아들이기 어려웠기에 극심한 반대가 있었습니다. 그러나 "옳은 일이 아닌 것은 안 해야 한다"는 신념 하나로 그는 노예무역과 노예제를 반대하였고, 결국 영국과 세계의 역사를 바꾸었습니다. '한 사람'의 옳은 신념이 역사와 시대의 문제를 올바르게 풀어 갈 수 있게 하였습니다. 세상은 시대의 문제와 모순과 맞서 새로운 세상, 아름다운 세상, 평화의 세상을 위하여 헌신할 그 '한 사람'을 기다립니다.

특별히 이 시대 우리가 맞서야 할 문제는 우리 사회의 반反생명 문화이며, 그 결과 닥쳐오는 생태계 위기와 기상 이변입니다. 지구 환경은 점점 오염되어 가고 있으며, 거대한 삼림과 나무, 천연의 빙하나 지하자원 등이 급속하게 고갈되어 가고 있습니다. 기상 관측 73년 역사 이래 가장 더웠다는 이번 여름 '폭염과 집중호우'가 이를 잘 말해 주고 있습니다. 그런가 하면 이번 겨울 역시 전 세계적으로 홍수, 화산 폭발, 폭설, 한파 등으로 기록적인 기상 이변 현상들이 나타나고 있습니다. 자세히는 알 수 없지만 이런 많은 현상들 가운데 적지 않은 부분이 우리 인간의 끝없는 욕심에 바탕을 둔 사회체제에서 오는 것들입니다.

그러므로 지금 이 시대는 물질이 아닌 사람의 가치를 내세우며, 한 개인이 아닌 모든 사람이, 인간만이 아닌 뭇 생명 전체가 함께 살아가는 세상을 꿈꾸는 성찰적 '한 사람'이 필요합니다. 땅의 가치를 인정하고 화학비료와 농약을 쓰지 않고 농사를 짓겠다는 용기 있는 '한 사람'의 농부가 필요합니다. 인간 중심이 아니라 모든 생명의 가치를 존중하며 생명 중심의 새로운 가치를 마음에 담고 살겠다는 '한 사람'의 선각자가 필요합니다. 모두가 무한 생산, 무한 소비, 무한 욕망, 무한 경쟁의 사회체제로 달려 나갈 때에도, 모두가 함께 사는 새로운 사회체제, 새로운 세상을 꿈꾸는 '한 사람'의 '꿈장이'가 필요합니다. 무한 소비를 부추기는 세상 속에서 검소와 절제의 삶을 살아 내는 단순하고 소박한 '한 사람'의 진정한 혁명가가 그립습니다. 무한 경쟁을 부추기는 사회 속에서 모두가 함께 저마다의 개성과 가치를 존중하며 더불어 사는 협동과 상생에 바탕을 둔 삶의 방식을 찾아가려는 '한 사람'의 거룩한 시도가 필요합니다.

지금 이 시대는 그 어느 때보다 생명의 위기를 가져오는 반생명문화와 물질주의에 맞서, '옳은 신념'과 '옳은 행동'으로 생명의 가치를 지켜 내려는 '한 사람'을 기다립니다.

'한 사람'의 맑은 기도가, '한 사람'의 옳은 신념이, '한 사람'의 옳은 행동이 결국 세상을 바꿀 수 있습니다. 그 '한 사람'이 바로 나요 당신이면 좋겠습니다.

따듯한 밥 한 그릇
되어 주는 삶

'밥'이라는 말은 다른 나라 말이 섞이지 않은 토박이 우리말입니다.

누구에게 '먹이'가 되어 그 사람에게 영양분이 되고 힘이 되어 주어 생명을 살게 하는 것을 우리 민족은 밥이라고 하였습니다. '밥'이라는 낱말 속에는 우리 민족의 생각과 얼이 들어 있습니다. 밥이라는 낱말은 참으로 정겹고 따스하고 부드러운 느낌을 주며, 동시에 깊은 의미를 담고 있다는 생각을 갖게 합니다.

조금 단순화시켜서 생각해 보면 세상은 밥으로 이루어져 있습니다. 누군가가 누구의 밥이 되어 주지 않으면 세상은 유지되지 않습니다. 학교 다닐 때 생물 시간에 배운 먹이 사슬이 이를 설명해 줍니다. 흙 속의 유기물은 식물의 먹이가 되어 줍니다. 식물은 초식동물의 먹이가 되어 줍니다. 초식동물은 육식동물의 먹이가 되어 줍니다. 육식동물은 언젠가 미생물이나 각종 유기물의 먹이가 되어 줍니다. 유기물은 다시 식물의 먹이가 되어 줍니다. 서로가 서로의 먹이가 되어 주지 않으면, 즉 서로가 서로의 밥이 되어 주지 않으면 자연 생태계는 존재하지 않습니다. 동학의 해월 최시형님은 이것을 이천식천以天食天이라 말씀하셨습니다. 이것이 자연 생태계의 섭리요, 자연을 허락하신 하느님의 섭리입니다. 그래서 성경에도 하느님께서 세상을 창조하시고 인류에게 먹을 양식을 주셨다는 말씀이(창세기 1:29, 2:16, 9:3) 나옵니다.

밥, 곧 양식糧食은 무릇 모든 생명의 존재 원리입니다.

생명을 살리는 모든 것이 밥입니다. 하늘의 기를 담은 맑고 깨끗한 기운氣運인 공기空氣도 밥이고, 우리 몸의 약 70%를 이루고 있는 물도 밥이고, 쌀이나 보리 같은 오곡五穀을 비롯하여 모든 낟알들과 배추나 무를 비롯하여 모든 채소도 밥입니다. 온갖 열매들도 밥이요, 하느님께서 양식으로 허락하신 모든 물고기를 비롯하여 모든 육축들도 밥입니다.

그런가 하면 우리를 살리는 따듯한 말이나 가르침이나 교훈을 비롯하여 이웃 안에서 주고받는 모든 사랑이나 훈훈한 정이나 신뢰나 섬김도 우리를 살리는 밥입니다. 때로 인생을 살면서 경험하는 아픔이나 고난도 믿음의 눈으로 보면 성숙한 인생을 살게 하는 밥입니다. 무엇보다도 소중한 밥은 우리의 몸뿐 아니라 영혼을 살리는 하느님의 말씀입니다. 성경은 하느님의 말씀을 사람이 먹는 양식으로 비유하는 내용이 많이 있습니다.

"야훼의 말씀은 순수하여 영원토록 흔들리지 아니하고 야훼의 법령은 참되어 옳지 않은 것이 없다. 금보다, 순금덩이보다 더 좋고 꿀보다, 송이꿀보다 더욱 달다."(시편 19:9-10)

"내가 이 땅에 기근을 내릴 날이 멀지 않았다.- 주 야훼의 말씀이다. 양식이 없어 배고픈 것이 아니요, 물이 없어 목마른 것이 아니라, 야훼의 말씀을 들을 수 없어 굶주린 것이다."(아모스 8:11)

"썩어 없어질 양식을 얻으려고 힘쓰지 말고 영원히 살게 하며 없어지지 않을 양식을 얻도록 힘써라. 이 양식은 사람의 아들이 너희에게 주려는 것이다. …"(요한 6:27)

하느님의 말씀은 우리에게 눈에 보이는 이 세상뿐 아니라 영원한 생명을 살도록 힘을 주는 영원한 밥, 영원한 생명의 양식입니다. 예수께서는 세상에 생명을 주는 양식으로, 한 번 먹으면 결코 배고프지 않고 결코 목마르지 않는 영원한 생명의 양식으로 오셨다고 말씀합니다.

"예수께서는 이렇게 대답하셨다. '내가 바로 생명의 빵이다. 나에게 오는 사람은 결코 배고프지 않고 나를 믿는 사람은 결코 목마르지 않을 것이다.'"(요한 6:35)

그러므로 우리는 밥 앞에서 기뻐하고, 감사하고, 행복해야 하며 또한 거룩해야 합니다.

왜냐하면 밥은 나를 살리는 생명의 기운이기 때문입니다. 밥이 없으면 내가 없습니다. 누군가가 혹은 무엇인가가 나의 밥이 되어 주지 않았다면 오늘의 나는 없습니다. 오늘의 내가 되기 위하여 우주의 기운인 공기와 물과 하늘과 바람과 구름과 그리고 밤에 빛나는 별빛과 달빛이, 자연의 풀과 육축과 물고기들이, 시골 풀밭의 풀벌레 소리들이 우리의 밥이 되어 주었습니다. 무엇보다 따듯하고 지극한 부모님의 사랑과 노고가, 일가친척들이나 이웃들로부터 받은 많은 따듯한 말들이, 자라면서 만난 많은 선생님들의 가르침들이, 친구들의 우정이, 좋은 책들이, 아름다운 음악이나 미술이 오늘의 나를 만드는 밥이 되어 주었습니다. 어쩌면 오늘의 '나'가 된 것은 그동안 먹고 마시며 마음으로 받아들인 나를 위하여 기꺼이 '밥'이 되어 준 수많은 '밥' 덕분인지 모릅니다. 그러므로 우리는 밥 앞에서 어린애처럼 기뻐하고, 감사하고, 행복해야 하며 또한 거룩해야 합니다.

그럼에도 많은 사람들이 밥에 대한 고마움이 별로 많지 않은 듯합니다.

밥 먹는 일이 얼마나 의미 있고 기쁜 일인데 밥에서, 밥을 먹는 데서 기쁨을 찾지 않습니다. 밥을 먹는 일이 얼마나 고마운 일인데, 밥을 먹으며 별로 고마워하지 않습니다. 밥을 먹는 일이 얼마나 행복한 일인데, 밥을 먹으며 행복을 느끼지 않습니다. 밥을 먹는 일이 곧 하늘과 땅과 이웃을 만나는 참으로 거룩한 일(聖事)인데도, 밥을 먹으며 좀처럼 거룩을 경험하지 않으려 합니다. 그러다 보니 밥을 먹는 일은 다른 일에 밀려 뒷전으로 가고, 밥상 위의 음식은 남아 연간 20조원이나 음식쓰레기로 들어가고, 그 쓰레기는 사람과 생명을 살리는 '밥'이 아니라 환경을 오염시키는 '독'이 됩니다. 다시 밥에서 기쁨과 고마움과 행복과 거룩을 찾아야 합니다. 그것이 다시 풍성한 생명과 우리의 삶의 존재 방식을 회복하는 길입니다.

밥의 고마움은 대생代生 혹은 여생與生의 삶을 통하여 나타나야 합니다.

누군가를 대신하여 혹은 대표하여 인생을 산다는 의미의 '대생'이나 누군가와 함께 인생을 산다는 의미의 '여생'이라는 말을 생각해 봅니다. 아마 우리말 사전에는 없는 말인 듯싶습니다.

대생이란 일상의 삶 속에서 '밥'의 고마움, 밥이 주는 기쁨과 행복, 밥 앞에서 지녀야 할 거룩한 태도를 다시 되살리는 것입니다. 그것이 본래 고귀한 생명을 지닌 인간이 삶의 존재 방식을 되찾는 길입니다. 그 길은 나에게 밥이 되어 준 무수한 존재를 위한 대생 혹은 그들과 함께 사는 여생의 삶을 사는 것입니다.

이 말씀은 예수께서 당신의 몸을 내어 주신 성찬식에서 하신 말씀과도 뜻이 통하는 말입니다. 예수님께서는 빵을 들어 감사의 기도를 올리신 다음 그것을 떼어 제자들에게 주시며 "이것은 너희를 위하여 내어 주는 내 몸이다. 나를 기념(기억)하여 이 예식을 행하여라"(루가 22:19; 1고린토 11:24)는 말씀을 하셨습니다. 성찬식에서 하신 이 말씀은 일상의 밥을 먹는 일에도 적용할 수 있을 것입니다. 성찬식은 일상의 삶 속에서 우리에게 몸을 내어 주심으로 영원한 생명의 양식을 주신 예수님의 거룩한 살과 피를 기억하며 예수님처럼 살 것을 다짐하는 거룩한 예식입니다.

종교적 예식인 성찬식처럼 밥을 먹는다는 것은 식사 그 자체로 끝나지 않습니다. 밥에 담긴 의미, 나에게 밥이 되어 준 공기, 물, 오곡과 채소와 과일, 물고기와 육축 등에 대한 고마움을 마음에 지녀야 하는 자리입니다. 그리고 나에게 밥이 되어 몸을 내어 준 그들의 생명에 대한 존중의 마음을 지니고 살 것을 다짐하는 시간이 되어야 합니다. 만일 '내'가 거룩하고 선한 일에 참여한다면 이는 나 혼자만이 아니라, 오래전에 나에게 젖과 사랑으로 밥이 되어 모든 것을 내어 주신 어머니와 함께 참여하는 것입니다. 만일 내가 아름답고 의미 있는 일에 참여한다면 이는 나 혼자만이 아니라 그동안 나를 위하여 자기를 밥으로 내어 준 많은 식물과 물고기들 그리고 가축들이 함께 참여하는 것입니다.

선교헌금이나 구호금을 통하여 아프리카에서 기아로 허덕이는 어려운 이웃과 서로 연결되듯이, 나의 밥이 되어 준 그동안 먹은 수많은 채소와 멸치와 육축의 생명은 우리를 통하여 세상의 참되고 선하며 아름다운 일들과 연결되는 것입니다. 그것이 곧 대생代生이요 여생與生의 원리입니다. 그러므로 참으로 진지하게 밥을 먹는 사람은,

나에게 밥이 되어 준 존재에 대하여 참으로 고마움을 지닌 사람은 함부로 행동하지 않습니다. 세상의 생명을 살리는 따듯한 일에, 보람 있고 의미 있는 일에, 선하고 거룩한 일에 밥에서 오는 자신의 에너지를 사용합니다. 이 에너지는 나의 밥이 되어 준 온갖 음식과 주고받은 말들과 읽고 묵상한 생명의 말씀에서 나오는 것입니다. 밥의 고마움은 곧 나를 위하여 밥이 되어 자신의 생명을 내어준 고마운 '생명'과 함께 세상과 우주를 아름답게 만드는 우주의 울력에 참여하는 일로 나타나야 합니다. 이 점에서 밥은 곧 고마움이요, 생명이요, 자기 자신이요, 그리고 우주가 됩니다.

밥의 고마움은 밥 되어 주는 삶, 즉 누구에겐가 밥이 되어 주는 삶으로 나타나야 합니다.

어쩌면 이 말을 하고 싶어서 이 글을 쓰는지도 모릅니다. 많은 사람들이 밥에 관심을 둡니다. 다른 사람보다 더 많이 양식을 모으고자 합니다. 예수님께서는 오늘 우리에게 일용日用할 양식을 말씀하셨는데, 하루에 필요한 일용日用이 아니라 백년 천년 쌓아둘 양식을 구하고자 동분서주합니다. 평생 먹고도 남을 일용할 양식을 마련하고도 오히려 만족이 없습니다.

심지어 많은 싸움이 밥 한 그릇에서 시작합니다. 그래서 '밥그릇 싸움'이라는 말이 생겼습니다. 밥이 지니고 있는 의미보다는 밥 그 자체를 소유하는 데 관심이 많습니다. 밥 먹음에서 오는 소박하고 즐거운 행복보다 밥 그 자체를 쌓아놓는 데서 행복을 찾고자 합니다. 밥 안에 담겨 있는 행복을 보지 못하고 다른 곳에서 행복을 찾습니다. 밥 안에 담겨 있는 거룩을 보지 못하고 어디 먼 곳이나 다른 일에서 거룩을 찾으려 합니다. 밥에서 이웃과 우주를 보지 못하고, 다른 곳을 서성입니다. 어떤 사람들은 오직 자기의 밥을 지키는 일에만, 심지어 다른 사람의 밥을 빼앗는 일에 마음을 쓰기도 합니다.

밥의 의미를 모르기 때문입니다. 밥의 의미를 안다면 다른 사람에게 따듯한 '밥 한 그릇' 되어 주는 사람이 되어야 합니다. 어머니는 젖으로, 따듯한 말로, 정성 들여 만든 밥으로, 온갖 사랑으로 밥이 되어 주셨습니다. 아버지는 수고하여 번 돈으로 자식에게 밥이 되어 주셨습니다. 이처럼 우리 역시 다른 사람에게 '밥이 되어 주어야' 합니다. 밥값이란 말이 있습니다. 밥 먹은 가치의 일을 하는 것을 의미합니다. 진정한 밥값이란 곧 다른 사람에게 밥이 되어 주는 삶을 의미합니다.

많은 사람들에게 따듯한 시어詩語와 시심詩心으로 마음의 밥을 지어 주는 안도현 시인의 글이 떠오릅니다. 〈너에게 묻는다〉라는 시입니다.

> 연탄재 함부로 발로 차지 마라
> 너는
> 누구에게 한 번이라도 뜨거운 사람이었느냐

매우 짧지만 따듯하고 정감이 가는 시입니다. 많은 것을 생각하게 합니다. 시인은 타고 남은 연탄재를 업신여기지 않습니다. 오히려 그 속에서 자신을 불태움으로 보통 사람들에게 따듯함을 나누어 준 가치를 주목합니다.

'누구에게 한 번이라도 뜨거운 사람이었느냐'는 구절이 마음에 짙은 여운을 남깁니다. 무엇이 그리 바쁜지, 무엇이 그리 중요한지, 우리는 따뜻한 사람이 되어 주는 데 인색합니다. 이제는 따뜻한 사람으로 사는 일에 마음을 모을 때입니다.

다시 '밥'으로 돌아옵니다. 사람들은 살아오면서 셀 수 없을 만큼 여러 번 밥을 먹습니다. 올해로 50 전후가 되는 저도 아마 하루에 세 번 먹었다고 하면 지금까지 약 54,750번의 밥을 먹었습니다. 여담이지만 한끼에 먹는 밥알이 얼마인지는 아시는지요? 보통 한 수저에 약 250~300알의 밥알을 먹습니다. 밥 한 그릇은 약 20~30 수저입니다. 한끼에 대략 8,000개 내외, 매일 2만 개 내외의 밥알(쌀알)을 먹습니다. 지금까지 먹은 밥알의 수는 천문학적 숫자입니다.

이제는 '밥을 먹는 사람'에서 누구에겐가 '따듯한 밥이 되어 주는' 삶을 살고 싶습니다. 따듯한 말로, 맑은 눈빛으로, 부드러운 태도로, 겸손으로, 마음을 담은 봉사로, 지지와 격려로, 진실한 기도로 누군가의 밥이 되어 주고 싶습니다. 심지어 때로 나를 힘들게 하는 '그'에게 오해받음으로, 무시받음으로, 그보다 못함으로, 그에게 양보함으로, 그에게 져 줌으로 기꺼이 나를 힘들게 하는 사람의 밥이 되어 주고 싶습니다.

혹시 세상에서 크게 주목받지 못하고 찬밥으로 살았을지라도 이제는 누구에겐가 따뜻한 밥 한 그릇 되어 주는 삶을 살아야 합니다. 한 시인은 누구에겐가 따뜻한 밥 한 그릇 되고자 하는 마음을 이렇게 노래했습니다.

"……
이 세상에서 나는 찬밥이었다.
사랑하는 이여
낙엽이 지는 날
그대의 저녁 밥상 위에
나는
김 나는 뜨끈한 국밥이 되고 싶다." 〈안도현, 〈찬밥〉 중에서〉

예수님은 스스로 "나는 세상에 생명을 주는 빵(떡)"(요한 6:35, 41)이라고 하셨습니다. 빵 혹은 떡은 곧 '밥'이라는 말씀입니다. 예수님은 세상에 밥으로 오셨고, 실제로 십자가 위에서 모든 것을 다 내주시고 밥이 되셨습니다. 세상과 우주는 '밥'으로 유지됩니다. 무기물은 유기물의 밥이 되고, 유기물은 무기물의 밥이 됩니다. 없음(無)은 있음(有)의 밥이 되고, 있음(有)은 없음(無)의 밥이 됩니다. 생生은 멸滅의 밥이 되고, 멸滅은 생生의 밥이 됩니다. 그러므로 밥을 먹는 사람은 곧 기쁜 마음으로 다른 사람에게 따뜻한 '밥 한 그릇' 되어 주어야 합니다.

이것이 세상에 영원한 생명의 양식으로 오신 예수께서 몸소 세우신 성찬식과 몸소 지신 십자가 본래의 뜻입니다. 영원한 생명을 얻는 생명의 양식은 예수님이 보여 주신 것처럼 '서로가 서로에게 기쁜 마음으로 밥'이 되어 주는 것입니다. 자신을 비우고 자신을 내어 밥 되어 주는 것이 곧 모든 진리와 사랑의 본체요, 생명과 우주의 존재 방식입니다.
　밥으로 오신 주님을 따라, 만나는 모든 이들에게 따뜻한 밥 한 그릇 되고 싶습니다.

밥한그릇으로 드리는 기도

2011년 4월 15일 초판 1쇄 인쇄
2011년 4월 20일 초판 1쇄 발행

지은이 | 최상석
펴낸이 | 김영호
펴낸곳 | 도서출판 동연
편집 | 조영균 디자인 | 이선희 관리 | 이영주
등록 제1-1383호(1992. 6. 12)
주소 | 서울시 마포구 망원동2동 472-11 2층
전화 | (02)335-2630
전송 | (02)335-2640
이메일 ymedia@paran.com
홈페이지 www.y-media.co.kr

Copyright ⓒ 최상석, 2011

이 책은 저작권법에 따라 보호받는 저작물이므로 무단 전재와 복제를 금합니다.
잘못된 책은 바꾸어드립니다.
책값은 뒤표지에 있습니다.

ISBN 978-89-6447-145-6 03200